北京联合大学
BEIJING UNION UNIVERSITY

海外中国学研究

HAIWAI ZHONGGUOXUE YANJIU (DIER JI)

【第二辑】

主编 北京联合大学海外中国学研究中心

韩强 梁怡

知识产权出版社

全国百佳图书出版单位

图书在版编目（CIP）数据

海外中国学研究. 第2辑/韩强 梁怡主编. —北京：知识产权出版社，2015.10
ISBN 978-7-5130-3092-2

Ⅰ.①海… Ⅱ.①韩… ②梁… ①Ⅲ.①中国学—研究 ②中国共产党—研究 Ⅳ.①K207.8 ②D2

中国版本图书馆CIP数据核字（2014）第237776号

内容提要

中国的发展永远是海外中国学研究的源头活水，正是由于有了中国的不断发展，才使海外学者更加关注中国发展的深层原因、内在规律、主要经验、未来走向、世界影响，才使中国经验、中国道路、中国模式更加具有了世界意义、借鉴价值，也才使各国选择适合自己国家特色的发展道路能够达成共识、成为可能，这是中国发展对世界文明的重要贡献。2014年被视为中国全面深化改革的元年。海外中国学研究在2014年呈现出新的进展、新的特点，其中最突出的表现是对中国共产党的集中关注，对中国共产党何以能处变不惊、运筹帷幄的反思，这也是我们在本期专辑中集中展示海外中国共产党研究成果的初衷所在。

责任编辑：张筱茶　　**责任校对：**谷　洋
封面设计：刘　伟　　**责任出版：**孙婷婷

海外中国学研究（第二辑）
韩强　梁怡　主编

出版发行：知识产权出版社有限责任公司　**网　址：**http://www.ipph.cn
社　址：北京市海淀区马甸南村1号　**天猫旗舰店：**http://zscqcbs.tmall.com
责编电话：010-82000860转8180　**责编邮箱：**baina319@163.com
发行电话：010-82000860转8101/8102　**发行传真：**010-82000893/82005070/82000270
印　刷：北京中献拓方科技发展有限公司　**经　销：**各大网上书店、新华书店及相关专业书店
开　本：720mm×960mm 1/16　**印　张：**15
版　次：2015年10月第1版　**印　次：**2015年10月第1次印刷
字　数：268千字　**定　价：**49.00元
ISBN 978-7-5130-3092-2

目　录

前　言

2014 年很快就要过去了。这一年是中国新一届中央领导集体履职的第二年，也被视为全面深化改革的元年。党的十八届三中全会确定的全面深化改革刚刚启动，十八届四中全会又把全面推进依法治国、建设法治国家提上议事日程；反腐败斗争继续深入推进，国家经济、政治、文化、社会和生态文明建设也不断取得新成就；新一届中央领导集体既频频走出去，展示中国形象，发出中国声音，APEC 首脑又聚首北京，共商世界发展大局。可以说，2014 年中国频频吸引着世界关注的目光，也把海外中国学研究引向深入。

中国的发展永远是海外中国学研究的源头活水，正是由于有了中国的不断发展，才使海外学者更加关注中国发展的深层原因、内在规律、主要经验、未来走向、世界影响，才使中国经验、中国道路、中国模式更加具有世界意义、借鉴价值，也才使各国在选择适合自己国家特色的发展道路上能够达成共识、成为可能，这是中国发展对世界文明的重要贡献。正是在这样的背景之下，海外中国学研究在 2014 年呈现出新的进展、新的特点，其中最突出的表现是对中国共产党的集中关注，对中国共产党何以能处变不惊、运筹帷幄的反思，这也是我们在本期专辑中集中展示海外中国共产党研究成果的初衷所在。

2014 年的海外中国共产党研究有着诸多重要的研究议题，如对新一届中央领导集体的研究，对毛泽东、邓小平的研究，对中国梦的研究等。作为主要部分，人们尤其关注新一届中央领导集体所推动的全面深化改革以及中国共产党的形象、中国共产党的思想建设、组织建设、反腐倡廉建设、中国共产党执政的未来前景等问题。此外，对于重要机构、重点人物、重要著作的研究也一如既往受到重视，如傅高义的《邓小平时代》所引发的关注等。总的来说，海外研究者能够客观看待中国共产党所采取的加强自身建设的举措，对其从革命党到执政党的转型、领导体制的进一步民主化和领导层顺畅的新老交替、正确决策、有效执行等问题都能给予积极评价。但是由于缺乏新的分析框架以及实质性的新资料，也制约了研究的客观性、科学性，致使他们对中国共产党的未来发展还存在主观臆测的成分，没有充分看到中国共产党具有的特殊性的一面。因此，加强对海外中国共产党研究的再研究就具有特别重要的意义，它既有助于提升党的建设的科学化水平，又有助于提升中国共产党的国际形象，还可以促进国内中共党建研究领域的拓展和深化。

近年来，国内学者逐渐关注海外中国共产党研究，并出现了一些优秀研究成果，其中有不少省部级以上科研立项以及在《国外理论动态》《马克思主义研究》《中共党史研究》等刊物上发表的相关学术论文，形成一支以中国社会科学院国外中国学研究中心、北京联合大学海外中国学研究中心等机构为依托的研究队伍，这一研究正得到社会各界越来越多的关注。可以相信，在不久的将来，这一研究领域一定可以作为一门新的学科，得到更多新力量的加盟和新资源的注入，为自身赢得更广阔的发展空间。

韩　强

2014 年 10 月 16 日

改革开放以来国内的海外中国共产党研究现状与思考

韩 强（北京联合大学海外中国学研究中心，北京 100101）

［摘要］海外中国共产党研究是对海外学者所做的中国共产党研究进行的再研究，这一研究的主体既包括海外学者，也包括国内学者，当前积极重视扶持引导国内学者的研究更具有紧迫性。应该说，海外中国学研究的发展，中国文化走出去战略的实施，中国改革发展取得的巨大成就，党建科学化的发展等都极大地推动着国内学者开展海外中国共产党研究。我们也要看到，当前的研究还存在许多不足，今后更要重视的是，党的执政业绩是海外中国共产党研究的最坚实土壤，要在对外学术交流中争取海外中国共产党研究的话语权，加强对海外中国共产党的对策性研究和专业队伍建设，构建海外中国共产党研究的分析框架和理论体系，加强与海外一流学者的直接交流对话。

［关键词］中国共产党；海外中国学；改革开放以来

海外中国共产党研究是对海外学者所做的中国共产党研究进行的再研究，其目的是通过对海外学者研究的视角、方法、材料、成果、观点等进行跟踪和评析，使其一方面对当前党的建设起到借鉴、启发、促进作用，提高党的建设的科学化水平；另一方面通过中外学者人员、观点等的交流碰撞，传播关于党的建设的正确理论和信息，消除海外学者及社会对中国共产党的误读，引导国际社会关于中国共产党的政治舆论，为党的建设和党领导的中国特色社会主义事业提供良好的国际环境。目前海外中国共产党的研究主体既包括海外学者，也包括国内学者，海外学者的研究是基础，国内学者的研究则以海外学者自身及其研究的成果为对象，并融入国内研究现状进行分析比较，是一种互动式的融合性研究。目前这一研究较关注改革开放以来海外学者的研究现状并进行分析，但对国内学界的研究情况还缺乏全面的整理介绍。实际上，国内学界的研究已经形成了较明确的团队，建立有相关机构，进行了一定的分工，学术活动逐渐开展，研究成果也在逐步积累，对此加以整理分析也是海外中国共产党研究的重要任务。

一、改革开放以来国内的海外中国共产党研究现状

（一）国内研究机构、学者与学术活动

海外中国共产党研究从总体上属于海外中国学研究的一个重要组成部分，而海外中国学研究又脱胎于海外汉学，因此国内的海外中国共产党研究主要是由若干海外中国学、海外汉学研究机构和独立学者进行的。目前国内的海外中国学、海外汉学研究机构主要有中国社科院国外中国学研究中心（2004 年 2 月 10 日成立）、北京大学国际中国学研究室、清华大学国际汉学研究所、北京外国语大学中国海外汉学研究中心（1996 年 11 月成立）、北京语言大学汉学研究所、北京联合大学海外中国学研究中心（2012 年 6 月 21 日成立）、华东师范大学海外中国学研究中心、上海社科院世界中国学研究所（2012 年 3 月成立）、陕西师范大学国际汉学院的国际汉学研究所、苏州大学海外汉学（中国文学）研究中心等，这些机构各有其研究重点和特色，如北京大学国际中国学研究室以文献、文学研究见长，华东师范大学海外中国学研究中心以海外中国学史研究为主，而以海外中国共产党研究为主要对象的只有北京联合大学海外中国学研究中心一家。

北京联合大学海外中国学研究中心成立于 2012 年 6 月 21 日，并于当年 9 月 28 日召开了中心成立大会和海外中国学学术研讨会，之后举行了一系列学术交流活动。2013 年 12 月由知识产权出版社出版了《海外中国学研究》（第一辑），其中一个主要栏目即为“海外中国共产党研究”；2014 年 6 月 28 日举办了首次“海外中国共产党研究”学术研讨会；2014 年 9 月 26 日举行了“纪念邓小平诞辰 110 周年：海外邓小平研究学术研讨会”；2014 年 6 月由学习出版社出版了梁怡主编的《国外马克思主义中国化研究评析》一书，该书是 2011 年获批的第三批国家社科基金后期资助项目“国外马克思主义中国化研究评析”（项目编号 11FKS005）的最终成果。

就研究学者看，目前主要从事海外中国共产党研究的学者主要包括：

梁怡，北京联合大学海外中国学研究中心首席专家、教授，长期从事海外中国共产党尤其是中共党史的研究，主持完成国家社科一般项目、后期资助项目各一项。代表作包括：《国外马克思主义中国化研究评析》，学习出版社 2014 年 6

月出版；《国外马克思主义中国化研究的主要特点》，2012 年 4 月 23 日《北京日报》理论版；《国外马克思主义中国化研究评析》，《中国特色社会主义》2012 年第 5 期；《学术全球化趋势下开展海外中国学研究的几点思考》《新视野》2012 年第 6 期；《海外中国学研究的理论和方法》，《北京联合大学学报》2013 年第 1 期等。

韩强，北京联合大学海外中国学研究中心主任、教授，长期从事中共党建研究，近年来亦专注于海外中国共产党研究中的党建研究，主持北京市教委长城学者项目一项，项目名称为“海外中国学与完善党的建设学科体系研究”。围绕海外中共党建研究发表了一批成果，主要包括：《国外对中国共产党建设的研究述评》，《马克思主义研究》2012 年第 9 期；《海外中共党建研究的几个问题》，《理论学刊》2013 年第 8 期；《2013 海外中国共产党研究的几个热点》，《中国社会科学报》2013 年 12 月 25 日；《新加坡学者郑永年的中共党建研究评析》，《长白学刊》2014 年第 5 期；等等。

路克利，中国人民大学马克思主义学院副教授，曾在美国哈佛大学费正清中国研究中心公派留学，主要从事海外中国共产党研究，代表性著作是《哈佛大学的中国共产党研究》，山东大学出版社 2012 年 1 月出版。论文包括：《论海外中国共产党研究的兴起与发展》，《马克思主义与现实》2011 年第 3 期；《费正清 1946 年对国共两党的预料与分析》，《党的文献》2011 年第 2 期；《哈佛学派对中国共产党成立有关问题的研究》，《党的文献》2011 年第 5 期；《论费正清马克思主义中国化研究的“刺激－反应”分析范式》，《毛泽东思想研究》2011 年第 5 期；《马克思主义大众化的两个基本前提和两条实现路径》，《马克思主义研究》2009 年第 2 期；等等。

王爱云，中国社科院当代中国研究所理论研究室副主任、副研究员，主要从事海外中国共产党研究。代表性作品包括：《西方学者视野中的国外中国问题研究》，《中共党史研究》2010 年第 4 期；《西方学者对中国共产党的最新解读——〈中国共产党：萎缩与适应〉介评》，《中共党史研究》2010 年第 1 期等。

乔君、陈鹤、翟亚柳，3 人均为中共中央党史研究室的研究人员，主要从事海外中共党史研究，三人翻译了一些国外学者论著，并联名撰写了大量系列综述性论文。代表性作品包括：《2007 年国外中共党史研究述评》，《中共党史研究》2008 年第 4 期；《2008 年国外中共党史研究述评》，《中共党史研究》2009 年第 7 期；《2009 年国外中共党史研究述评》，《中共党史研究》2010 年第 9 期；《2010 年国外中共党史研究述评》，《中共党史研究》2011 年第 8 期等。

此外，像北京外国语大学海外汉学研究中心副教授管永前博士、中国地质大学马克思主义学院副教授刘武根博士、北京联合大学海外中国学研究中心研究人员许峰教授、周文华副教授、马小芳教授、刘晓云副教授等也都发表了为数不少的相关成果。

关于举办的相关学术活动，除了上面列出的北京联合大学海外中国学研究中心举办的学术活动外，中共中央对外联络部也举办了一些活动，如2011年6月6日至7日，在中共建党90周年之际，由当代世界研究中心和美国乔治·华盛顿大学联合举办的“中国共产党的建设”国际研讨会在北京举行。与会代表围绕“中国共产党建党90年来的理论和实践”、“中国共产党的思想建设”、“中国共产党的组织建设”等议题进行了深入坦诚的交流和探讨❶；2011年6月10日组织了一次大规模的外国记者开放日活动，让外国记者走进中联部，了解中国共产党；十八届三中全会后，中联部派出多路代表团，分赴周边及非洲、拉美、欧洲、中亚等地区，对全会精神进行深入解读，这些活动增进了相互了解和理解，收到了良好的效果。

（二）取得的主要研究成果

1. 出版的系列译著

出版译著是研究的基础和前提，大量出版译著，有利于国内学者了解信息，掌握动态，进行深入研究。

中共中央党史研究室比较早地开展了国外重要研究论点的摘编和评析工作，出版了《西方学者论毛泽东思想》《国外中共党史研究译文集》（共两集）《国外中共党史中国革命史研究论点摘编（新民主主义时期）》《国外中共党史中国革命史研究论点摘编（社会主义改造时期和社会主义建设时期）》（未出版）《国外中共党史中国革命史论著目录大全（1919—1989）》等。

一些学者个人也做了一些翻译工作，主要有：侯且岸等人翻译了莫里斯·迈斯纳著的《李大钊与中国马克思主义的起源》，中共党史出版社1989年版；俞金尧等人翻译了麦克法夸尔和费正清著的《剑桥中华人民共和国史1966—1982》，中国社会科学出版社1992年版；杜蒲、李玉玲等人翻译了莫里斯·迈斯纳著的《毛泽东的中国及后毛泽东的中国》，四川人民出版社1992年版；刘路新、高庆国等人翻译了罗斯·特里尔（Ross Terrill）著的《毛泽东传》，河北人民出版社

❶《“中国共产党的建设”国际研讨会在京举行》，新华网，2011年6月7日，《人民日报》2011年7月5日；《“中国共产党的建设”国际研讨会观点摘编》，《人民日报》2011年7月4日。

1990 年版；等等。

特别需要提及的是 2005 年中国人民大学出版社出版的石仲泉、萧延中主编的 8 卷本《国外毛泽东研究译丛》，其中包括：史华慈的《中国的共产主义与毛泽东的崛起》；施拉姆的《毛泽东的思想》；魏斐德的《历史与意志：毛泽东思想的哲学透视》；莫里斯·迈斯纳的《马克思主义、毛泽东主义与乌托邦主义》；约翰·布莱恩·斯塔尔的《毛泽东的政治哲学》；布兰特利·沃马克的《毛泽东政治思想的基础 1917—1935》；罗斯·特里尔的《毛泽东传》；杨炳章（华裔）的《从革命到政治：长征与毛泽东的崛起》。这套译丛，对于我们全面了解和深入开展国外毛泽东思想研究起了积极的作用。

此外，中央编译出版社出版的《海外邓小平理论和中国改革开放研究丛书》和魏海生主编的《海外当代中国研究丛书》也是非常值得关注的重要研究成果。

2. **出版的研究专著和学术论文**

改革开放以来，随着我国人文社会科学的迅速发展，海外中国学研究受到关注，海外中国共产党研究的专著和论文开始明显增多。主要有：李君如、钱宏鸣、张彩云：《毛泽东研究在海外》，河南人民出版社 1993 年版；李君如、张勇伟：《海外学者论“中国道理”与毛泽东》，上海社会科学院出版社 1993 年版；侯且岸：《毛泽东研究史论》，北京出版社 1995 年版；萧延中主编：《外国学者评毛泽东》（4 卷本），中国工人出版社 1998 年版，《国外毛泽东研究译丛》（8 卷本），中国人民大学出版社 2005 年版；梁怡、李向前主编：《国外中共党史研究述评》，中共党史出版社 2005 年版；何培忠：《当代国外中国学研究》，商务印书馆 2006 年版；尚庆飞：《国外毛泽东学研究》，江苏人民出版社 2008 年版；成龙：《海外马克思主义中国化理论研究》，广东人民出版社 2009 年版，《海外邓小平研究新论》，北京大学出版社 2004 年版；夏斯云、张云：《马克思主义中国化新论》，上海人民出版社 2009 年版；韦磊：《美国的近代中国研究》，北京师范大学出版社 2010 年版；路克利：《哈佛大学的中国共产党研究》，山东大学出版社 2012 年版。

研究论文也呈现出日益增加的趋势。代表作包括：向青：《对美国研究中共党史、共产国际和中国革命问题的印象》，《近代史研究》1985 年第 6 期；杨世文：《西方毛泽东研究前史简述》，《四川党史》1994 年第 2 期；沧南：《论“马克思主义中国化”——评施拉姆的“马克思主义中国化”观点》，《武汉大学学报》（哲学社会科学版）1998 年第 4 期；赵勇：《国外毛泽东研究的历史进程及其特点》，《上海党史与党建》2001 年第 12 期；邱观建、贾钢涛：《论施拉姆的毛泽东研究》，《武汉理工大学学报》（社会科学版）2003 年第 6 期；尚庆飞：《国外学者关于毛泽东〈矛盾论〉的复调式解读》，《现代哲学》2006 年第 4 期，《历史与结构：国外毛泽东研究的方法论探讨》，《毛泽东邓小平理论研究》2005 年第 8 期，《西方视阈中的“毛主义”：文本阅读与模式转换》，《马克思主义研究》2003 年第 6 期；尚庆飞、韩步江：《国外毛泽东研究第四次论战的再思考》，《江海学刊》2007 年第 3 期；黄志高：《施拉姆论马克思主义中国化》，《北京科技大学学报》（社会科学版）2008 年第 4 期；张静、靳书君：《美国马克思主义中国化研究概述》，《毛泽东邓小平理论研究》2008 年第 3 期；李佑新、陈龙：《继承、创新与挑战——沃马克关于中国特色社会主义与毛泽东思想关系的研究》，《国外理论动态》2008 年第 7 期，《探寻中国社会主义的命运——迈斯纳关于邓小平理论与毛泽东思想关系的研究》，《国外理论动态》2009 年第 11 期；梁怡：《俄罗斯学者看中国》，《中国特色社会主义》2009 年第 1 期；路克利：《论海外中国共产党研究的兴起与发展》，《马克思主义与现实》2011 年第 3 期，《哈佛学派对中国共产党成立有关问题的研究》，《党的文献》2011 年第 5 期；曹景文：《浅析施拉姆的毛泽东研究》，《江西师范大学学报》（哲学社会科学版）2011 年第 1 期，《国外学者论毛泽东对中国发展道路的开拓》，《江西师范大学学报》（哲学社会科学版）2012 年第 5 期；等等。

3. 立项的高级别科研项目

自 20 世纪 80 年代以来，海外中国共产党研究在各级别科研立项中有所增多。相关研究课题包括：

国家社会科学规划基金项目：北京大学张注洪主持的国家“七五”项目“国外研究中国革命史的历史考察”；梁怡主持的国家“九五”课题“国外中共党史研究述评”；中共广东省委党校成龙主持的国家“十五”课题“海外关于马克思主义中国化研究”；南京大学尚庆飞主持的国家“十一五”课题“当代中国马克思主义的实践特色、民族特色和时代特色研究”。梁怡主持的 2011 年第三批国家社科基金后期资助课题“国外马克思主义中国化研究评析”；韦磊主持的 2011 年度国家社科基金青年项目“21 世纪以来美国的中共党史研究评析”；曹景文主持的 2011 年度国家社科基金项目“国外中国发展道路和发展模式研究综述”；等等。

省部级社会科学基金项目：梁怡主持的北京市“十一五”重点课题“国外马克思主义中国化研究评析”；韩强主持的中组部 2012 年委托课题“国外对党的建设与组织工作的研究述评”；成龙主持的广东省项目“国外马克思主义中国化

研究”；马启民主持的教育部项目“国外邓小平理论研究评析”、陕西省项目“国外马克思主义中国化研究”、陕西省项目“中国特色社会主义理论体系的历史演进、理论形态与逻辑结构研究”；尚庆飞主持的教育部一般项目“国外毛泽东学研究”、教育部项目“国外毛泽东研究的方法论批评”；成龙主持的教育部人文社会科学重点研究基地项目“海外邓小平研究新论”；等等。

其他来源的人文社会科学研究规划项目：除国家级、省部级之外，一些省级党校、高校和研究单位加大了对国外中国学研究的支持力度，为高级别课题的研究奠定了前期基础。其中有：中国社会科学院何培忠的“当代国外中国学研究”；中国人民大学萧延中的“国外毛泽东研究的历史、现状与现实意义”；南京大学杨丹伟的“国外毛泽东思想研究：方法、观点和评价”；西北政法学院杨永康的“国外著名学者视野中的毛泽东、邓小平社会主义观评析”；等等。❶

（三）研究领域与代表观点

海外中国共产党研究主要包括3个方面：一是对海外中国共产党研究的宏观分析，包括研究背景、方法、阶段、总体进程等；二是对海外中共党史的研究，主要是研究海外学者关注的中共党史的重要人物、事件、作品、观点、比较等；三是对海外中共党建的研究，主要是研究海外学者关注的中国共产党的现实问题，如指导思想、五大建设、具体实践、工作创新等。国内学者主要围绕这三个方面对国外学者的研究进行介绍和评析。

1. 对海外学者研究进程的分析

海外学者对中国共产党的研究经历了一个历史过程，但对这一过程如何进行划分和概括，则国内不同学者有不同的判断。多数学者把海外中国共产党研究分为五个阶段：第一阶段为早期研究阶段，时间为中国共产党执政之前；第二阶段为研究兴起阶段，时间为20世纪70年代末到80年代末；第三阶段为研究消退阶段，时间为20世纪80年代末到90年代初；第四阶段为回升阶段，时间为1992—1997年；第五阶段为深入研究阶段，时间为1997年至今。❷ 总的来说，研究的兴起与中国共产党领导革命和建设取得的成功有着直接的联系，比如，20世纪50—70年代，国外学者对中国共产党如何领导一个落后的东方大国充满好奇，对中国共产党的主要领导人物、领导方法、组织构成、相关政策等进行了积极研究，取得了许多重要的研究成果。但是，1989年的“六四风波”之后，随

---

❶ 参见梁怡主编：《国外马克思主义中国化研究评析》，学习出版社2014年版，第22—28页。

❷ 从中国共产党执政到20世纪70年代末，海外中国共产党研究的成果相对较少。

着苏联解体、东欧剧变中多国共产党纷纷失去执政地位，不少学者认为中国共产党重蹈苏联和东欧国家共产党覆辙只是一个时间问题，因此研究一度归于沉寂。但随着中国共产党成功走出苏联解体、东欧剧变的阴影，党的执政地位日益巩固，执政成就日益辉煌，相反资本主义国家却在近年来的金融危机中举步维艰，有的甚至深陷泥潭，这为许多国外学者重新审视中国共产党提供了很好的契机，于是，对中国共产党的研究重新受到重视❶。

2. **对海外中共党史重大问题研究的评述**

中共党史研究一直以来都是海外学者关注的重点。自史华兹开山之作《中国共产主义和毛泽东的崛起》开始，陆续出现了鲍大可、施拉姆、麦克法夸尔、齐慕石、托尼·塞奇、齐赫文斯基、季塔连科、中西功、竹内实、小岛朋之、格里戈尔·本顿等著名学者的著作。研究内容主要包括革命、建设、改革开放各时期党的奋斗历程研究、国共关系史研究、党史人物研究、党的群众路线、统一战线研究等。2012 年党的十八大以来，海外越来越关注中国特色社会主义道路、理论、制度、党的执政能力以及建设经验，这些方面的著述也越来越多。

从国内学者的研究看，目前主要集中在这样几个方面：一是对海外关于中国共产党领导人的研究进行评析。通过跟踪分析海外学者对老一辈革命家毛泽东、周恩来、邓小平等及当代党和国家领导人的研究，国内学者逐步了解现状，把握进展，适时回击对党的某些领导人"妖魔化"的言论，维护党的形象；二是对海外关于中国共产党的重大历史事件研究进行主导。重点对海外学者关于三大改造、"大跃进""文革"、反右派斗争、十一届三中全会等重大历史事件进行研究，以更好地总结经验教训，避免犯这样那样的错误；三是对海外关于中国共产党的重大政策研究进行评析。党的历史上有许多重大政策产生了深远影响，如统一战线、整风、知识分子政策、改革开放政策等，对于海外学者的研究，国内学者给予了高度重视，进行了研究和分析。四是对海外关于中国共产党的其他重大问题研究进行述评，如海外学者较关注不同时期党在经济、社会、文化、外交等领域的一些重要问题、事件、政策等，国内学者也给予了一定关注。

3. **对海外中共党建问题研究的评述**

中国共产党执政地位日益巩固，执政成就日益辉煌，引发了海外学者对党的建设进一步关注。以沈大伟、郑永年等为代表，出版了《中国共产党：收缩与调适》《中国共产党为什么能够屹立不倒?》等一批代表性成果。主要研究领域涉

❶ 韩强：《国外对中国共产党建设的研究述评》，《马克思主义研究》2012 年第 9 期。

及中国共产党的形象、执政能力、思想建设、组织建设、反腐倡廉建设、党的未来前景等多个方面，对当今中国共产党的建设具有一定的启发意义。国内学者从西方学者研究中，开始重点研究海外学者关注的如下领域：

（1）海外关于中国共产党领导地位的研究。这方面海外有不少学者持怀疑态度，虽然不为我们所认同，但也可以提供启发，并具有警示作用。

（2）海外关于中国共产党思想建设问题的研究。海外学者对中国共产党面临的思想冲击比较关注，也提出了一些新的思考，值得我们深入研究。

（3）海外关于中国共产党组织建设问题的研究。海外学者对党组织的收缩与调整、基层组织设置、干部管理、干部培养等问题较重视，其视角、方法、观点都值得借鉴。

（4）海外关于中国共产党反腐倡廉建设问题的研究。海外学者很关注中国共产党如何解决腐败这一世界性难题，他们基于自身经验进行的研究和提出的建议同样具有启发意义。

（5）海外关于中国共产党未来走向的研究。政党不是永恒的，政党的执政地位也不是一成不变的，影响中国共产党执政的因素究竟有哪些，会造成多大的影响，西方学者总是试图回答这一问题，虽不乏臆测成分，但其观点都已引起国内学者重视。

二、引发国内学者积极开展海外中国共产党研究的几个因素

引发国内学者开展海外中国共产党研究的因素很多，海外中国学研究的不断拓展具有基础性地位，为改革开放以来中国的迅速发展和国际影响力的提升提供了最基本的动力，中央提出的文化大发展大繁荣及推动中华文化走出去战略为加强海外中国共产党研究提供了更有利的契机。

（一）海外中国学研究的发展

海外中国学研究的发展为海外中国共产党研究提供了理论基础。国外对中国的研究开始于欧洲传教士来华，迄今已经有数百年的历史，在早期的中国研究中，国外学者主要关注中国的历史、宗教、文化、艺术等，人们习惯于把它称作海外汉学研究。在继承这一传统的基础上，国外学者逐渐把研究的视野拉近到中国现实问题研究，从而逐步衍生出海外中国学研究。多数学者认同这样的观点，

当然也有学者认为两者仅有称谓上的区别，但这不影响我们对海外中国学研究概念的使用。海外中国学研究经过多年的发展，在研究对象、方法、体系、队伍、成果等方面都日趋丰富和定型，已逐渐成为一门具有独立性的学科。其中对当今中国共产党的研究自然而然成为其中的重要组成部分。

实际上，海外对中国共产党的研究由来已久，其形成以哈佛大学东亚中心的成立为标志。中国共产党成立后不久，就逐渐引起了海内外的关注。早期的成果包括1924年曾参加中共一大的陈公博在美国哥伦比亚大学用英文写作的硕士论文《共产主义运动在中国》，1926年苏联人葛萨廖夫撰写了《中国共产党简史》，1932年美国外交官柯乐博（Oliver Ed-mund Clubb）给美国国务院报送的报告——《共产主义在中国——1932年来自汉口的报告》，1937年斯诺（Edgar Snow）在英国伦敦公开出版的《红星照耀中国》（《西行漫记》）。此外，如1938年伊罗生（HaroldR. Isaacs）在伦敦出版的《中国革命的悲剧》，1947年美国新闻记者白修德（Theodore Harold White）、贾安娜（An-nalee Jacoby）撰写出版的《中国的惊雷》等也都是其中的代表作。这些作品向世界介绍了中国革命，开辟了海外中国共产党研究的新领域。中华人民共和国成立后，中国共产党成为执政党，海外学界加强对中共的研究。20世纪50年代中期，海外学术界实际上形成了海外中国研究的一门新兴学科——海外中国共产党研究❶。

这是从一般意义上认识海外中国共产党研究的发展问题，但是其中仍有许多有待深入研究的问题，如海外中国学研究与海外中国共产党研究的关系，这一研究的总体特点，不同阶段及其在不同国家的表现，按国别区分的研究特色如何概括，甚至海外中国学研究能否成为新的学科等，这些基础性问题研究的深化都为海外中国共产党研究打下了良好基础。

（二）中国文化走出去战略的实施

中央推动文化大发展大繁荣战略的实施为海外中国共产党研究提供了良好契机。党的十七届六中全会通过了《中共中央关于深化文化体制改革、推动社会主义文化大发展大繁荣若干重大问题的决定》，其中提出了“坚持中国特色社会主义文化发展道路，努力建设社会主义文化强国”的历史任务，并强调要高举中国特色社会主义伟大旗帜，以马克思列宁主义、毛泽东思想、邓小平理论和“三个代表”重要思想为指导，深入贯彻落实科学发展观，坚持社会主义先进文化前进

❶ 路克利：《论海外中国共产党研究的兴起与发展》，《马克思主义与现实》2011年第3期。

方向，以科学发展为主题，以建设社会主义核心价值体系为根本任务，以满足人民精神文化需求为出发点和落脚点，以改革创新为动力，发展面向现代化、面向世界、面向未来的，民族的科学的大众的社会主义文化，培养高度的文化自觉和文化自信，提高全民族文明素质，增强国家文化软实力，弘扬中华文化，努力建设社会主义文化强国。此后，党的十八大对推动社会主义文化大发展大繁荣作出了新的部署。为深入贯彻落实党的十八大精神和《国家中长期教育改革和发展规划纲要（2010—2020 年）》，教育部、财政部制定出台了《高等学校哲学社会科学繁荣计划（2011—2020 年）》（教社科〔2011〕3 号），文件中明确提出要“积极推动海外中国学研究”、“推动高等学校哲学社会科学走向世界，增强中国学术的国际影响力和话语权”。这一规定为海外中国学研究提供了良好契机。正是在这一要求的推动下，一些高校成立了海外中国学研究机构。比如，北京联合大学海外中国学研究中心正是在这一背景下成立的，并基于已有的开展海外中共党史研究的特色，把自身的研究聚焦于海外中国共产党研究，在较短的时间内形成了一支研究队伍，开展了系列学术活动，积累了丰富研究成果，作出了明显特色。在这样的文化发展战略与政策支持背景下，海外中国学与海外中国共产党研究的前景都是可以预期的。

（三）中国改革发展取得的巨大成就

中国改革发展取得的巨大成就为海外中国共产党研究提供了适宜土壤和坚强支撑。改革开放以来我国发展取得了巨大成就，经济平稳较快发展，综合国力大幅提升，成为世界第一贸易大国，经济总量跃居世界第二位，人民生活水平显著提高；民主法制建设迈出新步伐，政治体制改革继续推进，基层民主不断发展，中国特色社会主义法律体系形成，依法治国方略进一步实施；核心价值体系建设深入开展，文化体制改革全面推进，文化产业快速发展，人民精神文化生活更加丰富多彩；社会建设取得新进步，基本公共服务水平和均等化程度明显提高，教育事业迅速发展，城乡免费义务教育全面实现，社会保障体系建设成效显著，社会保持和谐稳定。所有这些为我国赢得了更广泛的国际声誉，全面提升了我国的国际话语权，也扩大了社会主义的国际影响力。中国的改革发展成就一方面为国外学者提供研究的对象和依据，不仅广大发展中国家非常关注我国的改革发展并力图学习和借鉴，而且西方发达国家的政治家、思想家及普通民众也开始更加关注中国，试图从中国的改革发展中找到解决本国问题和困境的出路、办法。他们看到，中国的改革发展战略的提出者和领导者都是中国共产党，中国共产党执政正是这一切变化的根本原因所在，因此，海外学界政界开始加强对中国共产党的研究，不仅注重从中国共产党的历史中找寻中国变化的根源，而且越来越关注中国共产党的现实执政思路、系列政策变迁、组织结构变化、党员干部问题等，由此对中国共产党的研究逐步拓展，认识更加深入。另外，中国的改革发展也为国内的人文社科研究注入了活力和动力。从学科角度看，改革开放以来多种学科得以恢复，并取得了较快发展，同时各种交叉学科、新兴学科涌现出来，使人文社会科学研究呈现出百花齐放、百家争鸣的良好势头，其中也催生了海外中国学研究的引入；从资金项目支持看，目前在人文社科研究方面，从国家到地方各层次投入逐渐加大，比如国家社科基金项目从数量到资金支持力度都有显著增加，此外还有教育部系统的项目资助，各省市社科基金项目资助等，从项目类别上又有重大项目、重点项目、一般项目、后期资助项目、出版项目、外译项目等，可以说，对国内学者学术研究的资助力度已经实现质的飞跃；从对外学术交流看，随着我国研究实力的提高和资助力度的加强，对外学术交流空前活跃，大量学者走出去进入国际主流学术殿堂，同时也有大批国外学者来到国内开展学术交流，交流的密切和加深使对中国问题的研究更具有即时性、影响力，从而促进了海外中国学研究与海外中国共产党研究的兴起与繁荣。

（四）党建科学化的推动

提高党的建设科学化水平成为海外中国共产党研究的重要推动力量。党的十七大向全党提出了提高党的建设科学化水平的任务，党的十八大再次强调要全面提高党的建设科学化水平，而提高党的建设科学化水平，一个重要内容就是以科学理论指导党的建设，其中的科学理论既包括马克思主义关于无产阶级政党的基本理论、毛泽东思想关于党的建设的理论和中国特色社会主义理论体系所蕴含的党的建设理论，也包括政治文明视野下的一般政党发展理论和各国政党治理的实践升华。此外，海外学者基于自身的价值观、政治经验和理论体系对中国共产党加以研究形成的观点也是需要我们学习和借鉴的，这可以使我们避免犯经验主义、教条主义的错误。同时，这些理论不仅对于我们研究以现代问题为主的党的建设有借鉴意义，而且对于我们认识党的历史上的若干重大决策、事件、人物等也有一定参考价值。因此，党建科学化命题与任务的提出，极大地开阔了国内党史党建研究工作者的视野，使人们看到了海外学者的研究的价值，相当于我们找到了一条用海外学者研究这一“镜子”来反观自身的途径。因此，加强对海外学者关于中国共产党尤其是中国共产党自身建设的研究的再研究是非常必要的，有利于我们开阔眼界，从别人的研究中找出自身的不足，加以注意和改进，从而提高党的建设及党的一切工作的科学化水平。当然，在对国外学者研究的再研究中，我们要注意国外学者背后的价值观差异及可能的政治用意，在进行客观评价的基础上为我所用，盲目迷信、照单全收和怀疑一切、一概排斥都不是正确的态度。

三、几点思考

从国内学者关注研究海外中国共产党研究的动因、进程、热点中，我们可以得出如下认识。

（一）党的执政业绩是海外中国共产党研究的最坚实土壤

海外学者之所以关注中国共产党，研究中国共产党，就是因为中国共产党无论在领导革命还是建设、改革的过程中，都取得了让世人瞩目的成就，走出了一条成功之路，为人类文明发展作出了贡献，值得其他国家学习和借鉴。尽管其中也有不少“捧杀”和“棒杀”的论调，甚至有的人始终不怀好意，但是，作为研究工作者要客观看待研究兴起的必然性，从中得出规律性的认识，而且要善于对国外学者的研究进行筛选、甄别，深入挖掘可以借鉴的东西，并及时翻译介绍进来，作进一步的研究，形成相关成果，以供领导决策之用。

（二）在对外学术交流中争取海外中国共产党研究的话语权

目前海外中国学研究的理论与话语体系都是西方学者建构的，海外中国共产党研究也是如此，这直接导致国外学者一些错误认识居于支配地位，如“党内权力斗争理论”“英雄决定论”“利益至上论”等一直占据着研究的主流话语权，一些学者也以其权威地位影响着本国和世界对中国共产党的认识。这就要求我们国内的海外中国共产党研究工作者要用科学的理论、客观的事实、创新性的观点去影响海外学界，使其认识到自身研究的缺陷，积极扩大其科学结论的影响，从而更好地与我们进行交流合作，最终为党的建设和国内的改革开放营造出良好的国际环境。

（三）加强对海外中国共产党的对策性研究和专业队伍建设

研究的生命力在于及时回应问题和解决问题，尤其是对于一些重大突出问题，我们的研究工作者要能够出主意、想办法，不断解决工作中遇到的困难，同时从这个过程中升华认识，丰富理论，构建体系，以更好地指导后人的研究和实践。当前在海外中国共产党研究中面临的突出问题很多，比如，如何应对抹黑中国共产党的国际言论，如何树立良好的中国共产党的国际形象，如何让国际社会更好地理解中国共产党的一系列政治主张和政策，如何使中国共产党的发展既保持无产阶级政党性质又与世界政党发展相兼容相协调，等等，这些问题都需要理论工作者通过深入研究作出回答。因此研究工作者要加强问题意识，善于把中国共产党的现实问题和国外学者研究结合起来，从不同学科入手，发挥自己的研究优势，提出创新性的学术结论。当然，目前的研究队伍还存在不足，学科不够多元，水平也还有限，我们要吸引更多学者投身于这一研究领域，大力扶持年轻学者，重视专业研究阵地建设工作，充实外语翻译力量，利用团队力量提高研究水平，使研究尽快走上良性循环的轨道。

（四）构建海外中国共产党研究的分析框架和理论体系

目前海外中国共产党研究虽然有一些学者在专门从事研究，但由于研究还处于初级阶段，因此许多基础性工作有待展开。比如，要争取国际话语权，要培养更多相关人才，要提高研究的规范性和科学性，就有必要构建起海外中国共产党研究的分析框架和理论体系，其中对研究的进程、方法、领域、观点、特色、人物、评价等都要作出概括性的说明，以更好地推进研究工作。目前研究还处于分散的阶段，研究工作者限于个人占有资料，往往观点出入较大，研究的科学性不足，因此，当前迫切需要把这一基础性工作做好，尤其应被列入哲学社会科学有关部门的常规工作，发挥好思想库的资政作用。

（五）加强与国外一流学者的直接交流对话

在中国共产党研究方面，国际上已经形成了一些知名度较高的专业人士，如美国的沈大伟、新加坡的郑永年等人，他们的观点在国际上有较大的影响力，虽然多数观点较为积极和客观的，但也有的认识和我们有差距，我们应加强与他们的直接对话，用我们的事实、理论去影响和说服对方，当然也要注意吸收对方有益的论断，这样我们无疑可以收到事半功倍的效果。在对话的过程中，我们的学者要勇于利用国际学术平台阐明自己的观点，指出对方的不足，得到对方的尊重，扩大自己的国际影响力，如果我们能有自己的学者和国外代表性人物一样站在领域的前沿，发挥主导作用，那么我们的海外中国共产党研究也就有了更大的影响力和说服力，对中国共产党形象的提升将是一个极大的促进。

总之，国内的海外中国共产党研究是一个亟须重视和扶持的新领域，其重要性不言而喻，要做好这项工作，必须进一步壮大力量，加强交流，重点扶持，打牢基础，使其既纳入中共党史党建和海外中国学，实现学科上的良性发展，又发挥资政作用，服务于中国共产党的建设与发展，这不仅是深化学术研究的重要任务，更是提升中国共产党与中国特色社会主义国际影响力的迫切需要。

本文系作者主持的国家社科基金重点项目“保持党的纯洁性研究”（项目编号：12AZD024）和北京市属高等学校高层次人才引进与培养计划项目（The Importation and Development of High-Caliber Talents Project of Beijing Municipal Institutions）“海外中国学与党的建设学科体系研究”（项目编号：IDHT20130321）的阶段成果。

作者简介：韩强，男，北京联合大学海外中国学研究中心主任、教授，人文社科部主任。

海外邓小平研究

为什么关注海外的邓小平研究

梁 怡（北京联合大学海外中国学研究中心，北京 100101）

［**摘要**］在海外中共党史研究成果中，关于邓小平的研究成果数量非常可观。那么，为什么海外学者非常关注邓小平、积极开展邓小平研究呢？其原因主要在于，一是“好奇心”驱使国外邓小平研究明显增多，二是改革开放成果丰富，国外研究力求重新解读。

［**关键词**］邓小平；海外中国学

在海外中共党史研究成果中，对邓小平同志的研究文章和著作可谓数量可观。总的来看，20 世纪 40 年代至 70 年代末海外对邓小平的研究应归于中共党史人物研究之中，侧重对邓小平个人生涯的评介，主要集中在对旅法勤工俭学的青年邓小平、淮海战役的指挥者邓小平及新中国党和国家领导人邓小平三个大的历史阶段的认识。进入 20 世纪 80 年代，邓小平走到中国乃至世界政治的前台，在他的带领下，中国开始进行改革开放，实现了经济的高速发展，国际地位和国际影响力也显著提升。于是，分析邓小平的历史地位、邓小平理论国际影响力的研究成果明显增多，在 20 世纪 90 年代末迎来了发展的最高峰。

一、海外学者来华调研增多研究论著颇丰

从 21 世纪前期情况看，以美国、俄罗斯、日本为主的国外学者发表了相当数量的论著，并相对集中在以下几个方面：从毛泽东时代到邓小平时代的转变，邓小平的历史性贡献，邓小平经济思想研究，邓小平与毛泽东、陈云、华国锋及其他领导人治国方略的比较研究等。与此同时，到中国来调研、考察邓小平理论实践效果的人数明显增加，这些人中不乏知名学者，他们随后还出版了多部相关研究的著作，如俄罗斯的斯米尔诺夫的《中国现代化理论：从毛泽东到邓小平》、B. H. 乌索夫的《邓小平和他的时代》，日本矢吹晋的《邓小平》，美国傅高义

的《邓小平时代》等。

二、"好奇心"驱使国外邓小平研究明显增多

外国人为什么要关注邓小平、研究邓小平理论，分析起来大致有以下几个原因。

（一）对象国制定本国发展战略和对华政策的需要

对象国研究当代中国，基点和出发点是国家利益。对美国等西方国家来说，深入分析邓小平理论可作为其制定对华政策的依据，这一特点非常明显。而俄罗斯、德国（主要是前东德）及前东欧国家的学者，经历了从社会主义到资本主义、再到今天部分地吸取原社会主义治理国家经验的过程。在反思的过程中，这些学者对邓小平理论历史作用，有一个从模糊到逐渐清晰的认识过程。特别是从社会主义时期过来，今天仍然活跃在学术研究一线的学者们更看重这方面的研究。例如，近年来，俄罗斯科学院远东所的季塔连科院士、德国左翼党主席格雷戈尔·吉西博士，都从不同角度做了大量的反思研究。吉西博士认为，一些国家社会主义模式的失败并不意味着资本主义必然会对社会保障体系的完善、生态状况的改造、平等国际关系的谋求作出更多的贡献，真正解决上述国内国际问题的基本原则仍应回归于马克思的基本论述，即"在无阶级社会中，每个个体的自由，是其他个体自由和全面发展的前提和条件"。一些学者表示，应重视中国特色社会主义研究的态度，也提出应从人类解放和国际共运史的角度，分析邓小平改革开放决策和思想的重要性的问题。总的来说，无论是反思还是评析，出于各自国家利益和发展道路的考虑，都将促使国际范围内对邓小平理论的研究愈加趋于深入和客观。

（二）由邓小平的个人影响力决定的

邓小平富有传奇色彩的人生经历，特别是三起三落的政治生涯，对惯于从权力斗争的角度分析中共领导层变化的外国人来说本身就有很大的吸引力。近年来，海外学者对邓小平个人魅力及其在中国社会历史发展进程中的作用问题保持着较高的研究热情，赞同他是20世纪中国的三大伟人之一、中国改革开放总设计师。俄罗斯国际问题专家亚历山大·萨利茨基高度评价了邓小平，肯定了他让人们用实践来检验社会主义和马克思主义的价值。萨利茨基表示，社会主义和马

克思主义经受住了中国实践的检验。[1]

（三）由邓小平理论的丰富性决定的

邓小平理论的内涵相当丰富，涉及政治、经济、军事、外交等诸多方面。国外学界、政界、商界和媒体等社会多个领域都对邓小平理论有密切关注，将它作为解密中国道路独特性问题的一把钥匙。并且，邓小平理论对于分析世界政治的走向，探讨国家发展道路的多样性，发掘世界社会主义发展前景等深层次的问题，也具有导向性意义。此外，对邓小平理论和改革开放实践效果的“好奇心”是吸引越来越多国外学者来华调研的原因之一。

（四）由对邓小平理论研究的“争议性”决定的

30 多年来，邓小平理论及其指导下的中国改革开放事业始终是在世界范围的“争议”中气势恢宏地发展着。邓小平提出的坚持四项基本原则、解放和发展社会生产力、“三个有利于”与发展社会主义市场经济等治国手段，都打破了人们对社会主义常规性的认识，引发了海外对中国特色社会主义道路到底“姓资姓社”的争议，与此相连的还有前后两个 30 年的联系与区别，毛泽东思想和邓小平理论的继承与发展，邓小平理论与马列主义、毛泽东思想的承继关系，以及什么是中国特色社会主义理论体系原创和基石作用的邓小平理论的哲学基础，等等，都在外国人关心、关注，也包括别有用心之人的诽谤范围之内，因此海外的各种分析和争论持续不断，至今都没有结束。

三、改革开放成果丰富，国外研究力求重新解读

当然，在中国改革开放的显著成效面前，与 20 世纪八九十年代相比，外国人对邓小平及其理论的研究发生了很大的不同。美国学者傅高义曾出版了《邓小平时代》，在这部包含 6 个部分、23 章、共计 50 余万字的长篇著作中，他对邓小平将中国引向富强之路的历史贡献按照作者的理解作了较为全面的分析。与以往研究邓小平的著作相比，这本书体现了 3 个方面的特点：一是大量选取《邓小平年谱》和《邓小平文选》等中共中央的文献档案，也包括《我的父亲邓小平》和《邓小平“文革”岁月》等传记性著作。二是以众多国际知名学者的邓小平研究成果（论文、著作和研究观点）为重要参考。三是作者本人访谈了与邓小

[1] 卢荀利：《中国模式的特点恰恰在于没有规定形式》，《参考消息》2009 年 9 月 3 日。

平同志相关的不同领域的人，获得了大量的一手资料。应该说《邓小平时代》表达的是作者对中国30多年改革变化事实的思考，这本书在国际范围内再次引发了对邓小平及中国特色社会主义世界影响力的重新解读，也说明了邓小平理论的学术价值和指导意义在世界范围内还将在“争议”中获得进一步的理解和认识。

今天我们关注国外邓小平研究，不仅是改革开放事业深入进行的需要，是加强邓小平研究国际话语权的需要，更是增强邓小平理论研究科学性的需要。今天，距离到21世纪中叶实现中华民族伟大复兴的战略目标还有35年。从世界范围来看，这仍将是社会主义与资本主义共存的时段；在中国，将是独立建设中国特色社会主义的关键时段，是用实践继续破解社会主义与市场经济相结合的可能性和合理性难题的重要阶段，是用实际成效继续丰富、完善、总结和创新邓小平理论的伟大时刻。继续做好这方面的研究，将是中国的理论界对国际哲学社会科学界、对科学社会主义所作的最重要的贡献。

作者简介：梁怡，女，北京联合大学海外中国学研究中心教授。

运用唯物史观对海外邓小平研究中几种错误倾向的辨析

王爱云（中国社会科学院当代中国研究所，北京 100006）

[摘要] 多年来，海外发表了大量关于邓小平生平与思想的研究论文，而且关于邓小平的研究专著不断予以出版，这些研究对于海外社会深入了解邓小平及其思想有很大帮助。然而，由于研究立场、方法及指导理论的不同，海外邓小平研究中一直存在一些错误判断，在一定程度上影响了海外甚至国内对邓小平及其思想的正确认识。因此，要坚持唯物史观，运用马克思主义立场和方法来辨析海外邓小平研究中错误观点及其原因，以便厘清海外邓小平研究中错误倾向在国内的影响。

[关键词] 唯物史观；海外；邓小平研究

多年来，邓小平研究一直是海外中共党史研究中的热点问题之一，不仅发表了大量关于邓小平生平与思想的研究论文，而且关于邓小平的研究专著不断予以出版，这些研究对于海外社会深入了解邓小平及其思想有很大帮助。然而，由于研究立场、方法及指导理论的不同，海外邓小平研究中一直存在一些错误判断，在一定程度上影响了海外甚至国内对邓小平及其思想的正确认识。因此，要坚持唯物史观，运用马克思主义立场和方法来辨析海外邓小平研究中错误观点及其原因，以便厘清海外邓小平研究中错误倾向在国内的影响。

一、“邓小平理论实质是资本主义”

海外对中国特色社会主义市场经济、中国改革开放进行研究时，很多人认为中国特色社会主义实质就是资本主义，中国改革开放姓“资”不姓社。美国加州大学欧文分校的政治学教授苏黛瑞（Dorothy J. Solinger）在其著作中称邓小平理论为“有中国特色的资本主义”，因为中国实行了一些有利于资本主义发展的改革措施，如20世纪80年代末实行的企业破产、企业兼并、股票和股票市场等积累资金的措施都是资本主义性质的，她把这些措施称之为“有中国特色资本主义的措施”❶。由此，海外断定邓小平理论的性质就是主张资本主义，邓小平讲坚持社会主义反而是一种策略上的考虑，一种权宜之计。例如香港学者陆铿指出：“从邓小平本人来说，他也有他的难处。他不继续打出社会主义的旗帜，他就没有旗帜；他不坚持无产阶级专政，他就失去了依托；他不强调共产党的领导，他就否定了自己；他唯一可行的是丢掉毛泽东思想的桎梏，而共产党党章明确规定，毛泽东思想是指导思想。已为全体共产党宣誓遵奉，邓小平又不能以自己的思想取代之，只好勉强继承下去，作为四项原则之一。”❷

在对邓小平研究时，海外经常将邓小平与毛泽东、邓小平理论与毛泽东思想相比较，其中很多人认为邓小平领导改革开放是背离甚至完全改变毛泽东的主张，毛泽东领导社会主义建设，邓小平搞的是资本主义。“毛泽东遏制革命的倒退趋势曾获得一定的成功，但不久即遭到对手重挫。此后，一小撮‘走资派’在党内的势力日益壮大，运用政府权力逐步强制推行资本主义道路，终于得以逆转社会主义革命的方向。时至今日，中国的资本主义复辟已大体完成。”“正是中国政府的市场改革政策——特别是被官方颂扬为‘总设计师’的邓小平的政策路线——精明地策划和实现了中国意识形态和政治经济的大逆转。”❸ 这就将邓小平理论与毛泽东思想完全对立起来。

以上这些错误认识的理论根源在于割裂了改革开放前后两个历史时期的关系，认识不到无论是改革开放前毛泽东领导探索社会主义建设时期还是邓小平领导建设中国特色社会主义的改革开放新时期，本质上都是我们党领导人民进行社会主义建设的实践探索。中国特色社会主义是在改革开放历史新时期开创的，但也是在新中国已经建立起社会主义基本制度，并进行了20多年建设的基础上开创的。虽然这两个历史时期在进行社会主义建设的思想指导、方针政策、实际工作上有很大差别，但两者绝不是彼此割裂的，更不是根本对立的。

---

❶ Dorothy J. Solinger, China's Transition from Socialism: Statist Legacies and Market Reforms. Armonk, N. Y.: M. E. Sharpe, 1993.

❷ （香港）陆铿：《二十年大梦将醒乎?》，《风云变幻的邓小平时代》，香港百姓文化事业有限公司1988年版，第25页。

❸ Yiching Wu, " Rethinking 'Capitalist Restoration' in China", Monthly Review, November 2005 (Volume 57, Number 6).

海外学者之所以割裂了改革开放前后两个历史时期的关系，认为改革开放就是复辟、发展资本主义，认为邓小平理论实质是资本主义，是因为没能正确分析和把握社会主义时期主要矛盾。1956 年我国完成社会主义三大改造、进入社会主义社会以后，我国社会主要矛盾始终是落后的生产力与人民日益增长的物质文化需要不相适应的矛盾，近 60 年来我国社会的主要矛盾一直没有变，我国社会主义解放和发展生产力的本质也一直没有变。换句话说，我国的社会主义性质一直没有变。

二、将邓小平坚持实事求是的马克思主义理论品质误解为实用主义

虽然邓小平一再重申“我是个马克思主义者。我一直遵循着马克思主义的基本原则”，但是很多海外学者尤其是西方学者刻意剥离邓小平理论与马克思主义的关系，从西方的实用主义理论视角来概括、分析邓小平理论品质和特点。例如，白鲁恂在《论 80 年代中国的实用主义》一文中指出：“用一个词，实用主义，来概括邓小平的政治学已经成为一种习惯。”“邓小平赢得这个标签在很大程度上是由于他的两只猫的理论，这种理论表示，他不受意识形态的束缚并因而能够把精力集中于效益，把效益作为他的指导原则。”[1]

海外学者多从邓小平的个人人生经历出发来考察其“实用主义”的形成。例如，美国学者本杰明·扬认为，邓小平出身地主家庭而深受其父的影响，他父亲坚持的是一种实用主义哲学。“邓小平走向共产主义更多的是由于个人的原因而不是意识形态的原因。”“整个 1949 年以前的经历使邓小平形成了实用主义的品格，一种指导他革命生涯的品格以及改革的哲学。”[2] 傅高义在《邓小平时代》一书中也多次从经验角度来分析邓小平，例如，他考察邓小平、陈云二人不同的家庭出身和经历，分析他们在计划经济和市场经济方面的政策思想根源所在。他指出：从出身来看，陈云不同于邓小平的地主家庭出身，陈云出身贫穷，当过学徒，对资本家的剥削有切身体会；从早期经历来看，邓小平在法国资本主义国家待过 5 年，而陈云从未去过资本主义国家，后来也没有与西方领导人进行会晤；

---

[1] Lucian W. Pye, “On Chinese Pragmatism in the 1980s”, The China Quarterly, No. 106, Jun., 1986.

[2] Benjamin Yang, “The Making of a Pragmatic Communist: The Early Life of Deng Xiaoping, 1904 – 49”, The China Quarterly, No. 135, Sep., 1993.

从旅苏的经历看，邓小平去莫斯科时适逢苏联实行新经济政策，而陈云到莫斯科时苏联已经建成立社会主义体制，确立了苏维埃五年计划；新中国成立后，陈云负责经济计划时，与帮助中国制订五年计划的苏联专家关系良好，与苏联领导人也保持良好关系，而邓小平领导了60年代初与苏联的论战。

西方实用主义与马克思主义都强调面向现实，重视实践和效用，但是二者的哲学基础、实践观等有根本的不同。实用主义尤其重视经验，强调从经验出发，很容易走向唯心主义。詹姆士指出："要做一个好的实用主义者，我们就必须面向经验，面向'事实'。"杜威尤其强调哲学应面向现实，从经验出发，改造世界。邓小平强调从实际出发，实事求是，强调从实践中总结经验，进一步指导实践，其理论来源和本质从来都是马克思主义哲学，与西方实用主义有本质的不同。

三、用权力斗争论来解析邓小平与其他领导人之间的关系

"文化大革命"以来，西方学者由于无法解释"文化大革命"的爆发，于是出现了以派系或非正式团体来研究中国政策制定的模式，强调党内派别之间的权力斗争对政治过程的决定性作用和影响。按照派系政治理论，"文化大革命"是中共党内权力斗争的结果。派系研究在"文革"后兴盛一时，几乎成为研究中国政治和政策问题的不二法门，涌现了邹谠、白鲁恂等一批代表人物。派系研究模式在西方的中国问题研究中根深蒂固，一直有学者不断运用派系政治理论分析中国新时期、新世纪的中国政治。傅高义在《邓小平时代》一书中受到了派系研究的影响。虽然他没有在整本书中贯穿权力斗争的分析框架，但是在一些章节，尤其是第七章"三个转折点"分析20世纪70年代末邓小平复出主政过程时，很明显运用了权力斗争分析框架和话语体系。

权力斗争论的思想根源，在于其英雄史观，过于强调个人在社会历史发展中的决定性作用，将历史大发展归于历史人物个人作用，归于领导人之间的个人关系。领导人个人因素会在历史发展中发挥作用，但是其背后仍然是社会实践，顺应社会实践，才能正确发挥作用。领导人的人格会对历史发展有影响，但只是历史发展合力中的一小部分，仅用个人因素这一小原因来解释大结果，不能揭示历史发展的本来面目。

作者简介：王爱云，女，中国社会科学院当代中国研究所理论研究室副主任、副研究员。

国际学术视野中的邓小平研究

——基于“中国文化海外传播动态数据库”的分析

管永前（北京外国语大学中国海外汉学研究中心，北京 100089）

[摘要] 邓小平对中国和世界的发展产生过重大影响，不仅改变了中国人的历史命运，也改变了世界的历史进程。邓小平研究早已走出国门，成为海外当代中国政治研究中的一门“显学”。本文以北京外国语大学“中国文化海外传播动态数据库”的原始数据为依托，对半个世纪以来海外邓小平研究的历史分期、文献出版（语种、出版年、出版社）、主要内容、方法与局限进行初步梳理，以期大体上勾勒出海外邓小平研究的发展状况，为学界深入研究提供借鉴。

[关键词] 邓小平；海外研究；当代中国政治；海外中国学

邓小平一生“三起三落”，充满传奇色彩，在近现代各国领导人中实属罕见。2014 年 8 月 20 日，习近平在纪念邓小平诞辰 110 周年座谈会上，称邓小平是“中国社会主义改革开放和现代化建设的总设计师，中国特色社会主义道路的开创者，邓小平理论的主要创立者”[1]。作为 20 世纪继孙中山和毛泽东之后中国三大伟人之一，邓小平对中国和世界的发展产生过重大影响，不仅改变了中国人的历史命运，也改变了世界的历史进程。邓小平研究早已走出国门，成为海外当

---

[1] 习近平：《在纪念邓小平同志诞辰 110 周年座谈会上的讲话》，《人民日报》2014 年 8 月 21 日，第 2 版。

代中国政治研究中的一门“显学”。本文在参考前人研究文献的基础上❶，以北京外国语大学“中国文化海外传播动态数据库”❷ 的原始数据为依托，对半个世纪以来海外邓小平研究的历史分期、文献出版（语种、出版年、出版社）、主要内容、方法与局限进行初步梳理，以期大体上勾勒出海外邓小平研究的发展状况，为学界深入研究提供借鉴。

一、海外邓小平研究的历史分期

在海外学术界，邓小平研究基本上属于中国近代史、中华人民共和国史和东亚史研究的范畴。按照时代发展和关注重点的变化，大致可以分为4个阶段。

（一）早期关注阶段：20世纪40年代初到70年代末

根据目前掌握的资料，海外对邓小平及其思想的关注比国内起步要早。1940年美国驻华大使馆海军武官卡尔逊出版的《中国的双星》一书，以简练、明快的笔墨描述了他与邓小平第一次会面的情景，这是西方人撰写的首次介绍邓小平的书籍。1956年，日本学者吉田东祐著的《中国革命的一百零八将：毛泽东与斯大林的对决》一书，对邓小平的简历作了认真介绍，并对新中国成立初邓小平从西南调到北京任政务院副总理以及邓小平于1953年9月兼管财政一事作了评论。1956年中共召开八大，邓小平作了《关于修改党的章程的报告》，在国际上

---

❶ 改革开放以来，国内已有部分学者，如冷溶、马启民、成龙、武市红、梁怡、周文华、韩强等，密切关注海外的邓小平研究，并取得丰硕成果。专著参见：冷溶：《海外邓小平研究》，山西经济出版社1993年版；马启民：《国外邓小平理论研究评析》，高等教育出版社2002年版；成龙：《海外邓小平研究新论》，北京大学出版社2004年版等。主要论文参见：黄为民：《简析国外对邓小平及其理论的评论》，《广西社会科学》1994年第2期；沈建国：《国外邓小平研究综述》，《国外社会科学》1994年第3期；朱理：《海外邓小平研究综述》，《学术月刊》1994年第10期；王海军：《邓小平理论研究在海外》，《黑龙江社会科学》2002年第2期；武市红：《国外邓小平研究述评》，《党的文献》2003年第2期；成龙：《中国改革开放的总设计师——十一届三中全会以来海外邓小平及其理论研究述评》，《毛泽东邓小平理论研究》2004年第7期；马启民：《国外学者对邓小平理论的研究》，《毛泽东思想研究》2006年第2期；陶季邑：《美国邓小平研究述评》，《党的文献》2014年第4期；成龙：《新世纪国外邓小平研究特点分析》，《中共党史研究》2014年第8期；周文华：《国外学者关于毛泽东与邓小平的比较研究》，《国外理论动态》2014年第4期；等等。

❷ “中国文化海外传播动态数据库”是北京外国语大学受全国哲学社会科学规划办公室特别委托而承担的大型项目，旨在通过对中国文化海外传播的数据进行收集和分析，总结中国文化向外部世界传播的基本情况、规律、经验和方法，为国家制定文化发展战略、推动文化“走出去”提供数据支撑和政策咨询。本文主要以数据库首期建成的“中国学研究外文数据库”为基础，对海外邓小平研究的传播和接受情况进行统计分析和归纳梳理。

引起密切关注和较大影响，海外中国学界和外交界对邓小平其人和这一报告作了详细评论和研究。60 年代邓小平在中苏两党间谈判、论战中作为中方主帅之一，是苏联谈判的主要对手，引起了苏联中国学界和外交界的密切注意并进行跟踪研究。“文化大革命”中邓小平以其独到的思想、传奇的经历以及对中国社会走向的深刻影响引起国际社会广泛注意。美国著名记者埃德加·斯诺在其介绍中国“文化大革命”的名著《漫长的革命》一书中，用一定的笔墨介绍了邓小平与毛泽东在国内政策上的分歧，谈到了所谓的邓小平的经济主义。1973 年邓小平的第二次复出引起国际传媒的关注，各国新闻媒介争相报道，不少国外学者开始系统地研究邓小平的思想。日本学者大久保泰著的《中国共产党史》（1971 年，书房社出版）、久田幸助著的《我的中国人研究笔记》（1974 年，讲谈社出版），都对邓小平及其思想进行了不同程度的论述和评论。1977 年日本学者和田武司、田中信一合著的《不屈的革命家邓小平传》（1977 年，德间书店出版）一书，对邓小平的生平事迹和思想脉络作了比较客观、公正、准确的评价。美籍华人学者、芝加哥大学政治学教授邹谠，1977 年 9 月在《中国季刊》发表了《毛泽东思想、为继承权的最后斗争和以后的时代》一文，对邓小平在“文化大革命”后期的思想进行了深刻分析，反映了该学者的研究达到了相当的深度。严格地说，这一时期虽然国外媒介和学术界已经开始注意到邓小平并开始了对他的研究，但还没有出现产生较大影响的学术成果，许多研究是从属于其他学术成果的，还不是真正学术意义上的邓小平研究，仅仅是初步的介绍❶。

（二）研究兴起阶段：20 世纪 70 年代末到 80 年代末

1977 年邓小平复出，1978 年 12 月中共十一届三中全会召开，此后邓小平领导中国人民走上改革开放之路。此后，随着中国邓小平时代的到来，海外学术界开始真正研究邓小平，越来越多的国外媒体开始介绍邓小平及其领导的中国改革开放事业。1979 年 1 月 1 日，美国《时代》周刊将邓小平评为 1978 年度风云人物。1985 年，《时代周刊》再次把邓小平评为年度新闻人物，并宣布邓小平当选“是因为他在中国实行了十亿人生产力的全面经济改革”。同年 12 月，美国《成功》月刊宣布，将邓小平选为 1985 年的成功者。1986 年，《成功》杂志在第一期刊登了《纽约时报》前记者索尔兹伯里撰写的介绍邓小平的文章《中国的首

❶ 马启民：《国内外邓小平理论研究之比较》，《中国特色社会主义研究》2004 年第 4 期。

席行政负责人》。1988 年，邓小平和英国首相撒切尔夫人一同当选美国《世界报》评选的十年风云人物。

与此同时，邓小平研究的专著开始陆续出版，如德国乌利·弗兰茨的《邓小平——中国式的政治传奇》，法国诺拉·亚的《邓小平：法国岁月》，美国戴维·W. 张的《邓小平领导下的中国》《中国领导接班人危机中的周恩来与邓小平》，莫里斯·迈斯纳的《毛泽东的中国和毛泽东后的中国》等。海外对邓小平理论的研究也开始起步，一些学者发表了有一定深度的文章，如邹谠《历史性转变和过去的连续性》、美国杨力宇《中国、台湾与香港》、英国斯图尔特·施拉姆《邓小平超过毛泽东了吗?》、美国谢伟思《"延安精神"与中国的改革》、新加坡林住君《中国经济改革的历史意义与国际影响》、苏联雅科夫列夫《邓小平的政治肖像》、日本小岛朋之《中国的政治社会——探索邓小平以后》、日本天儿慧《中国改革第一线——邓小平政治展望》等，在海外中国学界产生了一定影响。1987 年 11 月，美国布朗大学召开了主题为"邓小平领导下的十年改革"国际学术会议，对邓小平的生平尤其是改革开放政策作了初步探讨[1]。这一时期，海外研究的重点主要集中在邓小平生平研究上，发掘出了一些有价值的历史材料，且对其思想的发展脉络也进行了一定梳理。

（三）兴起高潮阶段：20 世纪 90 年代初到 90 年代末

1989 年政治风波之后，海外邓小平研究受到影响。1990 年至 1992 年，涉及邓小平的研究专著只有少量几本，但这一情况很快得到改变。1992 年初，邓小平视察武昌、深圳、珠海和上海等地，并发表一系列重要谈话，中国掀起了改革开放新高潮。1992 年 4 月 27 日，美国《新闻周刊》以《邓的复活》为标题，并以邓小平在各个时期的部分照片为封面，对邓小平南方视察进行了专题报道。这以后，海外邓小平研究兴起新的热潮，学者们开始从对邓小平及其思想的一般性介绍和解释转向广泛深入的研究探讨，并对邓小平理论的来源、属性和历史地位等重大问题展开积极探讨。这一时期，海外开始较为全面深入地研究邓小平，无论是研究成果数量，还是研究深度、选题范围都大大超过了前两个时期。

代表性专著主要有：日本学者矢吹晋《邓小平以后的中国经济》、冈部达味和毛里和子《改革开放时代的中国》、渡边利夫和小岛朋之《毛泽东与邓小平》、

[1] 武市红：《国外邓小平研究述评》，《党的文献》2003 年第 2 期。

天儿慧《作为历史的邓小平时代》《变化中的社会主义大国——中国》、本场康治《邓小平的长征》、伊藤诚《市场经济与社会主义》；俄罗斯学者巴拉赫塔和库兹涅佐夫《风风雨雨六十五载——邓小平的革命生涯》、皮沃瓦罗娃《建设有中国特色的社会主义：道路探索》；美国学者沈大伟主编《邓小平：中国政治家肖像》、罗德里克·麦克法夸尔主编《中国政治：毛泽东和邓小平时期》、杨中美《建立实用共产主义：邓小平早期生活 1904—1949》、戴维·W. 张《政治家邓小平》、迈克尔·奥克森伯格《回忆邓小平》；英国前外交官理查德·伊文斯《邓小平与中国现代化》；法国学者帕特里·萨巴蒂埃《邓小平传》；澳大利亚学者大卫·古德曼《邓小平政治评传》等。

比较有代表性的论文有：美国学者阿里夫·德里克《后社会主义：论“有中国特色的社会主义”》、J. 德雷尔《战士邓小平》、巴里·诺顿《经济学家邓小平》、卢西恩·派依《邓小平和中国政治文化》、马丁·金·怀特《社会改革家邓小平》；英国学者迈克尔·亚胡达《国务活动家邓小平》；俄罗斯学者费奥克蒂斯托夫《邓小平的著作是“有中国特色的社会主义”的理论源泉》、杰柳辛《邓小平——革命家、毛泽东主义者、改革家》和《邓小平和社会主义现代化理论》、阿·布坚科《中国特色的社会主义》、波尔加克夫《邓小平与中国改革政策》；日本学者天儿慧《邓小平时代的外交战略》和《中国近现代史中的邓小平》、竹内实《中国历史上的第四位伟人》、高原明生《邓小平的全方位外交》、国分良成《邓小平时代与毛泽东时代的异同》和《“邓小平时代”的成果》；法国学者夏泰宁《社会转型时期中国人观念的变化——写在邓小平南巡之后》；新加坡学者黄明翰《伟大的经济改革家——邓小平》等。

此外，1992 年 11 月，美国弗吉尼亚大学召开了主题为“邓小平领导下的中国的改革和发展”的全国性学术会议。1993 年 9 月，英国《中国季刊》推出“评价邓小平”专刊。1997 年 2 月 20 日，哈佛大学费正清东亚研究中心举办主题为“中国与邓小平的影响”讨论会等。

（四）持续深化阶段：20 世纪 90 年代末至今

1997 年邓小平去世，但海外对邓小平的研究仍然方兴未艾。尤其是进入 21 世纪以来，中国经济社会持续快速发展，中国道路、中国模式的绩效更为显著，成为国际社会关注的焦点，更多的国外学者、人士加入到研究邓小平及中国特色社会主义的行列❶。以美国、俄罗斯、日本为主的海外学者发表了相当数量的论著，如俄罗斯斯米尔诺夫的《中国现代化理论：从毛泽东到邓小平》、B. H. 乌索夫的《邓小平和他的时代》，日本矢吹晋的《邓小平》，美国傅高义的《邓小平时代》、迈克尔·马蒂《中国与邓小平的遗产：从共产主义革命到资本主义演变》、戴维·兰普顿《跟着领袖走：统治中国，从邓小平到习近平》，等等。傅高义的《邓小平时代》是作者对中国30多年改革变化事实的思考，受到了多方好评和中国学界的强烈关注，可谓是迄今为止海外这方面研究的最高水平，在国际范围内再次引发了对邓小平及中国特色社会主义世界影响力的重新解读，也说明了邓小平理论的学术价值和指导意义在世界范围内还将在“争议”中获得进一步的理解和认识❷。同时，学者们结合中国的政治实际，对邓小平的现代化思想、社会主义市场经济思想、建设中国特色的社会主义道路等重大问题展开了积极的学术探讨。应该说这一时期海外对邓小平的研究真正具备了学术意义，逐渐进入规范化、系统化、科学化的研究阶段。

二、海外邓小平研究的文献出版情况

通过上述介绍不难发现，在半个多世纪内，海外关于邓小平的研究已经出版了大量文献成果，既有专著，又有论文。但遗憾的是，由于语言差异、国别不同和时代变迁，大部分著述没有中文译本。迄今为止，在世界范围内还没有一个真正跨语言、跨国别、跨年代的邓小平研究基础书目，各国的研究成果也缺少横向交流和借鉴。本文以北京外国语大学“中国文化海外传播数据库”收录的邓小平研究著作（不含论文）为基础，分别按出版语种、出版年和出版机构进行统计，结果如下。

（一）按语种

据不完全统计❸，截至2014年（下同），国内外至少以11种语言（不含中文）出版过邓小平本人及邓小平研究的著作178种。其中日语最多，达79种；

---

❶ 成龙：《新世纪国外邓小平研究特点分析》，《中共党史研究》2014年第8期。

❷ 梁怡：《为什么关注国外邓小平研究》，《中国社会科学报》2014年8月21日。

❸ 统计以关键词进行筛选，如“邓小平”“邓时代”“邓”“中国共产党”“中共领导人”“马克思主义中国化”“中国特色社会主义”等。面对浩如烟海的大量文献，遗漏在所难免。

英语次之，62 种；随后是法语 13 种、俄语 7 种、德语 7 种、意大利语 3 种、西班牙语 2 种；塞尔维亚－克罗地亚语、葡萄牙语、斯瓦希里语、匈牙利语各 1 种。见图 1 海外邓小平著作和研究多语种出版统计：

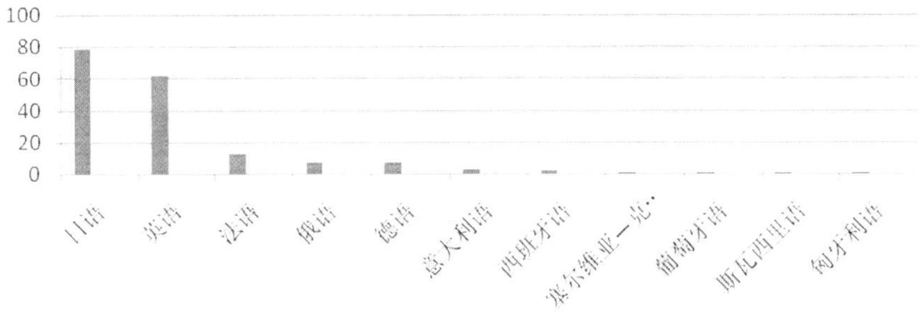

图 1　海外邓小平著作和研究多语种出版统计

数据来源：作者根据北京外国语大学“中国文化海外传播数据库”统计（下同）。

（二）按出版年

1956 年，邓小平在中共八大上当选为总书记，他的讲话《关于修改党的章程的报告》被译成日文，这是邓小平的著作首次以外文形式出版❶。1959 年，为庆祝新中国成立 10 周年，邓小平在《人民日报》发表《中国人民大团结与世界人民大团结》一文，后以日文和法文❷在国外出版。1974 年，邓小平率领中国代表团出席联合国大会第六届特别会议，邓小平在大会上发言，全面阐述了毛泽东关于三个世界划分的战略思想，即“三个世界”的理论。该发言被冠以“中华人民共和国代表团团长邓小平在联合国大会特别会议上的发言”，先后以斯瓦希

❶ 鄧小平著：《中国共産党規約：党規約改正についての報告》，北京：外文出版社 1956 年。

❷ Xiaoping Deng，La grande unite du peuple chinois et la grande unite des peuples du monde. Ecrit pour la Pravde de l'Union Soviétique à l'occasion du Xe anniversire de la Republique populaire de Chine. éditions en Langues étrangères，1960.

里语[1]、西班牙语[2]、法语[3]、俄语[4]、德语[5]、意大利语[6]、葡萄牙语[7]、日语[8]出版，形成了一个小高潮。1977 年后，随着邓小平的复出和中国的改革开放，海外关于邓小平研究的著作陆续出版。20 世纪 80 年代（80—89）共出版 33 种，其中 1987 年、1988 年分别达到 6 和 7 种；90 年代（90—99）共出版 94 种，其中 1994 年、1995 年为最高潮，分别达到 18 和 26 种；2000 年以来出版数量明显下降，共计 34 种，其中 2001 年、2009 年、2014 年分别达到 4、5、4 种。见图 2－1，2－2，2－3，2－4 海外邓小平著作和研究出版年代统计：

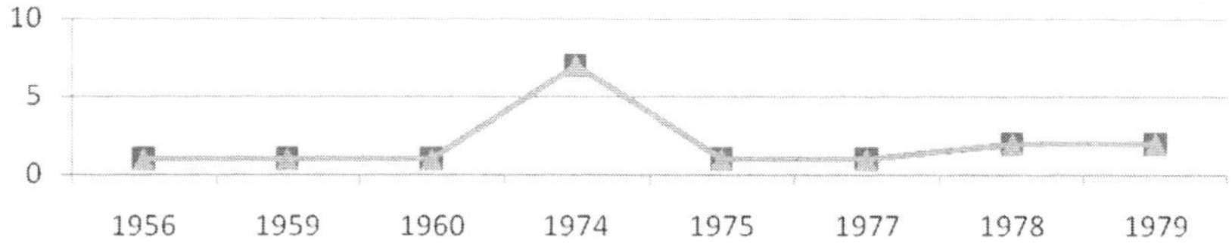

图 2－1　海外邓小平著作和研究出版年代统计（1956—1979）

图 2－2　海外邓小平著作和研究出版年代统计（1980—1989）

---

[1] Xiaoping Deng, Hotuba ya Teng Hsiao-ping Mkuu wa Ujumbe wa Jamhuri ya Watu wa China Kwenye Mkutano Maalum wa Baraza la Kawaida la Umoja wa Mataifa. Ofisi ya Uchapaji wa Lugha za Kigeni, 1974.

[2] Hsiao-Ping Teng, Discurso de Teng Siao-ping jefe de la delegacion de la Republica Popular China en la Sesion Extraordinaria de la Asamblea General de la. Ediciones en Lenguas Extranjeras, 1974.

[3] Teng Siao-ping, Intervention de Teng Siao-ping, chef de la délégation de la République Populaire de Chine à la Session Extraordinaire de l'Assemblée Générale de l'O. N. U. Editions en Langues Etrangères, 1974.

[4] Выступление главы Делегации Китайской Народной Республики Дэн Сяо - пина на спец, Изд-во лит. на иностр. яз., 1974.

[5] Deng Hsiao-Ping, Rede von Deng Hsiao-ping, dem Leiter der Delegation der Volksrepublik China, auf der Sondertagung der UNO-Vollversammlung : [10. April]. Verlag für Fremdsprachge Literatur, 1974.

[6] Xiaoping Deng, Intervento del capo della Delegazione della Repubblica Popolare Cinese Teng Hsiao-ping alla Sessione Straordinaria dell'Assemblea Generale dell'ONU (10 aprile 1974). Casa Editrice in Lingue Estere, 1974.

[7] Siao-pim Tem, Discurso de Tem Siao-pim, chefe da delega çao da Republica Popular da China, na Sessao Extraordinária da Assembleia Geral da ONU. Ediçoes em Linguas Estrangeiras, 1974.

[8] 鄧小平著:《国連特別総会における中華人民共和国代表団鄧小平団長の発言. 1974》, 北京 : 中国国際書店, 1975。

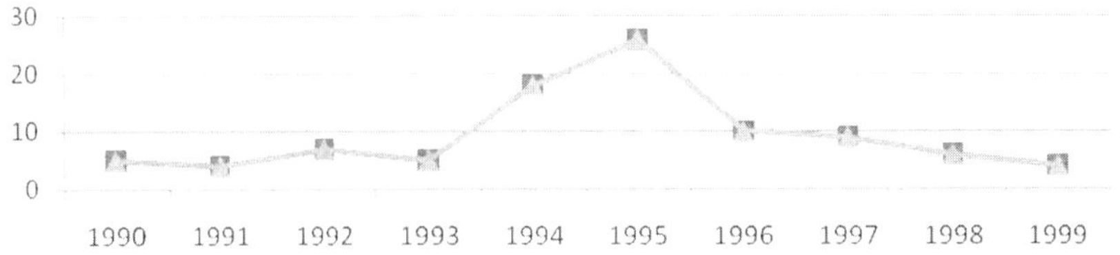

图 2－3　海外邓小平著作和研究出版年代统计（1990—1999）

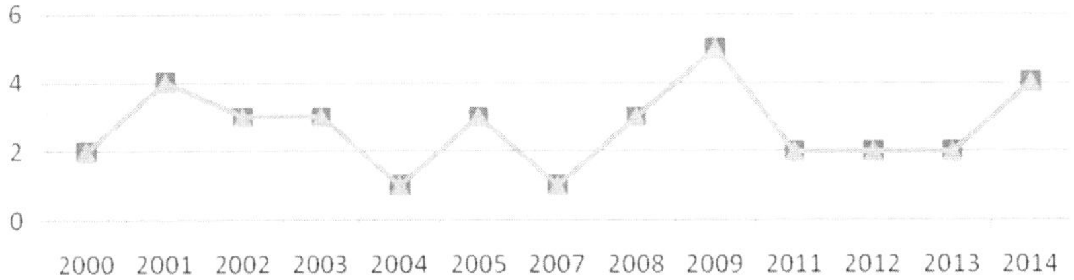

图 2－4　海外邓小平著作和研究出版年代统计（2000—2014）

（三）按出版机构

在世界范围内，至少有 130 家出版机构，先后出版过邓小平著作及其研究成果。

在日语中，先后出版过邓小平著作及其研究成果的机构共有 60 家。其中出版最多的机构是北京外文出版社❶，共计 5 种（1956；1959；1984；1987；1992，括号中为出版年代，下同）；出版 4 种的有 2 家，分别是东京的讲谈社（1995；2003；2003；2004）和岩波书店（1988；1995；1996；2009）；出版 3 种的有 2 家，分别是东京的中央公论社（1988；1994；2002）和教育社（1979；1983；1995）；出版 2 种的有 6 家，分别是东京的有斐阁（1983；1986）、小学馆（1994；1999）、芦书房（1986；1990）、朝日新闻社（1995；1999）、东洋经济新报社（1993；1999）和町田的苍苍社（1992；2012）。见图 3－1 海外邓小平著作和研究主要日语出版机构统计：

❶ 该社主要是翻译邓小平的讲话和文选，未见邓小平研究的著作。

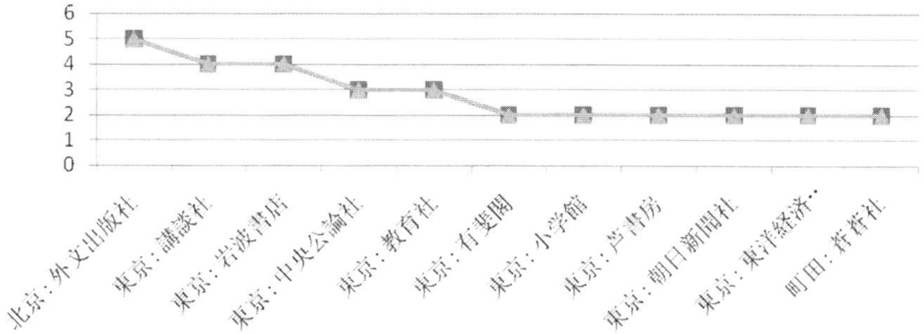

图 3－1　海外邓小平著作及研究主要日语出版机构

此外，出版 1 种的共计 47 家，有东京的日中出版（1979）、三天书房（1980）、新泉社（1981）、大月书店（1981）、霞山会（1983）、拳头书房（1984）、行政问题研究所出版局（1986）、亚纪书房（1987）、三一书房（1988）、新中心文化中心（1989）、劲草书房（1989）、第一企画出版（1990）、东方书店（1992）、信息中心出版局（1992）、福武书店（1993）、读卖新闻社（1994）、NTT 出版（1994）、TBS 百科全书（1994）、耶鲁出版社（1994）、商业公司（1994）、畅销书（1994）、学阳书房（1994）、三交社（1994）、集英社（1994）、亚洲经济研究所（1995）、PHP 研究所（1995）、苹果出版社（1995）、こう书房（1995）、サリュート（1995）、日本混合（1995）、总统社（1995）、駸々堂出版（1995）、日本经济新闻社（1995）、综合法令出版（1995）、日本贸易振兴会（1995）、日本贸易振兴会海外经济情报中心（1995）、双叶社（1996）、东京新闻出版局（1997）、德间书店（2000）、法政大学出版局（2007）、风土社（2008）、产经新闻出版和扶桑社（2008）、大仓出版（2013）、日本经济新闻出版社（2013）；名古屋的风媒社（1983）；武藏野的亚细亚大学亚洲研究所（1987）；北京的中国国际书店（1975）等。

在英语世界中，出版过邓小平研究成果的机构共有 41 家。其中，美国 UMI 公司出版 9 种（1990；1992；1994；1996；1997；1998；2001；2002；2005）、美国 M. E. Sharpe Inc. 出版 4 种（1983；1991；1995；1997）、英国 Routledge Press 出版 3 种（1990；1994；1998）、美国 Princeton University Press（1994；1996）、University Press of America（1994；2005）、中国 Foreign Languages Press（2002；2008）、英国 I. B. Tauris 出版公司（2014）分别为 2 种。

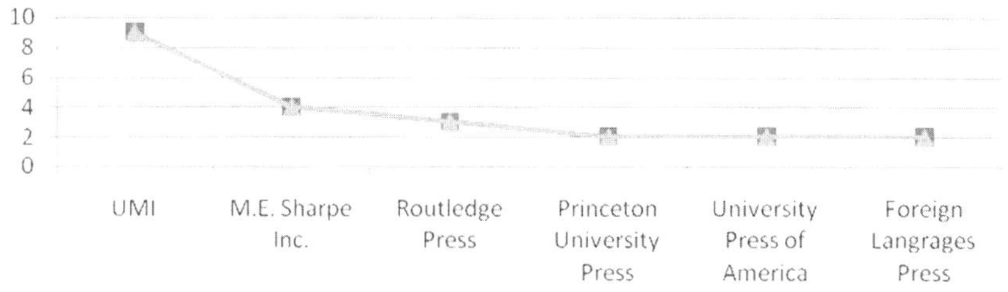

图 3－2　海外邓小平著作及研究主要英语出版机构

出版 1 种的共计 34 家，分别是 Cosmos Books Ltd. （1978）、Sandpiper Pub.（1986）、Council for Social and Economic Studies （1988）、Harcourt Brace Jovanovich （1988）、St. Martin's Press （1988）、McGraw－Hill Pub. Co. （1989）、Paragon House （1989）、Chambers （1991）、McFarland and Co. , Inc. , Pub. （1991）、Facts on File （1991）、Hamish Hamilton （1993）、Imprint Publications （1993）、Harvard University Press （1994）、Clarendon Press （1995）、Baldini & Castoldi （1995）、Oxford University Press （1995）、Hong Kong University Press （1995）、Hill and Wang （1996）、Hoover Institution on War, Revolution and Peace, Stanford University （1996）、Kegan Paul International Ltd. （1996）、Cambridge University Press （1997）、University of California （1997）、P. Picquier （1997）、Contemporary World Pub. （1997）、Monde Editions （1997）、Chinese University Press （1998）、New Star Publishers （中国北京）（1998）、Northwest University Press （中国西安） （2001）、Portland, OR （2000）、Singapore University Press （2001）、Singapore University Press, National University of Singapore （2001）、Brassey's （2002）、University of Hawai'i Press （2005）、New World Press （2009）。

在法语世界中，出版过邓小平研究成果的机构共有 8 家。其中，Editions en LanguesEtrangères 出版 3 种 （1974；1995；1995）；Fayard 出版 2 种 （1993；Bayard Editions 1996）、éditions en Languesétrangères （1960）、Editions Patrick Banon （1997）、Editions du Centre national de la recherchescientifiques （1992）、J. C. Lattès （1990）、LiguoriEditore （1986） 各出版 1 种。

在俄语世界中，出版过邓小平研究成果的机构共有 7 家。分别是 Издат. фирма “Вост. лит.” РАН （1998）、Изд－волит. наиностр. яз. （1974）、МАКСПресс （2009）、Междунар. Отношения （1989）、Стилсервис （2009）、Сычуаньскоеизд－во “Жэньминь” （2009）、Юаньфан （1999），各出版 1 种。

在德语世界中，出版过邓小平研究成果的机构共有 6 家。其中，Institut für

Asienkunde 出版 2 种（1978；1994）；Lang（1998）、S. Fischer（1992）、Ullstein（1995）、Deutsche Verlags-Anstalt（1987）、Verlag für Fremdsprachge Literatur（1974）各出版 1 种。

意大利语共有 3 家出版社，分别是 A. Mondadori（1987）、Baldini&Castoldi（1994）、Casa Editrice in LingueEstere（1974），各出版 1 种。西班牙语有 1 家出版社，即 Ediciones en LenguasExtranjeras（1974；1992），先后出版过 2 种。此外，匈牙利语、塞尔维亚－克罗地亚语、斯瓦希里语、葡萄牙语各有 1 家出版机构，即 Kossuth（1987）、BMG（1996）、Ofisiya Uchapajiwa Lughaza Kigeni（1974）、Ediçoes em Linguas Estrangeira（1974），分别出版过 1 种。

三、海外邓小平研究的主要内容

海外邓小平研究的内容相当广泛，既包括邓小平的生平传记、历史地位，又包括邓小平的政治、经济、文化、军事、外交思想，以及邓小平的理论属性、邓小平对毛泽东思想的继承和发展等。

（一）邓小平的生平传记研究

海外学者非常重视对邓小平的生平活动进行研究。他们认为研究邓小平的生平实践活动，不仅可以分析其个性特征、人格力量和政治才能，还能揭示中国的政治特别是中共内部政治的发展变化。为此，海外学者把邓小平的个人经历作为一个重要研究对象，投入较大精力，出版和发表了一大批论著。主要有：［匈牙利］巴拉奇·代内什所著的《邓小平》(1987)[1]，详细描述了邓小平从出生、留法直到新时期各个历史阶段的非凡经历，披露了邓小平在“文革”期间的苦难遭遇和 3 次复出的经过及缘由；［德］乌利·费兰茨所著的《邓小平传》(1987)[2]，作者为撰写本书专门来到中国，深入到邓小平的家乡以及邓小平曾战斗过的多个地方寻访调查，以大量翔实的史料、客观的陈述性文字，展示了邓小平坎坷而英勇的奋斗历程；［澳］大卫·古德曼所著的《邓小平政治评传》(1994)[3]，介绍了邓小平领导太行山根据地人民开展革命斗争的情况和领导中国

[1] Baracs Dénes, Teng Hsziao-ping. Kossuth, 1987.

[2] Uli Franz, Deng Xiaoping : Chinas Erneuerer : eine Biographie. Deutsche Verlags-Anstalt, 1987.

[3] David S. G. Goodman, Deng Xiaoping and the Chinese revolution: a political biography. Routledge Press, 1994.

进行现代化建设的非凡魄力；[英] 理查德·伊文思所著的《邓小平传》(1993)❶，叙述了1904—1993年邓小平的重要历史活动，展示了一代伟人从农民的儿子到国家领导人的革命历程。此外还有：[俄] B. H. Усов所著《邓小平》(2009)❷、[美] 杨炳章所著《邓小平政治传记》(1997)❸、[美] 沈大伟主编《邓小平：中国政治家画像》(1995)❹、[意] Marco Sotgiu所著《龙的尾巴：邓小平的一生》《1994》❺、[日] 伊藤正所著《邓小平秘录》(2008)❻、[日] 寒山碧著，伊藤洁译编《邓小平传》(1988)❼ 等。

（二）邓小平的历史地位研究

对于邓小平的历史地位，海外学者给予了积极评价。1997年2月20日，邓小平逝世的第二天，美国哈佛大学"费正清东亚研究中心"举行学术讨论会，题目是"邓小平的逝世与评价"。与会者普遍认为，邓小平是20世纪最伟大、最具影响力的领袖之一，是20世纪最伟大的政治家，邓小平以他的政治领导、智慧与影响，对中国与世界的发展、繁荣、和平、进步作出了重大贡献，邓小平的名字将永远载入人类史册。美国学者戴维·兰普顿认为，邓小平对当代中国有三大贡献：一是"重新定义政治和国家生活的目标"，"从阶级斗争转向经济增长"；二是"将中国未来与全球一体化捆在一起"；三是"培养一批技术型治国精英并使之机制化"❽。傅高义指出：邓小平不仅找到了"富民强国之路"，引领"中国根本转型"，而且领导中国"真正加入国际社会"，使中国成为"多种国际组织和全球体系中的活跃成员"❾。关于邓小平历史地位的著作还有：[美] Michael E. Marti所著《中国与邓小平遗产：从共产主义革命到资本主义演变》(2002)❿、[新] John Wong & Zheng Yongnian主编《南巡遗风及后邓小平时代的

---

❶ Richard Evans, Deng Xiaoping and the making of modern China. Hamish Hamilton, 1993.

❷ B. H. Усов, Дэн Сяопин и его время. Стилсервис, 2009.

❸ Benjamin Yang, Deng: a political biography. M. E. Sharpe Inc., 1997.

❹ Edited by David Shambaugh, Deng Xiaoping: portrait of a Chinese statesman. Clarendon Press, 1995.

❺ Marco Sotgiu, La coda del drago: vita di Deng Xiaoping. Baldini & Castoldi, 1994.

❻ 伊藤正：《鄧小平秘録（上、下）》，東京：産経新聞出版；東京：扶桑社（発売），2008。

❼ 寒山碧著，伊藤潔訳編：《邓小平传》，東京：中央公論社，1988。

❽ David M. Lampton, The Three Faces of Chinese Power: Might, Money and Minds, University of California Press, p. 120.

❾ Ezra F. Vogel, Deng Xiaoping and the Transformation of China, Cambridge, Mass.: Belknap Press of Harvard University Press, 2011.

❿ Michael E. Marti, China and the legacy of Deng Xiaoping from communist revolution to capitalist evolution. Brassey's, 2002.

中国发展》(2001)[1] 等。

(三) 邓小平的政治、经济、外交思想等研究

关于邓小平的政治思想，理查德·伊文斯认为，邓小平对政治改革的态度经历了3个阶段：1978—1982年，邓小平主要致力于恢复被“大跃进”和“文化大革命”破坏的50年代的政治体制，即重新界定党、军队和政府的职能；1982—1986年，邓小平主要致力于国家机构的年轻化，鼓励党内老党员集体退休；从1986年起，邓小平提高了政治改革的目标，提出党的各级领导人必须更具革命化、年轻化、知识化和专业化。日本学者天儿慧对邓小平主张建立干部退休制度和邓小平的退休给予了高度评价。他指出，在中华人民共和国成立以后的40年里，中国共产党的主要领导人，除死亡和政治上丧失地位之外，几乎都继续保持原有职位。邓小平对这种老化的领导体制有着深刻认识。因此，他才有彻底变革的决定。关于邓小平政治改革思想方面的著作有：Yiu-chung Wong 所著《从邓小平到江泽民：中华人民共和国的二十年政治改革》(2005)[2]、Michael Eugene Marti[3] 所著《转型中的中国：邓小平的伟大妥协》(1997)、莫里斯·迈斯纳所著《邓小平时代：探究中国社会主义的命运（1978—1994)》(1996)[4] 等。

关于邓小平的经济思想，因其杰出的经济改革，被海外学者誉为“经济学家”，受到海外学者的高度重视。渡边利夫认为，邓小平改革最显著的特征是实验性的实用主义，中国经济搞活的一切试验都不是那种依靠某种口号动员群众，一举在全国实行的试验。完全相反，开始是在某个单位和地方进行初步试验，当这试验在其他的某个单位和地方也被证实是有效的，并且这种有效性被大家都承认时，才在制度上和法律上追认这些试验，并在全国范围内普及和扩大[5]。傅高义指出，邓小平认为人们需要物质刺激，需要看到实实在在的进步才能保持动力，经济繁荣依靠竞争，不仅追求利润的经济生产者和商人如此，试图为当地带来进步的干部也是如此。傅高义还认为，邓小平经济改革态度在变化：第一阶段

---

[1] John Wong and Zheng Yongnian eds, The Nanxun Legacy and China's Development in the Post-Deng Era. Singapore University Press, 2001.

[2] Yiu-chung Wong, From Deng Xiaoping to Jiang Zemin: Two Decades of Political Reform in the People's Republic of China, University Press of America, 2005.

[3] Michael Eugene Marti, China in transition: Deng Xiaoping's grand compromise. UMI, 1997.

[4] Maurice Meisner, The Deng Xiaoping era : an inquiry into the fate of Chinese socialism, 1978—1994. Hill and Wang, 1996.

[5] 渡辺利夫，小島朋之：《毛沢東と鄧小平》，东京：NTT出版，1994。

（1978—1982），进行经济调整和农村改革；第二阶段（1982—1989），加快经济发展和开放步伐；第三阶段（1989—1991），对保守经济政策失去耐心；第四阶段（1992），提出建设社会主义市场经济❶。相关著作还有：Lee Pyungsik 所著《邓小平关于社会主义现代化建设的发展战略的讲话》（2001）❷、В. Я. Портяков 所著《邓小平时代的中国经济政策》（1998）❸、赵穗生所著《邓小平领导下的经济改革与意识形态，1978—1993》（1996）❹、Narayan C. Sen 所著《中国经济改革：意识形态合法性与邓小平理论》（2011）❺ 等。

关于邓小平的外交思想，海外学术界认为，邓小平坚持了"独立自主的对外政策"，这有利于新时期中国在外交上处于主动，海外学者对邓小平在中国外交事务中的作用给予了充分肯定。这方面的著作主要有：Hung-Yi Jan 所著《邓小平的四个现代化、改革开放路线与中国外交政策：中国应对关贸总协定、世界贸易组织、不扩散核武器条约及人权问题的政策分析》（1998）❻、Kun-shuan Chiu 所著《邓小平时代中国对美国的政策：1979—1988》（1990）❼、明石散人所著《大老猫的外交术：邓小平秘录》（2003）❽ 等。

（四）邓小平理论的属性研究

20 世纪 80 年代，海外学者在邓小平理论属性方面主要有"新版的马克思主义"、"后社会主义"和"民族共产主义"3 种说法。莫里斯·迈斯纳指出：邓小平思想是"一种新版的中国马克思主义理论"，此理论反映并促使人们适应现存社会秩序。它抛弃"所有空想和偏激成分"，从而成为更正统的马列主义理论。阿里夫·德里克指出：邓小平 1982 年提出的"有中国特色的社会主义"或

---

❶ Ezra F. Vogel, Deng Xiaoping and the Transformation of China. Cambridge, Mass.: Belknap Press of Harvard University Press, 2011.

❷ Lee Pyungsik, Discourse on Deng Xiaoping thought about socialist modernization development strategy. Northwest University Press, 2001.

❸ В. Я. Портяков, Экономическая политика Китая в эпоху Дэн Сяопина. Издат. фирма "Вост. лит." РАН, 1998.

❹ Zhao Suisheng, Ideology and economic reform under Deng Xiaoping, 1978—1993. London and New York: Kegan Paul International., 1996.

❺ Narayan C. Sen, China's economic reform: ideological legitimacy and Deng Xiaoping theory. Kolkata: Frontpage, 2011.

❻ Hung-Yi Jan, Deng Xiaoping's line of Four Modernizations and Opening Up and Chinese foreign policy: an analysis of China's policies in the GATT/WTO, nonproliferation and human rights regimes. UMI, 1998.

❼ Kun-shuan Chiu, Chinese policy toward the United States under Deng Xiaoping, 1979—1988. UMI, 1990.

❽ 明石散人：《大老猫の外交術：鄧小平秘録》，東京：講談社，2003。

“当代中国社会主义”是“后社会主义”。它超越了对社会主义的教条式理解，吸收了商品经济和市场经济的优点，但欲确保不会导致资本主义复辟，所以此种后社会主义亦为一种后资本主义，“力图克服资本主义发展的种种弊端”。费正清则将邓小平“中国特色社会主义”看成是一种民族共产主义理论形态，在《伟大的中国革命（1800—1985 年）》一书中认为，邓小平在农村实行合同制，即生产责任制。此既非传统社会主义生产形式，亦非资本主义生产形式，但适合当时的中国农村情况❶。

（五）邓小平对毛泽东思想的继承和发展研究

关于邓小平对毛泽东思想和历史地位的科学评价问题，20 世纪 70 年代末 80 年代初，海外曾流传过中国抛弃了毛泽东思想，正在进行一场“非毛化”运动的说法。对于这种认识上的误区，一批海外学者保持了冷静和理智。日本学者竹内实认为，邓小平是一位清醒的现实主义者，他在看清方向的时候，一面继承毛泽东，一面看准新方向，这是邓小平作为政治家了不起的本领。美国学者施拉姆认为，邓小平继承了毛泽东提出的实事求是、独立自主、自力更生和群众路线。在为寻找一条现代化道路而向西方学习，特别向马克思主义学习，同时又保留中国特色这一点上，邓小平与毛泽东是完全一致的。所不同的是，毛泽东最关心的是阶级斗争和建设社会主义之间的关系；邓小平则是以政治改革和经济发展的辩证关系作为他政策的中心。日本学者天儿慧认为，邓小平吸取了毛泽东成功和失败两个方面的经验，邓小平的战略方针是从中国实际出发的，政策上也具备合理性。

四、海外邓小平研究的方法与局限

纵观半个多世纪以来海外学者的邓小平研究，从总体上看，海外大多数学者都能本着尊重历史、尊重事实的科学精神，采取比较客观公正的态度从事邓小平研究，绝大多数人对邓小平及其思想持肯定态度，陆续提出了一系列大体上符合实际的观点。特别是进入 21 世纪以来，随着中国改革开放和中外交流的扩大，海外学者有更多便利条件展开深入研究，研究视野进一步扩大，研究的系统性、整体性明显增强，分析深度有所增加。可以说，学术性不断增强，政治偏见日益减少，研究成果愈加丰富，海外邓小平研究颇有成效。

---

❶ 转引自陶季邑：《美国邓小平研究述评》，《党的文献》2014 年第 4 期。

这种成效的取得，与海外学者重视研究方法的选择不无关系。大体说来，海外学者常用的研究方法主要有以下几种：一是比较研究法。海外学者对邓小平研究采取了广泛而深入的比较。既有国内比较，也有国际比较；既有纵向比较，也有横向比较；既有思想理论、历史地位比较，也有领导风格、人物个性比较。他们不仅将邓小平与毛泽东、江泽民、胡锦涛、习近平等进行比较，而且将邓小平与苏联领导人戈尔巴乔夫进行比较，从而寻找异同，揭示继承和发展关系；二是实地考察法。改革开放以来，随着中国与国际社会交流的扩大，大量外国学者通过访学、国际学术论坛等方式来到中国进行实地考察、调研。如日本学者天儿慧，1986—1988 年在中国进行了两年多的实地考察，回国后完成了《中国改革最前线》一书，高度赞扬了邓小平为改变中国落后面貌所作的巨大贡献，在亚洲乃至整个世界树立了一个卓越政治家的形象。可以说，在中国考察的切身经历使得学者们对邓小平的研究更为深入客观准确；三是现代化理论法。一些海外学者认为，邓小平理论也是一种现代化理论。认为它强调科学技术革命的重要性，把如何利用当代知识给政治发展、经济增长和社会福利提供机会作为评价社会能力的标准，认为这种观点与现代化研究极为接近。但这种现代化理论并未区分西方现代化理论与马克思主义现代化理论之间的不同，因而本质上是以西方现代化理论作为分析基础的；四是历史和文化研究法。一些学者认为，中国历史与文化源远流长，对中国领导人的思想有着很深的影响，因此主张研究领导人背后的中国历史文化因素。他们认为，研究邓小平思想必须重视中国传统历史文化的影响。五是文献分析法。即较广泛搜集并整理有关邓小平的各种文献，从中分析邓小平思想与活动、领导艺术和政治风格。另外，也有学者采取马克思主义概念分析法，即从马克思主义研究角度分析邓小平思想；而数量分析法、个案分析法也经常为一些学者所采用。

然而，我们也应该看到，海外对邓小平及其思想的研究也存在着一些局限和不足。从总体上看，受历史条件和研究者认识水平的限制，海外研究邓小平的学者人数有限，掌握的资料不够充分，围绕具体政策及事件的描述性研究多，“就事论事”的味道比较浓，理论性不够强，研究不够全面，缺少有一定理论深度、厚重的研究专著。另外，受世界观和立场、方法的影响，有些学者提出了一些错误的观点。如有的学者把邓小平对实践的重视看成是实用主义，把中共党内的路线斗争看成是权力斗争、权力平衡和再分配等，影响他们全面准确地研究和看待问题。

作者简介：管永前，男，北京外国语大学中国海外汉学研究中心副教授。

浅析傅高义《邓小平时代》一书的研究方法

王爱云（中国社会科学院当代中国研究所，北京 100006）

［摘要］傅高义写《邓小平时代》一书运用得最突出的就是口述史学方法。他不仅参考引用了已经出版发表的诸多关于邓小平回忆录等口述文献资料，而且还采访了党史专家、高干子女、邓小平的下属官员和一系列曾与邓小平有过交流会晤的政坛首脑和商界领袖。比较史学方法在《邓小平时代》一书中也得到较充分的运用。遗憾的是，傅高义在《邓小平时代》一书中也受到了派系研究的影响。他在书中罗列了不少派系的名称，傅高义的这种派别分析，很容易误导西方，让西方社会对中国政治局面产生误解。这不能不说是本书的最大遗憾。

［关键词］傅高义；《邓小平时代》；研究方法

美国哈佛大学傅高义教授倾10年心力完成的《邓小平时代》一书，既是关于邓小平研究又是关于改革开放时期党史、国史研究的一本大部头著作。该书于2011年❶、2012年和2013年在美国和中国大陆、台湾、香港相继出版后，在海内外引起了媒体和学术界的广泛关注，目前发表的相关书评和书讯已不下十几篇❷。这些书评大多就该书的内容予以介绍和评论，或褒或贬，或纠正史实。至于该书的研究方法，却甚少有人关注。虽然傅高义声明该书“是写给美国人看的，希望西方世界更加了解中国”，但是该书运用的西方史学研究方法和所体现出来的研究中国问题的视角，却值得国内学术界注意，这其中既有值得我们吸取和借鉴的优点，也不乏我们在研究中应该注意的问题。

---

❶ Ezra F. Vogel, Deng Xiaoping and the Transformation of China. Harvard University Press, 2011.

❷ 其中主要有：J. Stapleton Roy, “China's Great Leader”, The Wilson Quarterly, Vol. 35, No. 4 (AUTUMN 2011); David Barroza, “The Man Who Took Modernity to China”, New York Times, (2011－10－21; Perry Anderson “Sino-Americana”, London Review of Books, Vol. 34 No. 3 · 9 February 2012. 冯克利：《伟大的人和伟大的制度——谈傅高义著〈邓小平时代〉》，《当代世界社会主义问题》2012年第3期；潘启雯：《傅高义笔下的邓小平：只想把到手的牌打好——评〈邓小平时代〉》，《上海证券报》2013年2月2日；殷之俊：《傅高义〈邓小平时代〉若干史实辨正》，《世纪》2013年第2期；等等。

一、口述史学方法

傅高义写《邓小平时代》一书运用得最突出的就是口述史学方法。他不仅参考引用了已经出版发表的诸多关于邓小平回忆录等口述文献资料，而且还采访了党史专家、高干子女、邓小平的下属官员和一系列曾与邓小平有过交流会晤的政坛首脑和商界领袖。在作者自己列出的部分采访名单中，就有国外的政要15位，在中国的采访对象近140人。在该书标注的1500多处引文注释中，绝大部分引用的是访谈等口述资料。

口述史学方法的运用，首先有效弥补了文献史料不足的缺陷。《邓小平时代》一书以1978—1992年改革开放时期历史为研究重点，分析邓小平在中国转型中的努力和贡献。虽然目前已经出版了邓小平年谱、文选以及不少关于改革开放以来党和国家的档案文献，但是就从完整地再现当代历史的角度而言，目前公布的文献资料是远远不够的。而且作者又致力于“理解中国之事种种的细微之处”，这就不得不借助于口述资料。尤其是关于“六四风波”，国内尚没有权威著作对其历史全貌作出记述和分析，傅高义所依赖的口述资料分量尤其加重，主要依据“《李鹏六四日记》”、对江泽民、姚监复等人的采访，并尽可能作了相互核证，从而比较客观地再现了“六四风波”的来龙去脉。

口述史学方法的运用中，由于口述者主体意识的渗透和记忆的不准确性等是无法避免的，从而导致口述史料可信程度受损，这是口述史学方法的主要缺陷。傅高义显然对这种缺陷有充分了解，他指出：在处理各种材料、采访对象的各种观点时，如何判定自己接触到的材料是真实的，如何判定对方的观点是可信的，这要取决于自己对背景的理解、对材料的掌握以及访谈技巧。他在《邓小平时代》一书中努力采取了多种办法来回避这种缺陷。其一，在访谈技巧方面，他注重“要考虑问什么问题才能让人比较客观地讲话”❶；其二，就同一件事情采访多人，如果很多人在不同的情况之下讲相同的事情，这是比较可靠的❷；其三，注重采访国内“阅读广泛并仔细研究过可以看到的文件”的专家学者，并请诸多专家学者纠正、改正错讹之处❸。

---

❶ 《傅高义的研究方法：“你要考虑问什么问题才能让人客观讲话”》，《新京报》2013年1月27日。

❷ 《傅高义：邓小平是“总经理”不是“总设计师”》，南方报业网，2013年3月30日。

❸ ［美］傅高义著，冯克利译：《邓小平时代》，生活·读书·新知三联书店2013年版，第14—15页。

正是因为口述史学方法的局限，所以目前在历史研究中采用口述史料时，都必须与历史事实相对照，从逻辑推理上、相关资料研究上去判断它的价值。也就是说，需要把文献资料与口述相对比，使二者相互印证和补充，以便使历史记述更接近历史事实本身。傅高义在《邓小平时代》中不乏这种将档案文献与口述史料相互补充、印证，从而生动、完整地再现历史过程的成功范例，尤其是“第十一章：向美国开放”这一部分，作者既运用美国亚特兰大卡特图书馆、哈佛大学费正清中国研究中心冯汉柱图书馆等所收藏的卡特政府文件以及中美两国已经出版的外交档案资料，又采访了中美双方不少亲历事件的外交官员，如黄华、冀朝铸、卡特总统、蒙代尔、布热津斯基、罗伊等人，还利用了“卡特政府对华政策口述史项目”所收集的录音，档案文献与口述史料相互补充、相互印证，从而使中美外交关系全面确立过程中的历史细节得以充分展现，该专题历史资料的丰厚程度超过了以往相关研究成果。

但是如果单纯将口述史料作为记述历史的唯一渠道，则很难保证历史的真实。尽管傅高义作出了种种努力，但《邓小平时代》一书仍难以避免引用口述资料是否可靠的问题。例如，该书述及邓小平对第三代领导班子的支持时引用了邓小平所说的一段话，即“邓小平早先曾对江泽民说：‘毛主席当家时是他说了算，我当家时是我说了算，如果你当家后也能说了算，我就放心了’”❶。这段话的出处，是引自朱健国对李锐的一次访谈资料《李锐谈“焦国标讨伐”：痛感始皇难绝缘》；资料的来源，是一个网址，即 http：//www. newcenturynews. com/Article/gd/200710/200710055150035. html，可是笔者当下登录这一网址，却已经打不开了。即使这一文章是真实资料，文章中的这一段话的真实性也是需要考证后才能使用的。傅高义显然没作考证就直接引用了如此不可靠的一份资料，不能不说是一个遗憾。

二、比较史学方法

比较史学方法在《邓小平时代》一书中也得到较充分的运用。首先，傅高义运用西方经典的最常用、最普通的比较研究方式，即对不同地理区域、不同国家的制度或进程作比较分析。他在十六章专门拿出一节内容，比较中苏两个社会主义国家不同的改革道路，来分析为何在苏联解体、东欧剧变时，中国却能继续

❶ ［美］傅高义著，冯克利译：《邓小平时代》，生活·读书·新知三联书店 2013 年版，第 633 页。

保持发展。傅高义一是比较了中国在地理和种族同质性上与苏联的不同之处，总结中国内在的固有优势；二是比较中苏两国领导人在改革关键问题上截然不同的选择，通过政策对比，总结出邓小平领导中国改革的正确道路。这种宏观比较研究，一下子找到中苏两国的明显差别，从而达到突出邓小平卓越领导能力和总结历史规律的双重效果。

其次，傅高义把邓小平与毛泽东、陈云等历史人物作比较研究。在邓小平与毛泽东的比较研究中，傅高义一是注重比较作为两代中央领导集体核心人物的毛泽东与邓小平的不同领导特点，反映他们对什么是社会主义、怎样发展社会主义这一问题上的不同认识。他把毛泽东比喻为“浪漫幻想家”，把邓小平比喻为“务实的实干家”，来指出二者的区别；二是注重比较邓小平时代与毛泽东时代的异同之处。在“转型的中国”一章中，傅高义在整体上从对外开放、党的集体领导体制、选拔干部政策、社会转型、社会问题等方面把邓小平时代与毛泽东时代作了比较。在改革开放前后两个 30 年的关系上，国外学者普遍割裂二者关系、认为二者有本质不同，但是傅高义在这一问题的看法更客观、切合实际。他能够认识到改革开放后 30 年是在前 30 年发展的基础上开创的，如他指出：“当邓小平全面接手中国转型的工作时，也有一些极为有利的条件：他接过了由毛泽东统一起来的能够有效运转的全国性政党和政府；他有很多经验丰富、像他一样赞同深刻变革的老干部共事；他上台时有一个开放的世界贸易体系，其他国家愿意与中国分享资本、技术和管理，并欢迎中国加入国际体系。”❶ 傅高义能够把握两个时代的一些一致之处，如党的领导班子体制的延续和发展，“这种领导班子体制并不是由邓小平所创，但他稳定了这种体制，使其工作更加专业化……这一基本体制被他的接班人沿用至今”❷；又能分析两个时代在对外开放程度、选拔干部、农业社会向城市社会转型等方面的重大不同。他说：“毛泽东在世时中国的大门仅仅打开了一条缝。毛去世后，华国锋也接受对外开放的做法，但只有邓小平才真正打开了国家的大门，领导中国积极参与国际事务。”这种不同时段的历史比较，既表明了改革开放前后两个历史时期的继承与发展，又表现出了两个时期在历史变迁中的区别。傅高义虽然没有明确指出两个时代都是我们党领导人民进行社会主义建设的实践探索的一致本质，但是他的比较分析对于纠正西方关于“邓时代不但逆转了前一时期通向社会主义的进程，而且建立了贪婪

❶ ［美］傅高义著，冯克利译：《邓小平时代》，生活·读书·新知三联书店 2013 年版，第 642—643 页。

❷ ［美］傅高义著，冯克利译：《邓小平时代》，生活·读书·新知三联书店 2013 年版，第 648 页。

的资本主义的基础”[1] 的错误认识有所裨益。

傅高义非常重视陈云在邓小平时代的作用，将他视为邓小平时代最关键的人物并对二人进行了比较研究。傅高义比较分析了邓小平和陈云性格、作风的不同以及在改革开放中所起的不同作用。从总体上看，傅高义认为邓小平与陈云两个人的性格不同，邓小平走得快，陈云走得小心。“陈云担心走得更快；他不愿意冒险，更倾向于遏制通货膨胀；更倾向于苏联，不愿意与资本主义国家形成密切关系，不太愿意扩大市场的作用。而邓小平更勇于试验，向西方扩大开放，愿意走得更快一些。陈云和邓小平都是摸着石头过河，但陈云在落脚之前，要搞清楚每一块石头是否牢靠。”值得注意的是，傅高义还考察二人不同的家庭出身和经历，分析了他们政策主张不同的根源所在。[2] 这种比较视角对于理解邓小平与陈云在计划和市场经济、对外关系上的具体主张以及中国经济政策的制定有极大的帮助。

尽管傅高义在对一些媒体的采访中指出在始终维护共产党的权威上，邓小平与陈云是基本一致的，但是《邓小平时代》一书对邓小平与陈云的一致之处着墨甚少，认为邓小平和陈云“各自代表了在中国现代化问题上的两种不同主张，即中国应该更快前进还是应该避免冒险”。第十五章“经济调整和农村改革”，第十六章“加快经济发展和开放步伐”，第二十一章“稳住阵脚”都集中体现了傅高义的这种认识。

比较史学方法的运用是否科学，很大程度上取决于比较对象有无可比性。即对两种历史现象或两个历史人物进行比较研究，必须具备共同的基础或联系；如果没有这个共同的基础或联系，就不能进行比较研究。也就是说，不同类型的事物是不能进行比较的。从傅高义进行的比较研究来看，中苏社会主义改革道路的比较，就是同类特征历史现象之间的比较；毛泽东与邓小平的比较研究，是基于二人都是中共中央领导集体的核心；邓小平与陈云的比较，则是由于二人是改革开放时期同等重要地位的人物。从可比性这一基础原则来看，傅高义所进行的比较研究是正确的，而且以比较深入的分析避免了形式化的庸俗比较。无论其研究观点正确与否，就其比较史学研究方法的运用而言，是比较成功的。

---

[1] 布鲁斯·康明斯著，杭新译：《评莫里斯·迈斯纳的——〈邓小平时代：对中国社会主义命运的探询（1978—1994）〉》，《每月评论》1997 年 11 月号。

[2] Ezra F. Vogel, Deng Xiaoping and the Transformation of China. Harvard University Press, 2011, pp. 717 -722.

三、派系研究方法

从某种意义上讲，派系研究是对中国“文革”期间派系斗争显现化和矛盾激化的现实总结，其深层次的政策根源，在于中国共产党在革命斗争中形成“以阶级斗争为纲”的意识形态以及长期进行“左”、右路线斗争实践，党内的意识形态差异和路线斗争，不可避免地反映到了政府工作和政策过程中来。但是“文化大革命”结束后，我国结束“以阶级斗争为纲”，政党和政府的工作重心转移到经济建设上来。全党对改革开放的政策有高度的共识，不同的看法只是针对不同的具体问题；而且中共中央一直致力于构建科学的决策机制、体制和制度，从而彻底消除了派系、派性。可以说，用派系模式来研究“文化大革命”的爆发这种思路就是错误的，更不用说继续用派系模式来分析研究新时期以来的中国政治。

然而，派系研究模式在西方的中国问题研究中根深蒂固，一直有学者不断运用派系政治理论分析中国新时期、新世纪的中国政治。例如 2012 年中共十八大最高领导层权力交接和过渡引发西方媒体和学界的广泛关注和评论，很多评论都把新一代领导人的产生和人事布局视为派系斗争和裙带关系的产物，而不是看成是中国党和国家领导人权力交接制度化的表现，甚至把制度安排看成是派系权力斗争和裙带关系决胜的工具，把中国政治过程特点概括为“非正规政治”（informal politics）和“裙带政治”（patronage politics）[1]。这种误读在很大程度上误导了学术思考和公众舆论。

遗憾的是，傅高义在《邓小平时代》一书中受到了派系研究的影响。他在书中罗列了不少派系的名称，如“文化大革命”时期的“保守派”、“激进派”，1978—1981 年间的“建设派”（builders）与“平衡派”（balancers），特区初期的“正统派”（conservatives），1987 年的“自由派”（liberal officers）、“改革派”（reformers），治理整顿期间的“计划派”（planners）、90 年代初的“稳健派”；此外，还有“团派”、“太子党”、“秘书帮”等。在研究中也常常以不同派别的不同主张为线索分析历史事件的发展和演进，明显带有派系研究的特点。

实际上，傅高义所罗列的改革开放新时期的“正统派”、“计划派”、“稳健

[1] 参见郭苏建：《中共领导集体权力交接：派系裙带关系还是制度因素?》，《人民论坛》2013 年第 10 期。

派”，都是指以陈云、邓立群等人在不同阶段的不同问题上所代表的具体主张，根本不是思想、组织上的派别、派系。其他相对立的派别也是如此。但是傅高义的这种派别分析，很容易误导西方，让西方社会对中国政治局面产生误解。这不能不说是本书的最大遗憾。

作者简介：王爱云，女，中国社会科学院当代中国研究所理论研究室副主任、副研究员。

国外对邓小平的研究述评

韩 强（北京联合大学海外中国学研究中心，北京 100101）

［摘要］国外学者对邓小平的研究有一个逐步深入的过程，大致可以划分为早期、兴起、消退、回升和深入研究5个阶段。所涉及的范围也相当广泛，从邓小平的政治、经济、文化、军事、外交思想，到改革开放理论、“一国两制”构想无所不包。总的看，研究呈现出的开放、公平、讨论的特征，关注邓小平理论和马克思主义、毛泽东思想的差异性，对国家最高领导人个性的思考及研究方法均有值得借鉴之处。

［关键词］邓小平；海外中国学

国外学者对邓小平的关注和研究始于改革开放。由于改革开放对于社会主义的中国来说是一个新事物，西方也充满好奇，加之改革开放给中国社会引起的变革日益广泛深刻，因而国外学者对改革开放的总设计师给予了充分的关注，从研究其生平起步，进而探讨邓小平何以能领导这场改革，其思想又是如何理论化体系化的，在此基础上，研究也逐步拓展到中国改革史、中苏改革比较等领域。国外学者从自己的视角对邓小平的研究虽然带有他国的烙印和意识形态色彩，但也为我们的研究打开了一扇窗户，对于启发我们的思考无疑有一定的帮助。

一、国外学者开展邓小平研究的几个阶段

国外学者对邓小平的研究有一个过程，对此有的学者把它分为4个阶段，第一阶段：20世纪70年代末为初起阶段，邓小平研究兴起；第二阶段：20世纪80年代末90年代初为逆流阶段，邓小平理论研究由热变冷；第三阶段：1992年至1997年为回升阶段，邓小平理论研究再掀高潮；第四阶段：1997年至2000年为深入研究阶段，邓小平理论研究趋于客观[1]。也有的分为早期研究、兴起、“由

[1] 马小芳、梁怡：《国外中国特色社会主义理论体系研究述评》，《海外中国学（第一辑）》，知识产权出版社2013年版，第78—81页。

热变冷”时期和新阶段4个时期❶。还有的学者主张分4个阶段，但具体划分上又略有不同，认为第一阶段是从20世纪70年代后期到80年代初期，第二阶段是从80年代初到80年代末，第三阶段是从80年代末到90年代初，第四阶段是1992年南方谈话以来❷。总括上述及其他学者研究的情况，本人认为可以划分为五个阶段。

第一阶段为早期研究阶段，时间为改革开放之前。这一时期因为邓小平还是一位普通的中共高层领导，因而对其研究并未给予特别的关注，多是在研究中共党史及毛泽东等领导人时涉及邓小平。比如，自20世纪40年代始，国外媒介和学术界已陆续开始了对邓小平的介绍研究，1940年在美国出版的美国军人埃文斯·卡尔逊所著的《中国的双星》堪称最早提及邓小平的著作。此后，日本学者吉田东祐所著《中国革命的一百零八将：毛泽东与斯大林的对决》和美国记者埃德加·斯诺所著《漫长的中国革命》等都对邓小平有或多或少的介绍。

第二阶段为研究兴起阶段，时间为20世纪70年代末到80年代末。由于1978年开始的改革开放政策给中国经济、社会带来的深刻影响日益显现，苏联、日本、欧美等国学术界开始把中国研究逐步聚焦到邓小平和中国的改革开放，邓小平开始作为中国研究的主角进入学者的视野。这一时期开始出现一批以邓小平为研究对象的成果，如英国纳维亚著《邓小平传》、法国诺拉·亚著《邓小平：法国岁月》等著作和美籍华人学者邹谠的《历史性转变和过去的连续性》、日本学者清水德藏的《邓小平式社会主义之方法》等学术论文。

第三阶段为研究消退阶段，时间为20世纪80年代末90年代初。由于这一时期发生东欧剧变、苏联解体这样的严重事件，世界社会主义阵营瓦解，国际共产主义运动处于低潮，而中国却在西方资本主义的“和平演变”面前继续高举社会主义的旗帜，因此，西方学者和媒体一方面把中国作为批评、谴责的对象，另一方面也认为中国会重蹈苏联的覆辙，这种想当然的确定性使国外学者对邓小平的研究明显消退，坚持研究的往往是亲中国、亲社会主义的少数学者，出现了如德国乌利·弗兰茨《邓小平传》、美国戴维·W. 张《邓小平领导下的中国》、阿里夫·德里克《后社会主义——“有中国特色社会主义的反思”》、俄罗斯费奥克蒂斯托夫《邓小平的著作是“中国特色社会主义”的理论源泉》等研究成果。

第四阶段为回升阶段，时间为1992年至1997年。1992年邓小平南方谈话和

---

❶ 马启民：《国外邓小平理论研究评析》，高等教育出版社2002年版，导论。

❷ 成龙：《海外邓小平研究新论》，北京大学出版社2004年版，第5—8页。

中共十四大召开以后，中国推进深化改革和发展社会主义市场经济的基本政策得到坚持，改革开放和社会主义发展进入加速时期，面对中国改革发展的新形势新面貌，国外学者们开始重新审视邓小平的政治、经济主张，并从一般性介绍和解释转为对邓小平理论的广泛深入的研究，内容涉及邓小平理论的理论来源、基本属性、历史地位、中国改革经验、中国和苏联改革比较等多个方面。这一时期，研究成果出版呈现出加速态势，如俄罗斯杰柳辛《邓小平和社会主义现代化理论》，日本国分良成《邓小平时代的成果》、天儿慧《作为历史的邓小平时代》，美国巴里·诺顿《经济学家邓小平》、莫里斯·迈斯纳《邓小平时代》、卢西恩·派伊《邓小平和中国政治文化》，澳大利亚大卫·古德曼《邓小平政治评传》，英国理查德·伊文思《邓小平传》等都是这一阶段的产物。

第五阶段为深入研究阶段，时间为 1997 年至今。随着中共十五大把邓小平理论确立为全党的指导思想，邓小平理论对全党和改革开放进程的影响更加深远，加之中国综合国力的提升和国际影响力的上升，国外学者对邓小平的研究深入到具体领域，并且融入了更多的国际化视野。这一时期的研究成果主要集中在对邓小平的民主法治和政治体制改革思想、市场经济与经济体制改革思想的研究，成果主要有俄罗斯季塔连科《中国的文明与改革》、斯米尔诺夫《中共十五大与中国社会主义现代化的思想纲领》、阿斯拉诺夫《中国的社会主义三种模式及其未来》和《中国现阶段战略的形成（1977—1997）》，美国墨尔·戈德曼与麦克法夸尔的《后毛泽东时代改革中的矛盾》、哈里·J. 沃特《中国走向 21 世纪的经济发展战略》、奥斯曼·苏里曼《中国向社会主义市场经济过渡》，德国康拉德·赛茨的《中国——一个世界强国的复兴》，等等。

二、国外学者对邓小平的主要研究领域

国外邓小平研究经历了一个从对生平研究到对邓小平理论研究、从对邓小平理论研究到对改革开放总体进程、经验、比较研究的过程，所涉及的范围也相当广泛，从邓小平的政治、经济、文化、军事、外交思想，到改革开放理论、“一国两制”构想。国外学者通过对这些问题的研究，提出了各种各样的看法，虽然有些观点我们并不认同，但仍不乏启发价值。

（一）对邓小平领导个性的研究

受西方研究范式的影响，国外学者往往非常关注研究对象的个性特点，并把

它作为人物研究的基础，因此对邓小平的领导风格和性格特征的研究是国外邓小平研究的一个侧重点。许多学者把邓小平同毛泽东、周恩来等中共领袖人物进行了比较研究，认为从个性讲，“务实”是邓小平的典型特征。“像刘少奇和周恩来一样，邓小平也是务实的马克思主义者，他是一个务实的思想家。”石池雨在《中国对外政策的精髓》一书中写道：“邓小平是务实风格的典范”，“到 1986 年，几乎没有人怀疑，邓小平是一位有务实个性的领导人”❶。从领导风格说，用组织和制度治国、治党、治军是邓小平领导艺术的典型特征之一。邹谠称邓小平为“典型的组织者”，巴拉奇·代内什称邓小平为“杰出的组织者”。戴维·W. 张认为邓小平的领导特征是“偏爱组织处理”，是“一位按制度办事的官员”。

（二）对邓小平历史地位的研究

国外学者对邓小平的历史地位给予了极高的评价。1992 年 5 月、1993 年 3 月，部分研究中国问题的知名学者先后在英国伦敦大学东亚与非洲研究所和美国洛杉矶举行“邓小平业绩研讨会”，会上，大家一致认为，邓小平是当代最成功的改革家，是世界和平的维护者，是一位坚定的共产主义者。美国学者派依在为会议撰写的论文《邓小平和中国政治文化》中写道：邓小平是位改革家，中国特色的行政专家，真正的共产主义者。邓小平逝世后，英国《金融时报》发表文章，称“邓小平将作为中国现代化之父，因而也是世界经济史上具有重大影响事件之一的设计师载入史册”。新加坡《联合早报》以《邓小平——中国现代化之父亲》为题，盛赞邓小平对中国现代化的重大贡献❷。

（三）对邓小平改革开放思想的研究

改革开放思想是邓小平理论的核心，对于邓小平倡导并开创的改革开放，国外学者肯定了改革开放的价值，认为邓小平领导的改革是一场“和平的渐进的革命”，在历史上是没有先例的，是一场以和平方式进行的革命，这场改革“与以前的革命相比”，其“特征不是革命的言辞和方法，而是渐进性的、阶段性的政策改变”❸。改革是一场全面的改革，“无论从改革的类型、改革的范围，还是改革的深度来看，这场改革已涉及整个社会经济体制和经济结构的各个方面，几乎

---

❶ 武市红：《国外关于邓小平的研究》，人民网，2006 年 8 月 17 日。

❷ ［俄罗斯］杰柳辛：《社会主义思想的救星》，《国外中共党史研究动态》1995 年第 2 期。

❸ ［美］格里特·龚：《中国的第四次革命》，参见刘海藩、杨春贵主编：《邓小平理论研究文库》第 5 卷，中共中央党校出版社 1997 年版，第 997 页。

没有什么改革尚未波及的地方”[1]。同时对邓小平的政治改革、经济改革、文化改革等思想也进行了研究。

（四）对邓小平理论与马列主义、毛泽东思想关系的研究

在邓小平理论与马克思主义的关系问题上，国外学者主要持两种完全相反的观点，一种观点是把两者割裂开来，只讲个性与差异，不讲共性与联系，甚至认为邓小平理论根本不同于马克思主义，是一种“民族主义”理论、“新重商主义”理论、“变相资本主义”理论、“实用主义”理论；另一种观点是把两者联系起来，认为邓小平理论是对马克思主义的继承和发展，相对于“左”的教条主义对马克思主义的歪曲运用而言，邓小平理论应被视为一种“新版的中国马克思主义理论”，实质上是一种“更加正统的马列主义理论”[2]。

在邓小平理论与毛泽东思想的关系问题上，以上两种观点同样存在。持两者“否定背离”观点的学者认为，邓小平理论与毛泽东思想截然相反，所谓“非毛化运动论”“经济决定论”“实用主义论”“后社会主义论”都是其代表观点；持“继承发展”观点的学者认为，邓小平理论的很多思想都来源于毛泽东，他纠正了毛泽东晚年的错误，但并不意味着对毛泽东思想的全盘否定，两人都是坚定的马克思主义者，之间具有非同寻常的信任关系，都把实现中国现代化作为中国发展的目标，邓小平理论实质上是向毛泽东新民主主义论的回归。当然，两个人在对社会主义的认识、思维风格、领导方式、工作重心、建设途径等方面也有一些不同点。

此外，国外学者对邓小平理论的理论来源、哲学基础、价值取向等问题也进行了研究，在具体问题上还涉及邓小平的“一国两制”构想、对外关系等问题，基本上涵盖了邓小平及邓小平理论的各个方面，研究具有广泛性。

三、对国外学者开展邓小平研究的评价

国外学者对邓小平的研究从研究的范围、深度等方面看和国内的研究尚难以相提并论，而且近年来研究的热度有所消退，但仍不乏学术价值和启示意义，值得思考和借鉴。

---

[1] ［新加坡］林住君：《中国经济改革的历史意义及国际影响》，参见《海外人士谈中国社会主义》，北京大学出版社 1990 年版，第 50 页。

[2] ［美］莫里斯·迈斯纳：《毛泽东与马克思主义、乌托邦主义》，中央文献出版社 1991 年版，第 224—225 页。

第一，研究呈现出开放、公平、讨论的特征。国外学者在研究邓小平的过程中，视野全面、思维开放、讨论公平、观点多样，领域涉及个人生平、个性特征、理论思考、政策反思、世界影响等各个方面，经常出现相互对立的观点，但均能平等讨论，相互启发，值得我们在研究中学习。

第二，关注邓小平理论和马克思主义、毛泽东思想的差异性问题。在研究中国内学者一般比较强调邓小平理论和马克思主义、毛泽东思想是一脉相承的理论体系，但对其差异性往往缺乏关注，对其中的某些具体问题甚至有所回避，而国外学者大胆触及两者的差异性问题，并展开深入思考，提出了一些我们感到难以接受的观点，这对于我们开展邓小平研究无疑是很好的补充。

第三，对国家最高领导人个性的思考值得借鉴。作为一个社会主义大国的最高领导人应该具有什么样的个性，对此国内学术界思考不多，对于干部成长规律和领导规律的研究往往有所涉及，但往往针对的是一般领导干部，指向性并不明确，而这个领域恰恰是国外学者研究的特长。国外学者对邓小平个性特征的研究对于我们培养选拔党和国家的最高领导人具有一定启发。

第四，研究方法值得借鉴。国外学者普遍比较注意从世界发展、中国近代历史进程、中国传统文化、个人人生经历等角度来研究邓小平和邓小平理论，同时善于运用比较研究的方法，比较范围相当广泛，既有国际的比较，也有国内的比较；既有纵向历史的比较，也有横向切面的比较；既有个性风范的比较，也有重大理论的比较，其中尤其关注邓小平与马克思、列宁、毛泽东的关系及中苏改革的关系，这些研究方法发挥了国外学者的优势，值得国内学者学习。

当然，限于立场方法、思维方式和研究条件，国外学者的研究还存在很多的局限，有理论深度的成果并不是很多，研究结论往往失之于片面，缺乏辩证思维，需要我们在研究中注意分析和避免。

本文系作者主持的国家社科基金重点项目“保持党的纯洁性研究”（项目编号：12AZD024）和北京市属高等学校高层次人才引进与培养计划项目（The Importation and Development of High-Caliber Talents Project of Beijing Municipal Institutions）“海外中国学与党的建设学科体系研究”（项目编号：IDHT20130321）的阶段成果。

作者简介：韩强，男，北京联合大学海外中国学研究中心主任、教授，人文社科部主任。

新世纪以来国外邓小平研究述评

刘晓云、梁 怡（北京联合大学海外中国学研究中心，北京 100101）

［摘要］ 21 世纪以来，伴随着中国特色社会主义事业取得世界瞩目的成就，国外学术界对邓小平的研究也在持续深入。本文将目前所能收集到的近十几年来国外有关邓小平研究重要著述加以整理和分析，介绍了 21 世纪以来国外邓小平研究概况，总结概括了研究特点，对深入开展国外邓小平研究提出了几点建议。

［关键词］ 邓小平；海外中国学；21 世纪

21 世纪以来，伴随着中国特色社会主义事业取得世界瞩目的成就，国外学术界对邓小平的研究也在持续深入。本文将目前所能收集到的近十几年来国外有关邓小平研究重要著述加以整理和分析，旨在帮助拓宽国内邓小平研究的视野、提升研究的科学性。

一、21 世纪以来国外邓小平研究概况

进入 21 世纪，国外学者对邓小平保持着持续研究的状态，出现了一批有影响的邓小平研究学者，形成了大量有价值的研究成果。研究内容主要包括，对邓小平的历史贡献及评价，邓小平的经济、外交等领域的思想，邓小平与党的其他领导者在治国理政方面的比较研究等，并延伸到当代中国的政治、文化、军事多个领域。研究国别方面，除了集中在俄罗斯、日本、美国等传统研究国家，澳大利亚、新加坡、印度、越南、巴西、墨西哥等国家和地区也加入其中。

俄罗斯一如既往地关注中国改革开放以来取得的成绩和经验，仅在俄罗斯科学院远东所，从事邓小平及其理论研究的专家大约有十五六位，远东所所长季塔连科院士等许多中国问题专家对邓小平理论的研究颇有造诣，发表了一系列学术

文章和专著[1]。他们的研究侧重从反思苏联经验教训角度作分析。与俄罗斯相比，日本对邓小平的研究多融合在当代中国研究之中，追随着中国改革开放实践进程进行分析，并不断深化和拓展。其中毛里和子、矢吹晋、天儿慧等取得了一些有影响的研究成果。以美国为代表的英语国家邓小平研究在20世纪80年代末以后一段时间出现过研究的波动，但到90年代进入研究高峰阶段。国外的评价并不一致，正反面均有。21世纪以来，西方学者在关注当代中国发展问题过程中，对邓小平及其理论的研究既有量的变化，也有质的升华。正如傅高义在《邓小平时代》的序言中所说："20年过去了，很多原来没有兴趣了解邓小平的西方人，现在也开始愿意认真考虑邓小平在中国历史上真正的作用。"[2] 他们对邓小平的评价也由过去的否定、怀疑，到今天的肯定、赞扬，研究更趋全面、客观。

近年来，国外相关研究的主要学者及其成果有：俄罗斯的加列诺维奇的《在迈入21世纪之际，正确的一方是属于邓小平，还是那些持不同政见者》，费奥克蒂斯托夫的《邓小平一九八三至一九八七年的著作是"有中国特色社会主义"的理论来源》，杰柳辛的《邓小平和中国社会主义改革》，季塔连科的《中华人民共和国成立的国际意义和中国改革的经验》，潘佐夫和斯皮恰克的《邓小平在莫斯科（1926—1927年）：一个革命者和未来改革者思想的形成》，斯米尔诺夫的《从毛泽东到邓小平：中国现代化发展道路》，乌索夫的《邓小平和他的时代》，皮沃瓦洛娃的《中国特色的社会主义》，斯米尔诺夫的《中国现代化经验：国内外的一些观点》；日本折户洪太的《中国改革开放20年与经济理论》，矢吹晋的《邓小平》，许介鳞、村田忠禧的《现代中国治国论》，毛里和子的《新版·现代中国政治》，天儿慧的《巨龙的胎动：毛泽东与邓小平》，益尾知佐子的《邓小平对外开放构想与国际关系》，伊藤正的《邓小平秘录》，高原明生的《现代中国史之再探讨》，茅原郁生的《中国军事大国的原点：邓小平军事改革之研究》；美国及其他英语国家中，李成的《中国的领导人：新一代》，沃纳·德拉贡和大卫·古德曼的《中国的共产主义革命：中华人民共和国五十年》《中国的发展奇迹：起源、改革与挑战》[3]《中国的改革与改革者》[4]《后邓小平时代的多

---

[1] 参见刘晓云、梁怡：《俄罗斯对中国问题热点聚焦》，《北京联合大学学报》（人文社会科学版）2014年第1期。

[2] ［美］傅高义著，冯克利译：《邓小平时代》，生活·读书·新知三联书店2013年版，中国大陆版序。

[3] Alvin So, ed., China's Developmental Miracle: Origins, Transformations, and Challenges, M. E. Sharpe, 2003.

[4] Alfred K. Ho, China's Reforms and Reformers, Praeger, 2004.

样性与国家一体化》❶，杨炳章的《小平大传：1904—1997》，傅高义的《邓小平震撼世界》，彼得·诺兰的《处在十字路口的中国》，约翰·吉廷斯的《变化中的中国：从毛泽东到市场经济》，金德芳的《中国政治体制：现代化和传统》，伯特·魏德礼的《1949年以来的中国政治》，康拉德·赛茨的《中国——一个世界强国的复兴》《后邓三十年：改变中国的人》❷，杨大力的《中国改革30年：挑战与展望》，罗伯特·劳伦斯·库恩的《中国30年：人类社会的一次伟大变迁》，文卡特·拉曼的《国家、权威与去中央集权化：毛泽东与邓小平现代发展战略对比研究》，布鲁斯·吉利的《邓小平与他的继任者（1976至今）》，李侃如的《治理中国——从革命到改革》，亨利·基辛格的《论中国》，傅高义的《邓小平时代》，夏伟和鲁乐汉的《富强：中国通向21世纪的长征》❸，新加坡黄朝翰和郑永年的《南巡讲话遗产与后邓小平时代中国的发展》❹，郑永年的《改革中的中国共产党》等都是产生了一定影响的论著。

这些著作和学术论文有的运用多种研究方法，有的采取独特的视角，有的结合在华实地考察，使用新发现的资料对邓小平的个人经历及其领导中国革命、建设、改革形成的重要思想理论进行了全方位的研究，基本上展现了近10多年来国外对邓小平的研究成果。研究相对比较集中的主要有以下问题。

（一）对邓小平历史贡献的评价持续展开

近年，2004年邓小平100周年诞辰、2008年改革开放30周年、2012年邓小平的南方谈话20周年等，在连续性重要纪念活动的节点上，国外掀起过几次对邓小平研究的热潮，一次次对邓小平的历史地位及贡献进行评说。国外学者对邓小平在中国社会发展中的作用、对邓小平的个人魅力及对中国30多年快速发展的伟大贡献，持肯定意见的居多，评价逐渐客观，主要观点如下。

1. 肯定邓小平是中国和世界的历史伟人

多数研究者认为“邓小平是20世纪最伟大人物之一”。“邓小平继承了毛泽

---

❶ Barry Naughtonand Dali L. Yang, eds., Holding China Together: Diversity and National Integration in the Post-Deng Era, CambridgeUniversity Press, 2004.

❷ Michael Elliott, Thirty Years After Deng: The Man Who Changed China, Time Magazine \ (Dec. 10, 2008), http://www.time.com/time/world/article/0, 8599, 1865539, 00.html.

❸ Orville Schell, John Delury, Wealth and Power: China's Long March to the Twenty-first Century. David Lindroth, inc, 2013.

❹ John Wongand Yongnian Zheng, eds., The Nanxun Legacy and China's Development in the Post-Deng Era, World Scientific Press, 2001.

东的部分遗产，同时解放了中国人民杰出的创造力和非凡的能量。”❶“邓小平大力推动的经济改革与对外开放是中国面貌发生根本改变和当今取得巨大成就的指路明灯。”❷ 尤其是俄罗斯学者通过对中俄改革成就进行比较研究，结合苏联解体后国家大起大落的动荡情况，感慨邓小平坚持改革开放国策的果断和英明。美国学者傅高义更是强调：“邓小平是20世纪对中国乃至世界贡献最大的历史人物。”❸

此外，这十几年间，对邓小平政治生涯的研究成就明显。其中，最引人注目的当属美国学者傅高义的《邓小平时代》，该著是集作者10年之功而成，共6部分，23章，50余万字。作者在使用中国出版官方档案的前提下，用大量篇幅详述了邓小平把中国引向富强之路的政治策略和政策措施，高度评价了邓小平的历史贡献。他认为：“没有任何一个国家的领导人，对世界的发展有过更大的影响。”❹ 傅高义的书中显示出他占有权威资料，重视调研和对亲历者的采访。该著引发了国外再次解读邓小平对中国和世界历史贡献的重新思考，也从一个新角度分析了毛、邓两个时代的转换和对接中邓工作思路的调整，引发国外研究中国的新趋向。这说明邓小平理论的学术价值和指导意义还将在各国的“争议”中进一步得到理解和认识。

2009年，俄罗斯学者乌索夫出版了《邓小平和他的时代》，对邓小平的生平作了全面的介绍。潘佐夫、斯皮恰克使用保存在俄罗斯国家社会政治历史档案馆的原始档案，以及邓小平和他的同学们的个人档案资料，得出令人信服的结论，即邓小平在苏联的一年，并没有白白度过。在这期间，邓小平看到、读到和学到的一切都影响着邓小平马克思主义观点的形成❺。

邓小平研究专家理查德·伊文思的《邓小平传》❻ 于2013年2月、2014年3月中文版再版，此次出版的中译本，除对第十四、十五章个别地方作了些删节之

---

❶ 《基辛格：不能抽象比较中国每一代领导人》，2014年4月9日引自人民网（搜狐新闻），http://news.sohu.com/20140409/n397966851.shtml。

❷ ［俄罗斯］季塔连科著，周红译：《中华人民共和国成立的国际意义和中国改革的经验》，《当代中国史研究》2009年第6期。

❸ 王传军：《〈邓小平时代〉在我著作中最有分量最有影响力——访“第七届中华图书特殊贡献奖”获得者傅高义教授》，《光明日报》2013年8月26日，第8版。

❹ ［美］傅高义著，冯克利译：《邓小平时代》，三联书店2013年版，中国大陆版序。

❺ ［俄罗斯］潘佐夫、斯皮恰克著，陈鹤译：《邓小平在莫斯科（1926—1927年）：一个革命者和未来改革者思想的形成》，《党的文献》2013年第4期。

❻ ［英］理查德·伊文思著，田山译：《邓小平传》，国际文化出版公司2014版。

外，还订正了部分对史实的错误记述。该著是作者站在独特的立场，以平和的眼光看待并展示邓小平不平凡的一生，带着读者重温20世纪中国的发展历史，被称为是“最客观公正的纪念碑式传记作品之一”。

2. 认为邓小平的改革开放政策对中国的成就起了关键作用

中国今天为何能取得令人瞩目的成绩？国外研究者基本认同是邓小平的改革开放引领中国富裕起来这一观点。他们从不同的角度论证改革开放政策给中国带来的成就。俄罗斯国际问题专家亚历山大·萨利茨基和巴西学者普洛科皮奥持这种观点，认为邓小平倡导用实践来检验社会主义和马克思主义的价值。而社会主义和马克思主义经受住了中国实践的检验❶。对此，邓小平居功至伟。以邓小平为首的新一代领导人实行改革开放，著名的“白猫黑猫”理论具有中国的实用主义色彩，为中国的发展起到了定心丸的作用❷。还有学者指出，从1979年至2009年，这30年来，因为邓小平的勇敢及引人注目的改革，中国成为世界上增长最快的经济体，其结果是，超过4亿人摆脱了贫困。在人类历史上，还没有任何一个国家能像中国那样❸。

3. 强调邓小平的遗产对当代中国发展具有深远影响

综合看，外国人提到的邓小平的遗产，主要是指邓小平执政之下发生的基础性结构变化，涉及政治遗产、经济遗产、精神遗产、外交遗产等具体内容。他们结合中国发展中的实际问题，认为邓留给今天中国的遗产集中在3个方面：一是坚持“中国共产党是中国的领导核心，不要自满，不要自高自大，不要允许大国傲慢”❹；二是邓小平本人确定的各项原则，即集中精力向世界经济敞开大门；尽快掌握世界经济的门道；调整先进技术，满足中国的迫切需要；但尽可能保留国家治理结构❺；三是邓小平最基本的政治遗产表现在：“第一是要改革、要开放，他说应该把那个门开得更大，开放的政策应该更加扩大；第二，邓小平非常支持跟外国搞好关系，在那个情况下中国才会发展，对中国的发展有利；第三，他非常重视能力，也就是有能力的人和能干的人。”❻

---

❶ 卢敬利：《中国模式的特点恰恰在于没有规定形式》，《参考消息》2009年9月3日，第13版。

❷ 陈威华、赵焱：《中国为全世界提供了一个样本》，《参考消息》2009年9月3日，第13版。

❸ 张永兴：《为什么“最胖的男孩赢得了100米比赛”?》，《参考消息》2009年8月27日，第14版。

❹ 杨永前：《中共继承邓小平重要遗产》，《参考消息》第11版，2011年5月26日。

❺ 《中国式道路》，参考消息网，2011年9月19日，http：//column. cankaoxiaoxi. com/g/2011/0919/2378. shtml。

❻ 《傅高义上海演讲“邓小平遗产”》，凤凰网，http：//news. ifeng. com/gundong/detail_ 2013_ 04/13/24180664_ 0. shtml，2013年4月13日。

在国外的一些学者看来，邓小平的政策不仅过去30多年给中国带来了成功，邓小平的理论对未来的中国发展还会产生持续的影响。2012年11月5日，美国学者罗斯·特里尔曾说：目前，中国共产党的第三代、第四代领导人领导的中国特色的社会主义建设，形成的“三个代表”重要思想和科学发展观基本是对邓小平及其理论的继承与发展。范芝芬也在《中国的十一五规划（2006－2010）：从“先富起来”到“共同富裕”》一文中分析了科学发展观与邓小平理论、“三个代表”重要思想一脉相承的联系[1]。

（二）对邓小平经济思想的研究仍在深化

对于邓小平历史性贡献和评价研究，国外突出在经济方面，且一般是将邓小平的经济理论和中国的经济成效分开进行分析的。中国奇迹使世界上多数人盛赞邓小平，而对邓小平经济理论的研究结论却存在很大分歧。尤其是在邓小平理论与马克思主义的渊源关系研究方面很不深入，评价也不够客观。

21世纪以来，国外学者对邓小平经济思想研究的热情不减，这也是引起争议最多的部分，其关键点仍在中国特色社会主义姓“资”姓“社”的问题。如2012年第6期的《近代中国》（Modern China）出版了一期主题为《“国家资本主义”还是“社会主义市场经济”——中西学者的对话》的专刊，参加讨论的中外学者各抒己见，从一个侧面反映这个问题在西方学者研究中的持续性。虽然有部分学者仍持社会主义市场经济属于资本主义性质的错误认识，但有些学者已经开始不再纠缠于这种经济形式上“姓资姓社”的问题，而是逐渐理性地科学地看待邓小平的经济思想。

1. 认为社会主义和市场经济之间不存在根本矛盾

市场经济和社会主义是人类发展进程中积累起来的遗产，邓小平所做的就是打破旧有的条框思维和观念，尝试着将两者连接起来，这是需要巨大的马克思主义勇气的。中国特色的社会主义事业是一个全新的事业，外国人不理解尚属正常。21世纪以来，随着中国特色社会主义市场经济体制的完善和中国取得巨大的成绩，一些人逐渐地改变了市场经济是资本主义专属的观念，开始客观地思考社会主义和市场经济之间到底存在怎样的关系。在这方面俄罗斯和东欧国家的学者对此进行反思的比较多。德国马克思－恩格斯基金会董事拉尔斯·莫尔金撰

---

[1] C. Cindy Fan, China's Eleventh Five-Year Plan (2006－2010). From ‘Getting Rich First’ to ‘Common Prosperity’. http://www.geog.ucla.edu/people/faculty.php? lid=597&display_ one=1&modify=1.

文，积极肯定邓小平将市场与社会主义联系起来而不是截然分开的思考和实践，他认同这种观点，他认为，邓小平是中国的改革开放之父，也是社会主义市场经济之父。“经济增长是社会发展的物质前提”是邓小平理论的基本思想。邓小平始终面临着一个问题，那就是放弃计划经济是否等同于放弃社会主义。但邓小平认为，社会主义和市场经济之间不存在根本矛盾，社会主义和改革开放是国家独立的保障和中国实现现代化的条件。市场和计划在邓小平看来只是发展生产力的两种手段[1]。

2. **认为邓小平的改革是一种经济管理手段**

对邓小平改革的评判上，之前有部分学者过于简单地将改革开放中的一些具体措施，包括推行中不成熟的经验，认为邓小平的改革最终将引领中国走上资本主义道路。他们得出这种有失偏颇的结论并不奇怪，随着中国在各种国际国内复杂的情况下仍能保持稳定快速的发展，国外学者对邓小平改革的评判更趋于理性。在俄罗斯学者库利克看来，邓小平将进行的改革看做是对经济管理方法的完善，而不是在这种借口或掩饰下改变中国的社会制度。邓小平非常清楚，新的经济方针在客观上对社会主义事业会有一定的危险性，因此需要有预防这种危险性从潜在转为现实的保证，所以他提出了四项基本原则。为解决改革中出现的问题，又提出了“三个有利于”的判断标准。“邓小平在中国社会主义建设的艰难时期，坚持它的社会主义方向，从而保证了他的祖国的进步与繁荣。”[2] 这种观点就比较理性和客观了。

（三）强调从治国理政的角度对邓小平与中共其他领导人作比较研究

海外中国学有多种范式和学派，其中比较研究法是西方较为常用的研究方式，以往西方人侧重“权力斗争论”看待中国领导人的更换和权力交接以及领导人之间的关系。近年来，国外学者在邓小平的研究上发生了一些变化，大多侧重从领导人治国理政的角度进行比较。另外，除了仍对邓小平和毛泽东进行比较研究外，还将邓小平与陈云、华国锋等党的领导人进行比较研究，这是比较进步的一方面。

1. **邓小平与毛泽东的比较研究**

对邓小平和毛泽东关系的研究，一直是国外学者关注的焦点，主要是在思想

---

[1] 《中国致力让百姓分享崛起成果》，参考消息网，http：//column. cankaoxiaoxi. com/g/2013/0328/185141. shtml，2013 年 3 月 28 日。

[2] КуликБ. Т.，Советско-китайский раскол：причины и последствия. М.，2000.

体系的继承与发展，治国方略的手段和方法等方面的比较。大致有 3 种不同的意见。

一是认可两者的继承与发展关系。部分学者从不同的角度论证了邓小平在很多方面都对毛泽东的思想和政策有继承和发展。

第一，从宏观上看，认为毛泽东领导的社会主义建设实践为邓小平领导的改革开放事业奠定了基础。如新加坡学者郑永年在《中国模式：经验与困局》一书指出，如果没有改革开放"前 30 年建立起来的主权国家架构，也就很难有后 30 年的建设。而且正是因为有毛泽东那么多充满价值的社会实践，毛泽东后的中国领导人才有了全然不同的探索"。他还认为："尽管邓小平当时形象地说改革开放是'摸着石头过河'，但这只是说追求这些价值的过程具有不确定性，实际上方向是相当明确的。"❶ 俄罗斯学者斯米尔诺夫对毛泽东和邓小平都有深入的研究，他认为，《新民主主义论》在中共党内文件中被誉为在将马克思主义与中国革命实践相结合的过程中发展马克思主义的"第一次历史性飞跃"，而此次飞跃也为实现"第二次历史性飞跃"——邓小平提出"建设有中国特色社会主义理论"奠定了基础❷。俄罗斯经济学教授弗拉基米尔·波波夫指出："1949—1976 年毛泽东时代的成就为 1979 年之后的中国奠定了基础——强大的国家制度体系、高效的政府、改善的基础设施和充足的人力资本储备。"❸

第二，在具体的政策上，认为邓小平同样受到了毛泽东的影响。日本学者益尾知佐子强调，邓小平是毛泽东外交的正统继承者，和敌人保持完全的对峙。邓小平忠实履行毛泽东对外路线的结果，使国际环境发生了变化❹。德国学者韩博天和美国学者裴宜理主编的论文集《毛的看不见的手：中国适应性治理的政治基础》❺。文集提出一个重要的观点，即当今中国仍然与中国的革命经验密切相关。对当今中国成就的解释，很大程度上必须基于中国的革命遗产，无论正面的经验还是反面的教训，最终会对其执政的适应性产生重要意义。

二是认为两者既有相同之处，也存在差别。印度学者文卡特·拉曼认为，毛

❶ [新加坡] 郑永年：《中国模式：经验与困局》，浙江人民出版社 2010 年版，第 3—4 页。

❷ [俄罗斯] Д. А. 斯米尔诺夫：《中国现代化经验：国内外的一些观点》，《当代中国史研究》2013 年第 5 期。

❸ 王新颖：《奇迹的建构：海外学者论中国模式》，中央编译出版社 2011 年版，第 11 页。

❹ [日] 益尾知佐子：《邓小平の对外開放構想と国際関係》，《亚洲研究》2007 年 10 月。

❺ Sebastian Heilmann and Elizabeth J. Perry ed. Mao'sinvisible Hand: The Political Foundations of Adaptive Governancein China [M]. Harvard University Press, 2011.

泽东时代和邓小平时代的出发点各不相同，但仍有一脉相承的地方，其中最重要的一点就是领导层始终如一地坚持一党制。在国家能力和政治能力方面，妥协让步是不可能的。不过，两个时代实现这一目标的方式有显著差别。克里·布朗在《中国共产党与意识形态》❶中对毛泽东和邓小平意识形态工作的特点进行比较，认为毛泽东和邓小平时代中国的意识形态的功能一方面是推动和实现现代化，另一方面也有分裂和分歧的领域。约翰·德勒里认为，邓的战术可能是毛的反面，但毛、邓的奋斗目标完全一致：这个目标由邓实现了一部分，邓的继任者们则实现得更为规模宏大❷。

三是割裂毛泽东与邓小平的两个30年。国外学者对毛泽东与邓小平关系的评价在某种程度上可以解读对中国改革开放前后两个30年的关系的评价。关于毛、邓两个30年，是邓小平研究中最为敏感、最为严肃的问题。“二者是一脉相承、继承发展的关系，否定了毛泽东也就否定了邓小平，否定了毛泽东思想也就否定了邓小平理论。”❸由上可见，国外学者评论这一问题的看法趋于客观，也比较切合实际。他们基本上是认可改革开放后30年是在前30年发展的基础上开创的。这与中共十八大报告中“在探索过程中，虽然经历了严重曲折，但党在社会主义建设中取得的独创性理论成果和巨大成就，为新的历史时期开创中国特色社会主义提供了宝贵经验、理论准备、物质基础”❹的结论相吻合。

但是，部分国外学者秉持把毛泽东和邓小平领导的两个历史时期割裂甚至对立起来的思想倾向，认为邓小平领导中国走上与毛泽东相反的道路。“一小撮‘走资派’在党内的势力日益壮大，运用政府权力逐步强制推行资本主义道路，终于得以逆转社会主义革命的方向。时至今日，中国的资本主义复辟已大体完成。”❺美国哈佛大学教授麦克法夸尔在《毛的最后革命》中指出：“邓推动了中国资本主义式的现代化（‘改革’），让中国融入了更广阔的世界（‘开放’）。”❻

---

❶ Kerry Brown, The Communist Party of China and Ideology, an International Journal, volume 10, No. 2, 2012.

❷《寻求国家复兴贯穿中国近现代史》，《参考消息》2013年7月22日。

❸ 李捷：《当前毛泽东思想研究的几个问题》，《思想理论教育导刊》2000年第8期。

❹ 胡锦涛：《坚定不移沿着中国特色社会主义道路前进　为全面建成小康社会而奋斗——在中国共产党第十八次全国代表大会上的报告》，人民出版社2012年版，第10页。

❺ Yiching Wu, Rethinking ‘Capitalist Restoration’ in China, Monthly Review, 2005, Volume 57, Issue 06.

❻ Roderick Macfarquhar &Michael Schoenhals, Mao’s Last Revolution, The Belkap Press of Harvard University Press, 2006, pp. 459.

实际上，这是他固有的观点，即邓抛弃了毛的现代化努力，而断然选择进入已被证明是成功的西方式现代化的潮流。显然，他们的这种分析脱离了中国的实际情况，得出的结论是不符合中国实际的。

国外学者之所以提出否定的、负面的观点，显然是不能深刻理解毛泽东和邓小平在共同的政治信仰、共同的政治理念和实现现代化的共同期盼等理想信念上的基点和核心，只是简单地将不同历史条件下治国的具体方略作为割裂两位伟人的借口和理由。但是，中国社会变革的实践效果和新的理论证明他们的观点是偏颇的，不客观的。他们的真正用意在于借“褒扬”邓小平领导的中国特色社会主义建设成果，否定改革开放前毛泽东领导建设社会主义积累起来的正反两方面的实践经验，进而从根本上否定中国的社会主义性质。对此，我们应坚持唯物史观，对那些不准确的猜测和蓄意的歪曲予以正面的分析和评说。

2. **邓小平与陈云治国理政方面的比较研究**

邓小平和陈云都对中国革命的胜利、中国经济的恢复以及社会主义建设作出卓越的贡献，国外学者也很重视将两者加以比较研究。与之前大多认为陈云是阻碍改革的保守派的观点有所不同，21 世纪以来的分析基本上能在冷静分析的基础上，作出客观的评价。

美国学者李侃如认为，邓小平与陈云是 20 世纪 90 年代初中国治理方面的两个重要人物，两人都早在 20 年代就加入了中国共产党。不论是邓还是陈，都没有想过要打击对方，他们的思想基础是一致的❶。傅高义则从邓小平和陈云性格、政策主张的不同以及在改革开放中所起的不同作用作为切入点进行比较分析。傅高义认为邓小平能做到“举重若轻”，陈云则以办事慎重而闻名，属于“举轻若重”的人。陈云注重细节，尤其是在经济问题上，比邓小平要细心得多。但是在邓小平看来，想在打仗之前搜集到敌方全部情报的指挥官难免要贻误战机。邓小平确实用很多时间分析自己的决定的潜在后果，但在重大问题上，他往往愿意摸清全部事实之前就大胆推进❷。这种比较研究，有助于理解邓小平与陈云在中国特色社会主义政策的制定方面所发挥的作用。

---

❶ ［美］李侃如著，胡国成、赵梅译：《治理中国：从革命到改革》，中国社会科学出版社 2010 年版，第 140 页。

❷ ［美］傅高义著，冯克利译：《邓小平时代》，生活·读书·新知三联书店 2013 年版，第 382 页。

二、21世纪以来国外邓小平研究特点

近十几年来，国外学者对邓小平的研究出现一些新趋向，他们更注重把邓小平和邓小平理论放在中国的整个历史发展进程和全球视野中来考察，尤其是将邓小平理论作为中国特色社会主义理论体系的重要组成来研究。总的来看，与国外毛泽东研究多侧重理论分析的情况不同，对邓小平的研究，外国人较多地结合中国改革开放以来各方面的变化进行分析。

（一）服务于对象国制定国家战略的需要

俄罗斯、日本以及以美国为首的西方国家，他们对邓小平及其理论的研究，不只是进行学术上的探讨和研究，为本国制定对华政策提出对策和建议占有很大的研究比重。傅高义公开承认：第二次世界大战后，美国政府开始意识到自己的国际责任，为此需要多了解全球的情况，美国的社会科学也应该加强对全球各个地区的研究。因而，地区研究已经不再单纯受学者个人意愿的驱使，而是一种国家有意识推动的研究计划，是为了服务于美国的国家战略❶。如美国著名中国问题专家李侃如，是奥巴马总统中国顾问团成员。近年来，他对当代中国问题进行深入的研究，其研究成果对美国相关政策的制定有着重要影响。

借鉴中国改革开放的经验也是另一种现实性的研究。毋庸置疑，中国特色社会主义对世界各国探索适合自己的发展道路具有启示作用。中国的成功吸引了其他正在进行改革的国家的目光。部分发展中国家羡慕中国取得的成就，他们的研究旨在学习中国成功的经验。越南学者杜进森指出："越南中央各部委的研究机构主要围绕党和政府的需要进行对策性研究。越南社会科学翰林院非常重视中国当代史研究，特别是自改革开放至今这一阶段，以便借鉴中国经验。"❷ 俄罗斯对邓小平及其理论的研究也是着眼于中国经验能否为俄罗斯的改革提供借鉴。有研究者指出："当今的四位院士和科学院三大研究所主要人员以及俄罗斯新儒学的代表人物佩列洛莫夫等八位资深汉学家曾被俄罗斯头几任总统聘请为对华政策

❶ 孙中欣：《哈佛"中国通"谈中国研究与中国模式——傅高义教授专访》，《国际社会科学杂志》（中文版）2009年第1期。

❷ ［越］杜进森：《越南中国当代史研究的现状与展望》，《当代中国史研究》2013年第5期。

顾问，或先后成为总统访华团的成员兼顾问。”❶ 季塔连科等人近年在多种开放的场合接受媒体访问时，都强调了中国经验的借鉴作用，对中国改革开放的成就给予肯定。

（二）重视一手资料的调研和收集

近年来，国外邓小平研究者除注重使用中国官方出版的重要文献资料，还多方收集利用一些权威的传记类、回忆录类、口述类或实地调研的资料，这些丰富的原始材料有助于国外学者对邓小平进行深入的研究。

1. 参阅中国官方出版的文献、资料

傅高义等一些严谨治学的专家，在研究中选取《邓小平年谱》等中国官方出版的文献档案，再辅以部分党的领导人的重要讲话和文章，基本保证了资料来源的真实性、原始性。还有一些国外专家翻译中国官方的有关文献，直接为研究提供了重要的文献资料。

2. 选取权威的传记类资料

他们参考使用中国一些权威的传记类资料，包括参阅在邓小平身边生活和工作的亲友或下属发表的传记类或回忆类的资料作为研究的辅助材料。如邓小平之女邓榕的《我的父亲邓小平》和《邓小平“文革”岁月》，这两部邓小平传记性著作中，都有官方档案核实过的采访记录。他们认为这样的材料可信度高。

3. 收集生动的口述类资料

口述史料在国外邓小平研究中受到重视。《邓小平时代》大量运用口述史料，作者不仅引用了已经出版的诸多关于邓小平的回忆录等口述资料，而且还采访了党史专家、高干子女、邓小平的下属官员和一系列曾与邓小平有过交流会晤的政坛首脑和商界领袖。在该书标注的1500多处引文注释中，绝大部分引用的是访谈等第一手口述资料。

4. 使用实地考察的资料验证邓小平理论

邓小平理论提出以来，如何分析以这一理论为基石的中国特色社会主义理论体系？国外持原教旨主义观念进行研究的人不少，也因此在理论研究方面明显深入不下去。但是，近年来，学者们加强从实践效果角度分析检验这一理论的正确性。一些学者是长期研究中国的专家，有的坚持每年数次到中国调研，受访问者

---

❶ 李明滨：《俄罗斯汉学研究》，《国际中国文化研究年鉴（1979—2009）》上册），外语教学与研究出版社2013年版，第75页。

上至政治局委员，下至农民。这在一定程度上反映了学者们是以严肃的态度研究邓小平及其理论的。如《治理中国——从革命到改革》引证了大量事实、数据和结论，其中许多来自于作者本人及其西方同行近30年来在中国调研的“活材料”[1]。

综上所述，21世纪以来的国外邓小平理论研究，在20世纪的基础上，又有了新的发展。

三、深入开展国外邓小平研究的几点建议

当今世界，国际社会面对贫富差距、经济发展、生态环境、执政党的建设等重大问题，各民族都在探索适合自己的发展道路，这样的国际背景下，世界范围的邓小平研究再度升温。在此情况下，加强对国外邓小平研究情况的追踪和分析，带给我们一些新的启示，使我们看到了这项工作的意义和责任。邓小平及其理论的研究已经成为一个世界课题，要想深化和发展中国的邓小平研究，关起门来的研究远不能满足当今世界对这方面研究的需求。准确把握国外的邓小平研究动态，有助于提升我国邓小平研究的科学性，掌握邓小平研究的国际话语权。为此，提出3点建议。

（一）扩大译介邓小平研究成果的国别范围，提升评析的总体水平

目前，国内邓小平研究的译著多译自于英文版著作，语种不够全面。探索中国特色社会主义是一项新事业，需多了解外部信息，学习有益经验，因此不仅要重视美国、俄罗斯、日本等国家的新著述，也要关注其他语种国家的研究动态和成果。还要注意改变单纯在翻译层面上对国外邓小平研究成果的介绍，充分认识国外邓小平研究中的局限性，加强对国外邓小平研究特点、趋向的整体、深入的评析。注重21世纪国际局势变化，从国际共产主义运动发展史、马克思主义发展史的角度对国外邓小平研究的时代动因、研究视角进行系统分析，以加强中国特色社会主义理论体系的哲学基础的研究。

（二）重视研究方法和手段的多样化，拓宽学术交流的视野和范围

散见于国外各种著述中的邓小平研究，折射出国外邓小平研究方法的多样性

[1] ［美］李侃如著，胡国成、赵梅译：《治理中国——从革命到改革》，中国社会科学出版社2010年版，第3页。

和研究思路的不同。他们有的侧重史料收集与整理的研究，有的侧重文本的研究等。但有些作者，在文献的收集渠道与选择的起点上有局限性，有的在写作过程中仍旧沿用西方的理论分析模式，使邓小平研究从方法上就趋于片面。此外，信息网络的快速发展，也带来了开展跨学科、跨国界研究的新机遇，使得国内外的研究、视野都比较开阔，研究成果也比较宏观，这将有助于我们通过对话、网络互动、学术会议等更多的方式，直接与国外作者、学者商榷与争鸣，展开国内外对同一论著或学术观点的比较研究。此外，近年来越来越多的学者走出书斋，来中国调研，在中国寻找邓小平理论的实践成果，这是积极的态度，同时应注意以个案带全面、以局部说全局的错误结论的出现。

（三）发出中国学者的声音，坚持中国在邓小平研究中的话语主权

邓小平的研究在世界范围内展开，但邓小平研究的话语权必须以中国为主。应做好两方面的工作。一是及时出版外文版中央文献研究室编辑整理的邓小平年谱等官方的文献，重视推出外文版研究著作和论文等国内新成果。这将使世界上更多的人了解当代中国的历史背景下邓小平思想历程，更为国外研究者提供了标准版的邓小平研究参考文献。二是有针对性地展开对国外相关研究中负面观点的拨乱反正。特别是对歪曲邓小平、借以否定党的伟大历史成就的内容进行有理有据的揭露，回应国外邓小平研究的负面影响，并开展正面的评析。

本文系首都大学生思想政治教育研究课题“海外中国学与高校意识形态安全研究”（项目编号：BJSZ2015ZC210）阶段性成果；系教育部项目“美国的中国特色社会主义理论体系研究述评”（项目编号：BYJCT100T3）阶段性成果。

作者简介：刘晓云，北京联合大学海外中国学研究中心副教授；梁怡，北京联合大学海外中国学研究中心教授。

邓小平：经济学者、外交家、改革者

凯瑞·布朗 著

李 瑜 译（北京联合大学应用文理学院，北京 100191）

[**摘要**] 邓小平是一位改革者，也是一位经济学者和外交家。中共十一届三中全会是中国重新调整其主要战略方向和迎接一系列为今天这个国家的繁荣和国际地位奠定基础的开创性改革的关键时刻。虽然与30年前的中国议题已大有不同，当前的挑战仍属于1978年就启动的改变与发展的同一领域。基于此，邓小平的影响力仍然强大，尽管中国正处在向着成长发展的新阶段迈进的转型期。车辆虽已不同，但是仍奔跑在邓小平设定的同样的宽轨上。

[**关键词**] 邓小平；经济学者；外交家；改革者

邓小平作为改革之父的地位历来是稳固的。在2011年出版的大部头中国领导人传记中，美国学者傅高义相当谨慎地提出邓小平是如何逐步得出结论：中国想要成为富强的国家是绝对有必要进行深刻的改革的。

"文革"（1966—1976）期间，这位曾经与周恩来总理（1898—1976年）关系亲密的前高级官员被下放到一家工厂工作。在这段时间，他有机会亲眼看到了农村条件的艰苦。

正是在那个时期，1973年左右，邓小平领会到中国的社会主义应该让老百姓过上更好的生活。实践才是检验真理的标准，而不是僵硬地遵守教条。4年之后，邓小平回到了政治中心北京，得以身处后毛泽东时代的新领导层的核心。他以74岁的年纪做出了非凡的事情，而大多数这个年纪的人早就退休了。

一、全面改革

1978年12月，中共十一届三中全会在北京举行，这被认为是中国重新调整其主要战略方向和迎接一系列为今天这个国家的繁荣和国际地位奠定基础的开创性改革的时刻。然而，那个时候西方的评论都把调子定得很低。很多人都不指望中国有何改变，还惊奇于1979年第一部允许外国公司开业的中外合资企业经营法获得通过。始于1980年的经济特区悄然建立却引起日益巨大的反响。有人可能会提出异议，从很多方面来看，整个中国当下就是一个经济特区。但在邓小平时代，首批经济特区只定了四地，随后才逐步推广开。

2014年8月20日，习近平在邓小平诞辰110周年讲话中肯定邓小平是中国最为重要的伟大的爱国者。他确信国家统一的重要性，虽然他并不常谈及此，但他所支持的政策策略无不以此为目标。邓小平历经抗日战争以及中共在1949年前争取政权的抗争，他是第一代中央领导集体的一员，而且70多年后仍是其中一员。他亲历中国积贫积弱，被外国势力攻击，被牺牲被利用，因此他深信中国只有富强起来才能避免这种灾难再次发生。

傅高义在传记中写道，邓小平知道中国缺少技术、知识资产、受过教育的政治阶级以及弥补这一点的体系，他也知道可以达成目标的最有效的方法当然就是对外开放。20世纪70年代的很多中国领导人都反对这样做，他们认为中国无须对外部世界开放就可以找到自己的道路，而这个世界一直以来都是这个国家诸多问题的根源。邓小平确信只要采取正确的策略，坚持致力于其核心价值观和目标，中国是能够接受和接近其他国家的。

70年代后期，邓小平及其同人有着正确的判断。他们所采取的治理理念是专注诸如经济等最关键的区域，制定开放区域的相关政策的同时保持对其他地区的控制，一直以来也取得了巨大的成就。从1978年到2012年，中国一直持续着差不多10%的年增长率。人均国民生产总值从1978年的300美元跃至2013年的7000美元左右。

依靠于邓小平所落实的改革模式，中国已经上升成为世界第二大经济体，最大的出口国、第二大进口国以及最大的外汇储备持有国。邓小平是一个城市化、现代化与全球化的中国之父。他的名字将与这一成就相连，而那被一些人描述为20世纪最重要的人类成就之一。他的政策使得3亿人脱离了贫困，还造就今日整个中国的繁荣水平。

虽然邓小平被广泛认可为经济学者，但无可置疑的是如果不是他确保了稳定的外交，他在经济领域就不会获得如此的成就。改革进程依赖于与邻国以及像美国和欧洲这样的重要合作伙伴的和谐关系。在1979年正式建交之后，邓小平亲自出访美国，乃是开创性的外交之行。他也访问了日本，并鼓励其他同人仔细了解远至如英国、澳大利亚、新西兰以及加拿大等国所采取的产业技术模式。这就重新定位了中国的国际地位，中国越来越不再孤立，并对国际事务更具影响力。

邓小平为香港回归提供了框架。这无疑被认为是他在这个领域的主要成就。

这个创新的理念是国内经济改革可能性的不可或缺的背景，而在中国，与他国发展积极的关系是规范，而不是例外；优雅、平和的国际关系对于中国繁荣昌盛的目标来说也是必需的。

二、动态过程

在他去世后的17年里，对于改革的态度以及将其作为政府政策核心的安排在中国都依然极其重要。在邓小平著名的1992年南方谈话中，他明确地申明了选择：改革抑或毁灭。有时中国致力于改革会被质疑或是受到攻击，邓小平的影响力一直是有利条件。对当下的领导层来说，仍是如此。

但是，改革是一个动态过程，没有人，尤其是邓小平，会相信那只是一个简单的终点。基于这种考虑，他架设了一个灵活的框架，使得未来的任一领导人都可以有相当广泛的自由裁量权。今日中国所面对的挑战已与1978年时的大不相同。那时，最关键的任务是通过现代化和工业化创建繁荣。经济方面，改革农业部门以解放生产力，并致力于“四个现代化”，即改造农业、工业、国防以及科技，这些才是关键。

而在2014年，这些核心环节已然不同。建立一个涵盖国内金融行业、占国民生产总值比例更高的服务业兼提升消费以及加速城市化的经济体系才是至关重要的，而巨大的挑战如影随形。

李克强总理谈到核心任务就是实现“快速可持续发展”。自从2013年末中共十八届三中全会以来，中国改革开始聚焦在正确的改革架构上，在其之下，“快速可持续发展”才可实现。一些措施涉及社会变革，比如实现更高水平的福利与平等、提升管治与经济领域的效率等。其他的则涉及如何创建更有创新性的以及更高附加值的产业与企业模式。对于资本的高效运用以及更好的计税基数则是新时期改革的两大要素。

虽然与30年前的中国议题已大有不同，当前的挑战仍属于1978年就启动的改变与发展的同一领域。基于此，邓小平的影响力仍然强大，尽管中国正处在向着成长发展的新阶段迈进的转型期。车辆虽已不同，但是仍奔跑在邓小平设定的同样的宽轨上。

作者简介：凯瑞·布朗，悉尼大学中国研究中心主任、教授，《北京评论》专栏撰稿人；译者简介：李瑜，女，北京联合大学应用文理学院教师。

海外中共党史研究

国外中国共产党研究视域下的中共党史研究

翟亚柳（中央党史研究室党史资料编译管理处，北京 100080）

［摘要］对中国共产党历史的研究，曾经算得上国外中国问题研究中的显学。但近一二十年来，传统意义上的国外中共党史研究却似盛况不再。如何在当前国外中国共产党研究视域下，看待国外中共党史研究的新发展、新特点，对我们加强相关领域研究成果的理解、分析和评判，增强与国外学者在党史研究领域内的对话交流，推进国内学者对国外学者成果理论方法的学习借鉴，是一个值得认真考察的问题。

［关键词］国外中国共产党研究；国外中共党史研究

对中国共产党历史的研究，曾经算得上国外中国问题研究中的显学。但近一二十年来，传统意义上的国外中共党史研究却似盛况不再。如何在当前国外中国共产党研究视域下，看待国外中共党史研究的新发展、新特点，对我们加强相关领域研究成果的理解、分析和评判，增强与国外学者在党史研究领域内的对话交流，推进国内学者对国外学者成果理论方法的学习借鉴，是一个值得认真考察的问题。

一、国外中共党史研究现状

我们所说的中共党史，就是中国共产党的历史。它是党领导全党同志和全国各族人民为实现民族独立、人民解放和国家富强、人民幸福而不懈奋斗的历史；是党坚持把马克思主义基本原理同中国具体实际相结合、不断探索适合中国国情的革命和建设道路，推进改革开放和社会主义现代化建设，推进马克思主义中国化、推进理论创新的历史；是党加强和改进自身建设、保持和发展党的先进性，不断经受住各种风险和挑战考验、发展壮大的历史。

学术意义上的国外中共党史研究是随着国外中国共产党研究的开展而开展

的。虽然国外，特别是欧美西方国家没有明确的中共党史研究的概念，但其研究内容中反映或涉及中国革命史以及反映中国共产党作为执政党带领中国人民进行革命、建设以及改革开放的历史研究一般属于国外中共党史研究的范畴。该研究最早出现于20世纪三四十年代中国共产党在中国政治舞台崭露头角之时，但真正起步应该在50年代，即1949年中国共产党取得政权建立中华人民共和国以后。由于地缘、历史、国际政治背景的不同，苏联、日本、欧美等西方国家的研究特点和发展阶段均有不同❶。但大体上经历了20世纪五六十年代初具规模、七八十年代快速发展、九十年代势头减弱、21世纪以来逐渐恢复和发展的趋势。但总的说来，随着中国共产党执政时间的增长，涉及中国共产党治国理政的研究内容越来越丰富，越来越广泛，而一般意义上侧重于党史事件、党史人物、党的重大理论方针政策的研究相对减少。

尽管从研究成果数量和参与研究的学者人数来看，传统意义上的国外中共党史研究呈现弱化态势，但相关研究始终持续未断，并且新的研究成果（包括史料汇编）不断推出。例如，民主革命时期关于土地革命战争、抗日战争、解放战争的研究，社会主义时期关于土地改革、“大跃进”和“文化大革命”的研究，人物方面关于毛泽东的研究，等等。一些在该领域知名的研究者如西方的施拉姆、迈斯纳、麦克法夸尔、裴宜理、班国瑞、齐慕实、泰伟斯，日本的竹内实、石川祯浩、矢吹晋、毛里和子，俄罗斯的季塔连科、玛玛耶娃、斯米尔诺夫等仍在不断推出新的党史方面研究成果。所以在国外中国共产党研究的视域下可以更清晰地看出，国外中共党史研究所呈现的弱化态势一方面与国外中国共产党研究大环境的波动有关，另一方面与国外中国共产党研究内容急速扩大而引起相对性减少有关。事实上国外学术界的相关研究本身仍然维持着一定的规模，也依然产生诸多值得继续关注的研究成果。因此，国外中共党史研究仍然是值得我们继续关注的领域。

二、国外中国共产党研究视域下中共党史研究新特点

第一，从研究成果的内容上来看，随着国外学者对中国共产党研究关注重心的转移，作为整体概念的党史在形式上出现弥散化现象。具体表现就是传统意义上党史研究对象的明确化、清晰化不断转淡，党史被融入到中国政治、经济、文

❶ 参见梁怡、李向前主编：《国外中共党史研究述评》，中共党史出版社2000年版。

化、社会等领域的研究之中，党史话题本身常常并不是作者的研究对象，而只是研究对象的背景、研究对象的原因和结果。与之对应的现象就是，研究成果中出现不少与党史有关但不能完全算作党史研究范畴的成果。如果沿用国内常用的党史分期对近年来国外学者的一些相关著述加以梳理，可以明显地看出，反映党在民主革命时期历史的研究成果，研究对象相对明晰且易于归入党史。而党在社会主义革命和建设时期作为执政党，其活动已经与社会史、人类史、经济史等交织在一起，完全符合党史范畴的内容需要从中挑拣。改革开放新时期以后，涉及中共党史研究的内容更分散在政治、经济、文化、社会、外交等方方面面，即使在国外学者中国政治研究领域中要挑拣出从党史角度进行研究的内容常常并不容易。也许有人会说，只要涉及党的历史，无论是通史或是专门史，就一并算作党史研究。这样的思路可以考虑，但研究对象的过于宽泛带来最大问题是研究不易深化。所以从中共党史的基本内涵出发，结合研究目的选择和界定研究对象的做法尽管带有一定主观性，却可以相对集中学科的研究对象，利于研究的深化。

第二，从党史在研究中的作用来看，作为整体概念的党的历史在国外中国共产党研究中日益发挥背景化的功用。具体表现就是学者们研究中国现实问题时常常将中共党史整体上作为研究对象存在的历史背景，或者追根溯源的依据。如布兰特利·沃马克在《中国政治》一书中以很大篇幅讲中国革命背景，历史背景，明确提出：“研究中国政治的学生必须参照历史，因为这些历史因素笼罩着中国政治的进程。中国人的概念框架令人惊异地具有自我中心和历史的特性。”以及“历史背景仍然提供了评估当代事项和目标的参考点”❶。李侃如也在其《治理中国》一书中文版序言中指出：“对中国变革的长期研究使我深感了解历史的重要。”❷ 与这种重视中国历史背景认识论相联系的研究实践就是越来越多的国外学者正在自觉地用历史的方法来观察和研究中国，从历史和实践维度把握中共的过去、现在和未来。而事实上，从近年来一些较有影响的关于中国问题的研究成果来看，那些熟知中国近现代史（包括党史）的学者除上述提到的沃马克、李侃如外，克里·布朗、郑永年等在对中国问题的观察研究方面更显犀利和深刻。

第三，从国外学者研究方法来看，在更广泛的中国共产党研究视域下，新的视角、视点、方法，突破了以前国外党史研究中常用的“党内斗争说”“阴谋

❶ ［美］詹姆斯·R. 汤森、布兰特利·沃马克著，顾速、董方译：《中国政治》，江苏人民出版社2003年版，第4页。

❷ ［美］李侃如著，胡国成、赵梅译：《治理中国：从革命到改革》，中国社会科学出版社2010年版，序言。

论”等一些方法，体现了对经济学、社会学、人类学等方法的借鉴运用，增强了研究角度、方法和层次上的多样化。如对于“大跃进”运动灾难性后果的细化研究是国外学者比较关注的课题。很长时间以来，西方学者对“大跃进”历史研究的主要关注点都集中在对中央决策层的研究上，并且主要依靠官方的文件和媒体资料来支撑。而近年来研究视角有所转向。这种研究除关注中央和省级政府在这一事件中的作用，还关注到社会基层，考察农民在这一历史过程中所经受的影响，探究基层干部在其中所起的作用，以及他们对这一运动本身的反作用，关注到中国不同地区在这一历史过程中经受命运的差异性，以及产生差异的原因。与此相适应则是在大量依靠地方档案、统计资料和访谈口述资料基础上，以个案研究、比较研究、统计分析方法运用为主的研究方法。

第四，从国外对中国共产党研究的目的来看，中共党史因与中国共产党执政历史合法性密切关联，自然承载着研究者对其学术之外的寄寓，也不排除长期以来有意识形态、文化等的偏见，价值观差异和受到政治势力影响的敌意。近年来，国外一些打着学术研究旗号，标榜真实客观，以妖魔化中共领袖、歪曲中共历史为目的的研究成果却得到西方媒体的广泛好评，在图书市场屡屡上榜获奖。对于这类图书，不少西方严肃的学者均给予了质疑和批评。如2005年，受到媒体推崇的张戎和乔·哈里戴夫妇写的妖魔化毛泽东《毛泽东：鲜为人知的故事》❶一书在英国出版后不久，欧美和澳大利亚学者即对其非科学的研究方法和史料真伪及关于“中国不应该革命”的根本观点提出批评。2010年英国学者班国瑞和林纯将此前分散在各处的关于此书的批评性的文章共14篇结集出版，并附上概述性前言，以学术批评的态度批驳了作者的写作动机，让读者进一步了解该书内容和方法上的不实与谬误❷。再如2010年，冯客写的反映“大跃进”灾荒的著作《毛的大饥荒：中国大灾难不为人知的故事》❸，虽然引发轰动市场效应，获得英国某图书奖。但很快有学者撰文指出其在材料的选择与分析方法上存在一些偏颇，研究方法和资料使用上的种种问题，包括使用错误翻译的档案资料而得出的风马牛不相及的结论❹。面对这种客观存在，对一些学术上的争论可以继续研究，

❶ Jung Chang, Jon Haliday, Mao: The Unknown Story, Jonathan Cape 2005.

❷ Gregor Benton and Lin Chun ed., Was Mao Really a Monster? The academic response to Chang and Halliday's Mao: The Unknow Story, Routledge, 2010.

❸ Frank Dikŏtter, Mao's Great Famine: The Untold Story of China's Greatest Catastrophe, Walker & Company 2010.

❹ Anthony Garnaut, "Hard Facts and Half-truths: The new archival history of China's Great Famine", China Information, 27 (2), 2013.

而对一些虚无历史的现象要保持清醒的头脑，并且通过评析工作以正视听。

三、国外中共党史研究发展趋势

第一，研究内容上，对中国现实问题更加关注的同时，越来越强调历史的延续性，而其中革命主题的研究仍然会继续受到重视。近年来，不要割裂历史，中国的历史遗产对当代中国产生重大影响的看法已在国外学者中取得共识。正如裴宜理所言："中国革命遗产中的某些要素事实上推动了市场改革中正确决策的实施。"❶ 在她与德国学者韩博天共同主编的《毛的看不见的手：中国适应性治理的政治基础》一书中，数位学者从不同角度，证明了中国当下仍然与中国的革命经验密切相关（改革开放30年的历史也被某种程度上视为一种革命）这样一个主题，认为对当下中国成就的解释，很大程度上必须基于中国的革命遗产，无论正面的经验还是反面的教训❷。而加拿大学者齐慕实明确提出要把革命视为近现代中国历史研究的主题严肃对待，因为认真感知经历过20世纪大半时期人们的现实存在，有助于我们去认识和理解曾经的革命和革命的社会对今日中国的持续影响❸。因此重新发现中国的前共产主义过去与其后改革的相关性，可能令学者们不断去重新研究被长期忽视的1949年以前的中国社会和政治。

第二，研究方法上，量化研究的革新和新的研究方法的不断深化不可避免。20世纪80年代以来，国外学者日渐把对中国政治研究的注意力分散到社会学、人类学、经济学等领域，并且在研究方法上更多地借助社会科学的统计、数量、田野调查，在细节研究上着力更多，这种研究风气有助于相关研究的深化，但研究的结果也会因中国地区差异巨大而缺乏足够的代表性。因此中国研究中量化研究的方法论革新势在必行。随着研究对象的丰富，对新研究方法的运用和尝试也比较多样。近年来一些学者将概念史理论研究引入到中国共产党研究领域是一个值得肯定的尝试，如有的学者分析"知识分子"概念在中共党的话语体系中的变化，分析党知识分子政策和实践的变动。总之，新的研究方法在中共党史研究

❶ Elizabeth J. Perry, "Studying Chinese Politics: Farewell to Revolution?", The China Journal, No. 57, January 2007.

❷ Sebastian Heilmann and Elizabeth J. Perry ed. , Mao's invisible Hand: The Political Foundations of Adaptive Governance in China, Harvard University Press, 2011.

❸ Timothy Cheek, "The Importance of Revolution as an Historical Topic", Journal of Modern Chinese History, vol. 7, No. 2, 2013.

中出现并不断完善，有利于推动相关领域的研究。

第三，研究的视角上，越来越多的学者有意识地在研究实践中突破“西方中心观”的影响，更加客观地分析中国和世界的关系。2013 年英国牛津大学教授拉纳·米特所著的《中日战争，1937—1945：为生存而战》❶ 一书。作者从第二次世界大战的广阔视野俯瞰当时的中国战场，通过仔细考察中国与同盟国在战争中的角色、中国人在抗日斗争中所付出的巨大代价，以及战争创伤对国家战后发展的影响等一系列重大问题，力图客观评价中国抗战在世界反法西斯战争中的地位。该书突破了长期以来西方社会忽视中国抗战作用并以西方视角看待中国抗战的局限，它的出版不仅有学术意义而且具有历史价值和政治影响。

第四，全球化、信息化为更多国际间合作研究、国内外学者交流提供更多的可能和基础。在国际学术平台上，国内学者完全有可能在国际学术界更加扩大自己的影响。而互联网也为国外学者提供了更广泛的资料来源。《中国季刊》自 2012 年 9 月号取消了已经坚持刊发 40 余年一个以介绍中共“文件”为主的栏目——“季度大事记和文献”。主编对此举解释称，互联网时代和电子检索的提供，从近年来被下载的次数中看，大事记对于中国研究领域的作用越来越有限。但国际化趋势也会带来一些新的矛盾与问题。资源的管理和控制将成为新的挑战。一方面为学者们提供了海量信息和查找的便利，另一方面又对学者挑选资料的能力和时间成本提出高要求。

总之，在国外中国共产党研究视域下看待国外中共党史研究的新发展，可以使我们更清楚地看到国外学者研究的重点和角度以及其“问题导向”的研究意识和追求，更好地从我们的现实需要吸收、借鉴和评析他们的研究成果。可以预料在未来的日子里，国外学者对中国的研究必将更加深入，中国学者也会更加深入地向国外介绍中国，作为领导中国人民前进的中国共产党及其历史仍然是国外学者研究中国现实问题的重点和理解现实问题的宝库。

作者简介：翟亚柳，女，中央党史研究室党史资料编译管理处处长，副研究馆员。

---

❶ 该书首先在英国出版，书名为《中日战争，1937—1945：为生存而战》（Rana Mitter，China's War with Japan，1937—1945：The Struggle for Survival，Allen Lane，2013）。后该书在美国出版时书名更换为《被遗忘的同盟：中国的第二次世界大战 1937—1945》（Rana Mitter，Forgotten Ally：China's World War II，1937—1945，Houghton Mifflin Harcourt，2013）。该书中译版《中国，被遗忘的盟友：西方人眼中的抗日战争全史》2014 年 7 月由新世界出版社出版。

2013年海外毛泽东研究的几个问题

刘晓云（北京联合大学海外中国学研究中心，北京 100101）

［摘要］2013年12月26日，毛泽东诞辰120周年，不但国内掀起一股“毛泽东热”，国际社会对毛泽东也给予了广泛关注。习近平总书记在毛泽东诞辰120周年座谈会上发表的重要讲话，成为国内外解读毛泽东的重要指南。总的看来，虽然海外大部分地区已经把毛泽东当做一个历史人物，但对毛泽东研究的热情持续不减：一是肯定毛泽东的历史贡献；二是重视毛泽东和中国特色社会主义道路的关系；三是赞扬毛泽东的世界影响；四是持续关注毛泽东时代的“大跃进”和文化大革命；五是聚焦国内对毛泽东的纪念活动。

［关键词］海外毛泽东研究；2013年

2013年12月26日，毛泽东诞辰120周年，不但国内掀起一股“毛泽东热”，国际社会对毛泽东也给予了广泛关注。习近平总书记在毛泽东诞辰120周年座谈会上发表的重要讲话，成为国内外解读毛泽东的重要指南。总的看来，虽然海外大部分地区已经把毛泽东当做一个历史人物，但对毛泽东研究的热情持续不减，并且日益深化。

一、肯定毛泽东的历史贡献

习近平总书记在谈话中高度评价了毛泽东的历史贡献，指出毛泽东同志为中国新民主主义革命的胜利、社会主义革命的成功、社会主义建设的全面展开，为实现中华民族独立和振兴、中国人民解放和幸福，作出了彪炳史册的贡献。大部分海外学者对此持赞同态度。他们认为，毛泽东结束了内战，统一了国家，建立了中华人民共和国，并使中共成为全球执政时间最长的执政党之一。从民族主义角度看，毛泽东让中国人民经历西方帝国主义欺凌后终于真正站起来了。在查尔斯·里弗看来，毛泽东是20世纪最有影响的人之一，毛泽东作为一个共产主义者成功地推翻了一个政权，把中国变成亚洲的共产主义强国。当中国继续向超级大国转变，可能不久会宣布成为世界上最大的经济体时，人们仍能强烈地感觉到毛泽东的一生及其遗产在今天的影响。[1] 潘佐夫说，对许多中国年轻人来说，毛泽东为中国重新赢得国际尊重的历史功绩远超过他的错误。[2]

布鲁金斯学会约翰·桑顿中国研究所高级研究员李侃如的评价更加深入、有见地。他认为毛泽东最大的政治遗产是他所建立的党和国家的体制，在这个体制不变的情况下，中国共产党经历着不断的改革，特别是十八届三中全会提出的一些改革方案。在他看来，毛泽东时代给人们留下的美好印象是官员清廉、社会道德风尚良好、人们乐于为集体付出，中国在国际上维护自身尊严，不畏苏联的“修正主义”。现任中国领导人也在运用毛泽东时代的一些口号，如“照镜子，洗洗澡”，这些口号比毛泽东时代的要积极很多，如果说毛泽东是在利用这些口号的运动进行政治斗争，现任领导人则是在要求党员廉洁自律，这是具有积极意义的。[3]

美国毛泽东研究专家特里尔的看法也比较独特，他认为，毛泽东对中国现实的影响未必是直接的，而是影子式的，因为党的政策的制定需要平衡他的错误和伟大之处。[4] 可以看出，这些研究和观点从更高的视野去评析毛泽东，得出的结论相对客观、深刻。

二、重视分析毛泽东和中国特色社会主义道路的关系

毛泽东和中国特色社会主义道路的关系是国内学术界讨论较多的论题之一。许多国外学者对此也非常关注并给予了积极、客观的评价，大多认可以毛泽东为核心的第一代中央领导集体对中国特色社会主义道路的探索对今天中国现代化建

[1] Charles River, *Chairman Mao: The Life and Legacy of Mao Zedong*, Charles River Editors, May 15, 2015.

[2] 《外媒评中国纪念毛泽东：肯定其崇高历史地位》，2013年12月26日引自环球网，http://world.huanqiu.com/depth_report/2013-12/4697928_2.html

[3] 《学者看毛泽东：遗产和影响深远（二）》，2013年12月27日引自网易新闻，http://news.163.com/13/1227/08/9H3AQJTJ00014JB6_2.html

[4] 《特里尔：毛泽东对中国的影响是影子式的》，2013年11月10日引自南方周末网 http://www.nf-people.com/story_view.php?id=4966

设的奠基作用。

韩国中央研究院教授李完范认为，现在中国令世界惊异的发展成果当然是邓小平等中国领导人的改革开放所取得的，但如果没有新中国的建立，很难相信中国会取得现今的成就。[1] 夫罗里扬·卢佩指出：在一些西方人看来，邓小平主导的中国新的发展模式，以及最近中国推出的新改革，与毛泽东关系并不紧密，所以中国和世界对毛泽东的关注越来越少。其实不然，因为要研究今天的中国，必须研究毛泽东的政治实践。他说，与欧洲经济危机下的“马克思热”一样，毛泽东的一些思想在当下也具有现实意义，比如社会公平、群众路线等。伦敦智库皇家国际事务研究所研究员肖恩·布莱斯林也认为毛泽东时代的中国也强调过经济发展，而如今这一点仍在影响着中国的发展。所不同的是，经济发展变成了中国的第一要务。俄罗斯经济学教授弗拉基米尔·波波夫指出：“1949—1976 年毛泽东时代的成就为 1979 年之后的中国奠定了基础——强大的国家制度体系、高效的政府、改善的基础设施和充足的人力资本储备。”[2] 实际上，海外学者基本认可改革开放后 30 年是在前 30 年发展的基础上开创的。正如美国学者柯伟林所强调的：“中国前后 30 年的历史是一个整体，不应割裂。”

三、赞扬毛泽东的世界影响

毛泽东属于中国，也属于世界。他不仅赢得了全党全国各族人民的爱戴和敬仰，而且赢得了世界上一切向往进步的人们的敬佩。

韩国教授李完范指出，毛泽东影响到了 20 世纪 80 年代的韩国大学生。毛泽东思想是指引当时学生运动的旗帜之一，当时的学生运动领袖们学习翻译了毛泽东的许多著作。当时的韩国社会运动希望学习中国。[3] 纽约城市大学理查德·沃林教授则将毛泽东思想对国际学界的影响称为“东风西进”，他分析了 20 世纪 60 年代法国学生运动、美国黑豹党和欧洲左翼分子的活动，认为他们深受毛泽

---

[1] 《学者看毛泽东：遗产和影响深远（二）》，2013 年 12 月 27 日引自网易新闻，http://news.163.com/13/1227/08/9H3AQJTJ00014JB6_2.html

[2] 《学者看毛泽东：遗产和影响深远（二）》，2013 年 12 月 27 日引自网易新闻，http://news.163.com/13/1227/08/9H3AQJTJ00014JB6_2.html

[3] 《学者看毛泽东：遗产和影响深远（二）》，2013 年 12 月 27 日引自网易新闻，http://news.163.com/13/1227/08/9H3AQJTJ00014JB6_2.html

东的革命精神的影响。[1] 新加坡《联合早报》的文章则认为，毛泽东始终在追求一个宏伟的政治梦想，那就是等贵贱、均贫富。从秘鲁的光辉道路、尼泊尔的毛派游击队，到诺贝尔和平奖得主曼德拉，都非常崇敬毛泽东。越南国家政治学院袁鹏翔教授谈到胡志明关于《实践论》与《矛盾论》的笔记时，认为"两论"在越南革命和越南社会建设中发生了巨大的影响。[2]

正如英国著名学者约翰·列文曾经的感慨：很多国家的人，在某种意义上把毛泽东作为他们的精神图腾。[3]

四、聚焦国内对毛泽东的纪念活动

在当前形势下，国内如何开展对毛泽东的纪念吸引了海外媒体的关注，他们纷纷对国内的纪念活动进行报道并适当评论。

一些媒体认为，中国人以适度的方式纪念毛泽东，以中国标准来看是相对温和的。《俄罗斯之声》报道说，中国曾有过对毛泽东的极端崇拜，现在的庆祝则是理性的和适中的。《时代周刊》也持相似看法并指出，自从习近平作为中国共产党的总书记以来，赞扬了毛泽东思想的精神，赞美了有争议的革命的阶级斗争。他还复兴了毛主义概念中"群众路线"的运动，在全国范围内开展自我批评和整顿作风以重振中国共产党。

《印度时报》指出毛泽东诞辰120周年来临之际，他的影响力依然在中国普遍存在。他的头像出现在货币上，肖像挂在天安门城楼上。作为成立新中国和恢复民族自尊的英雄，他为世人所景仰，尽管中国越发远离他当初对于共产主义社会的设想。韩国SBS电视台称，作为世界超级强国崛起的中国掀起纪念毛泽东的热潮，这与当前中华民族伟大复兴之风盛行不无关系。据奥地利《新闻报》报道，中国正在实施新的改革，但并不意味着毛泽东已经被忘记。中国政治具有延续性，他们正在吸取教训，继续前进，以实现中国梦。《联合早报》指出，纪念毛泽东绝不意味着官方希望回归到以计划经济为主要标志的毛泽东时代。改革开

---

[1] 宇文利：《毛泽东的影响：东风西进》，《国外理论动态》，2014年第4期。

[2] 《毛泽东与当代中国和世界》，2013年12月16日引自中华人民共和国国史网，http://www.hprc.org.cn/leidaxinxi/zz/201312/t20131216_258231.html

[3] 《海外称毛泽东主席是上帝之子：世界为他痴狂》，2011年3月28日引自西陆网 http://junshi.xilu.com/2011/0328/news_343_149145.html

放的过程其实就是逐步用市场取代计划的过程。今天的中国早已失去重返毛泽东时代的经济条件和社会土壤。

本文系首都大学生思想政治教育研究课题“海外中国学与高校意识形态安全研究”（项目编号：BJSZ2015ZC210）阶段性成果。

作者简介：刘晓云，女，北京联合大海外中国学研究中心副教授。

海外中共党建研究

海外中共党建研究的几个问题

韩 强（北京联合大学海外中国学研究中心，北京 100101）

［摘要］ 海外中共党建研究是对海外学者所做的中共党建研究进行的再研究，从总体上属于海外中国学研究的一个重要组成部分，其目的是通过对海外学者研究的视角、方法、材料、成果、观点等进行跟踪和评析，使其一方面对当前党的建设起到借鉴、启发、促进作用，提高党的建设的科学化水平，另一方面通过中外学者人员、观点等的交流碰撞，传播关于党的建设的正确理论和信息，消除海外学者和社会对中国共产党的误读，引导国际社会关于中国共产党的政治舆论，为党的建设和党领导的中国特色社会主义事业提供良好的国际环境。目前这一研究虽然刚刚开始，但已呈现出良好态势，值得学者高度关注、深入研究。

［关键词］ 中国共产党；海外中国学；比较研究

海外中共党建研究是对海外学者所做的中共党建研究进行的再研究，从总体上属于海外中国学研究的一个重要组成部分，其目的是通过对海外学者研究的视角、方法、材料、成果、观点等进行跟踪和评析，使其一方面对当前党的建设起到借鉴、启发、促进作用，提高党的建设的科学化水平，另一方面通过中外学者人员、观点等的交流碰撞，传播关于党的建设的正确理论和信息，消除海外学者和社会对中国共产党的误读，引导国际社会关于中国共产党的政治舆论，为党的建设和党领导的中国特色社会主义事业提供良好的国际环境。由于海外中国学脱胎于海外汉学后独立发展的历史尚短，海外学者对中共党建的研究也大致是从20世纪90年代初苏联解体、东欧剧变之后才开始，因此总体上海外中共党建研究还处于起步阶段，需要吸引和集中更多的党史党建等学科专家投入其中，共同促进研究的深化和水平的提高。

一、海外学者开展中共党建研究的缘起与概况

海外中共党建研究的对象是海外学者所做的中共党建研究，只有充分了解掌握海外学者的研究动态，才能深入开展海外中共党建研究。

海外学者对中共党建的关注缘于这样几个因素，一是 20 世纪 50—70 年代，国外学者对中国共产党成为执政党后如何领导一个落后的东方大国充满好奇，对中国共产党的主要领导人物、领导方法、组织构成、相关政策等进行了积极研究，取得了许多重要的研究成果；二是 1989 年的“六四风波”和随后的苏联解体、东欧剧变之后，不少学者以为中国共产党会重蹈苏联和东欧国家共产党的覆辙，但随着中国共产党成功走出苏联解体、东欧剧变的阴影，党的执政地位日益巩固，执政成就日益辉煌，相反资本主义国家却在近年来的金融危机中举步维艰，从而又引发了许多国外学者重新审视中国共产党的现实问题的兴趣；三是海外中国学研究影响的扩大和领域的拓展导致了对中共党建的研究。海外中国学脱胎于海外汉学，相较于关注中国传统文化的海外汉学，海外中国学则以现实中国问题为研究对象，而中共党建问题是中国现实问题的核心，也是影响中国现实问题的决定力量，因此从事海外中国学研究的学者自然而然地把目光投向了现实中共党建研究问题；四是提高党的建设科学化水平任务的提出，把学习借鉴海外学者对中共党建研究的成果提上了议事日程，国内学者开始把这一领域作为拓宽视野的必要途径。同时从 2011 年起，党和政府出台一系列的政策，鼓励中国文化和哲学社会科学“走出去”，加强“海外中国学研究”，这些都吸引和鼓励了我国学者开始进行海外中共党建的研究。中国学者的关注与海外学者研究相互影响、相互促进，使海外中共党建研究逐渐开展起来。

关于海外学者研究中共党建的情况，一些著作和论文都作了一定介绍，比如美国著名中国问题专家沈大伟（David L Shambaugh）对近年来国外研究中国问题的情况在《中国共产党：收缩与调适》[1] 中有一个概述，可以引为参考。本人在《国外对中国共产党建设的研究述评》[2] 一文中也介绍了近年来国外对中国共产党建设研究的基本概况。路克利在《论海外中国共产党研究的兴起与发展》[3] 一

[1] ［美］沈大伟：《中国共产党：收缩与调适》，中央编译出版社 2012 年版。

[2] 韩强：《国外对中国共产党建设的研究述评》，《马克思主义研究》2012 年第 9 期。

[3] 路克利：《论海外中国共产党研究的兴起与发展》，《马克思主义与现实》2011 年第 3 期。

文中则介绍得更为详细。马启民在《国外邓小平理论研究评析》[1] 一书中对作为党的理论创新成果的邓小平理论研究状况作了论述。此外，还有一些学者在文章中对党的建设的一些侧面作了介绍。与上述与党的建设直接相关的研究相比，更多的成果则是从中共党史的角度涉及当前党的建设问题，比如梁怡、李向前在其《国外中共党史研究述评》（中共党史出版社 2005 年版）一书中也介绍了国外学者对党的指导思想、领导集体、干部问题等重大现实问题的研究情况。

从总体上讲，海外中共党建研究主要集中在美国、欧洲、日本和新加坡等国家和地区。美国的代表人物无疑是沈大伟，他是美国密歇根大学政治科学博士，乔治·华盛顿大学政治学和国际关系学教授，主管该校亚洲研究中心，并担任中心的中国政策研究项目主任。从 1998 年至今，一直是美国布鲁金斯学会外交政策研究项目的高级研究员。沈大伟出版了大量关于中国的著作，其中《中国共产党：收缩与调适》（2008）代表了他对中共党建研究的最新成果。此外目前在美国大学和智库大概有 3000 人研究中国问题，研究政治、经济、社会的华人学者不少于 300 人，美国中央情报局、国防部等机构差不多有一两千人研究中国问题，其中部分人的研究涉及中共党建问题。其中的一些成果我们可以举例如下：《干部与腐败：中国共产党的组织创新》（Xiaobo Lü，Cadres and Corruption：The Organizational Involution of the Chinese Communist Party，Stanford University Press，2000），《中国共产党的执政：文献与分析》（Tony Saich，The Rise to Power of the Chinese Communist Party：Documents and Analysis ，M. E. Sharpe，1996），《中国共产党的干部任命制：对 1979—1984 年党控制干部选举的文献研究》（John P. Burns ed.，The Chinese Communist Party's Nomenklatura System：A Documentary Study of Party Control of Leadership Selection，1979—1984，Armonk，NY.：M. E. Sharpe，Inc. 1989.），《中国共产党党员的经济学：中国转型期间党员数量和工资溢价增长的奇怪状况》（Simon Appleton，John Knight，Lina Song，and Qingjie Xia，The Economics of Communist Party Membership：The Curious Case of Rising Numbers and Wage Premium during China's Transition，Journal of Development Studies，Vol. 45，No. 2，2009，pp. 256—275.），《培训中国的政治精英：党校系统》（David Shambaugh，Training China's Political Elite：The Party School System，The China Quarterly，Vol. 195，2008，pp. 827—844.），《当党的候选人可能失败的时候，谁会赢？——评中国地方人大在选举领导人中的作用》（Melanie Manion，When

[1] 马启民：《国外邓小平理论研究评析》，高等教育出版社 2002 年版。

Communist Party Candidates Can Lose, Who Wins? Assessing the Role of Local People's Congresses in the Selection of Leaders in China, The China Quarterly, Vol. 195, 2008, pp. 607—630.)，《中国共产党的纪律检查：演变的轨迹与内在的困境》（Gong Ting, The Party Discipline Inspection in China: Its Evolving Trajectory and Embedded Dilemmas, Crime, Law and Social Change, 2008. Vol. 49, No. 2, pp. 139—152.)，《党员身份的经济回报：中国两座城市的证据》（Hongbin Li, Pak WaiLiu, Junsen Zhang, Ning Ma, Economic Returns to Communist Party Membership: Evidence From Urban Chinese Twins, The Economic Journal, Vol. 117, No. 523, 2007, pp. 1504—1520.)，等等❶。

当然，欧洲的研究也有自己的特色，尤其是俄罗斯和德国具有代表性。但是，在中共党建研究方面，还应该特别提到的是新加坡的郑永年。近年来，他尤其关注中国共产党的建设问题，发表了许多研究文章，已成为国外学者中比较重要的几位持续关注这一问题的知名专家之一❷。了解和掌握这些学者的研究情况，是海外中共党建研究的基本任务。

二、海外中共党建研究的意义

对海外学者开展的中共党建研究进行再研究是非常必要的，因为海外学者已越来越认识到研究中共党建对于解读中国问题的核心意义。从国内的角度看，关注国外学者对中共党建的研究，为我们提供了一个研究党的建设的全新视角，具有启发和借鉴价值。因此，无论从哪个角度看，其意义都是显而易见的。

第一，有助于提高党政部门决策的科学性。我们加强海外中共党建研究的主要功能之一就是建言资政。落实党的十八大精神，实施中华文化“走出去”战略，扩大中国模式、中国道路、中国文化的国际影响力，需要及时追踪海外研究中国问题的情况，其中的核心问题就是海外对中国共产党的研究，而这一研究的关键是对现实中国共产党也就是中共党建的研究。海外中国共产党研究是西方了解中国共产党的一个重要窗口，也是我们了解西方中国问题研究的最为核心的内容。海外研究中国共产党的研究人员和机构往往都有特定的政治背景，并具备智

---

❶ 吕增奎编译整理：《改革开放以来海外中国共产党研究文献（英文）》，中央编译局网站，2011 年 6 月 17 日。

❷ 韩强：《新加坡学者郑永年的中共党建研究及评价》，《中国特色社会主义研究》2013 年第 4 期。

库和智囊的作用，在许多国家内政外交政策的制定中发挥着非常重要的作用，甚至某种程度上左右着该国政府的对华政策。全面了解他们对中国的研究状况、政治和政策倾向以及研究动向与趋势，可以为我国相关党政部门的科学决策提供有价值的参考，也有助于我国的咨询型智库的建设。

第二，有利于提高党的建设的科学化水平。自从党的十七届四中全会提出“党的建设科学化”命题以来，关于党的建设的研究得到深入发展，其中“以科学的理论指导党的建设”迫切需要进一步打开视野，把党建放在整个世界政党建设的大背景下来研究和观察，既吸取其他国家政党建设的有益经验，也听取国外学者对中国共产党的自身建设的真知灼见，当然也包括对中共党建提出的批评性意见，这有利于我们克服“身在此山中”的局限，从而把注重自身建设的历史经验和世界眼光结合起来，学会用世界眼光观察、审视中国共产党发展的整个历史画卷，把握建设的重点和未来走向，显然，这对于提高党的建设的科学化水平有着特殊的意义。

第三，有助于提升中国共产党的国际形象。由于研究立场、观点、方法以及文化背景的不同，海外关于中国共产党的研究成果中不可避免地体现着西方的学术传统和价值观，甚至有的学者的学术作品中还存有严重的史实错误、偏见和曲解。加强海外中共党建研究在一定程度上能起到消除误解、纠正曲解、批驳谬论的作用，也有助于缩小我们的自我认知与外部认知之间的差距，多方位地树立中国共产党在国际上的良好形象。

第四，有助于国内中共党建领域研究的拓展与深化。国内学者对中共党建的研究大体分为党的领导和党的建设两个部分，对党的建设的研究又大多局限在“一条主线、五大建设”领域，相对而言对于党的建设的边缘交叉领域的研究存在欠缺，比如对党的政策制定与效能的中观党建研究缺乏重视，对关系党的前途的战略研究较少涉及，对党的建设的多学科研究也刚刚起步，这就使我们的党建研究视野还不够开阔，领域不够全面，创新也不够深入。比较而言，西方学者对中共党建的研究往往不受传统、学科、经验、习惯等的制约，较多地采用了多学科的理论和方法，研究领域和方法、观点较有新意，把海外学者关于中国共产党的若干重大现实和理论问题研究进行梳理和再研究，及时将海外研究的新成果介绍到国内，并加以分析评价，这对于国内党建学者扩大国际视野，借鉴海外学者的研究观点、视角和方法大有助益，使国内相关学术研究能够在“知彼”的基础上推进自己的研究。

第五，加强对海外中共党建的研究是提高高校思想政治理论教育实效性的重要途径。随着信息化进程的加快，国外学术研究成果往往通过网络被迅速介绍到国内，在青年学生中产生重要影响，其中关于中国共产党的研究成果往往更加受到学生的高度关注，其中有些成果或者带有意识形态的偏见，或者存在研究上的各种不足，如果不能及时作出回应，指出其不足，就难免会引起学生的思想混乱，影响高校思想政治教育的效果。同时如果高校思想政治课教师不了解和掌握海外学者在中共党建领域进行的新研究，提出的新观点，也难免会降低解疑释惑的针对性。因此，高校思想政治理论课教学迫切需要进一步拓宽视野，把海外中国学、海外中共党建的研究成果引入进来，这对于进一步开阔教师的视野，提升教师理论水平，提高学生对各种思潮的辨识能力具有重要价值。

关于海外中国学研究的意义，我国学者的一句话很有代表性："我们不仅必须放眼海外去认识世界，还必须放眼海外来重新认识中国；不仅必须向国内读者移译海外的西学，还必须向他们系统地介绍海外的中国学。"❶ 这同样适用于对海外中共党建的研究。

三、海外中共党建研究的主要领域

海外学者对中共党建研究的领域和国内研究有相同之处，也有明显区别，其特色在于在对中共党建的"一条主线、五大建设"均有所涉猎的同时，还根据西方社会关注的问题，重点研究了中国共产党的形象、未来发展等问题。

本人曾在《国外对中国共产党建设的研究述评》一文中对海外学者研究中共党建的主要领域作了分析，并重点介绍了海外学者对中国共产党的形象、中国共产党的思想建设、组织建设、反腐倡廉建设、中国共产党的未来前景进行的研究❷。其中对于中国共产党的形象，海外学者的主流观点是"中国共产党变得更加开放"；对于党的思想建设，学者们认为中国共产党从总体上仍然是一个以马克思主义为理论旗帜的政党，和西方政党有着根本性的差异，但中国共产党改革开放以来在意识形态方面也在发生细微的变化；对于党的组织建设，学者们更关注党内民主、党内选举制度、吸收私营企业主入党、党校与领导精英的培养、干部责任制、干部选拔机制、领导集体更替、反腐败等问题，并给予积极评价；对

❶ ［美］詹姆斯·R. 汤森、布莱特利·沃马克著，顾速、董方译：《中国政治》之"海外中国研究丛书"序，江苏人民出版社 2010 年版。

❷ 韩强：《国外对中国共产党建设的研究述评》，《马克思主义研究》2012 年第 9 期。

于反腐倡廉建设，学者们认为应该把党的内部监督更多地转变为民主监督，转变为社会的外部压力；对于党的未来发展，学者们观点各异，有的悲观，有的乐观，但无一例外对中国共产党取得的执政成绩表示赞赏，对未来发展持谨慎乐观的态度。

执政合法性是海外学者关注的另一个基本问题。合法性理论是西方研究执政党问题的一个基本理论，他们往往根据合法性的强弱来判断政党执政基础的厚薄和命运的兴衰。西方学者把合法性理论运用到中国共产党的研究中，认为自从1978年以来，中国共产党经历了两次执政合法性基础的转变：第一次发生在1978年，中国共产党执政合法性的基础从意识形态和道德激励转向经济表现和物质激励；第二次发生在20世纪90年代，中国共产党执政合法性的基础逐渐转变为经济增长、稳定和民族主义❶。在第二个转变过程中，中国共产党面临的挑战要严峻得多。这与我们党近年来特别强调警惕4个风险、经受四大考验无疑有相通之处。

海外学者还进行了一些非常有特色的研究，比如，有的学者对中国共产党与国民党进行了比较研究，主要是探讨为什么美国会失去中国、如何认识中国共产党这一类问题。费正清在《中国新史》（1991）中对中国共产党和国民党进行了比较分析，也对毛泽东和蒋介石的性格进行了对比分析，希望美国政府和民众能够借此认识和理解中国共产党；也有学者对中国共产党自身改革和发展进行了研究，除了沈大伟在其专著《中国共产党：收缩与调适》（2008）中所作的论述之外，鲍大可（Doak A. Barnett）在其著作《共产党中国的干部、官僚政治与政权》（1967）中也重点研究了党与政府的关系及有关政治改革的问题；还有学者对中共专门政策进行了研究，其中比较著名的有曾任美国驻华总领事的柯乐博对中共民族政策的研究，曾任费正清中心副主任、哈佛经济系主任的珀金斯（Dwight Perkins）对中共经济政策的研究，斯坦福大学戴慕贞（Jean C. Oi）等人对中共三农政策的研究，费正清中国中心研究员柯文（Paul A. Cohen）对中共改革开放政策的研究，费正清中国中心研究员谷梅（Merle Goldman）和维也纳大学的魏格林等人对中共知识分子政策的研究，兰德公司的波拉克（Jonathan D. Pollack）对中共军事战略的研究，等等❷。

此外，海外学者对中国共产党人物的研究、对传媒形象与党内关系的研究等

---

❶ 刘贵丰：《海外学者看中国共产党的建设》，《学习时报》2012年11月5日。

❷ 路克利：《论海外中国共产党研究的兴起与发展》，《马克思主义与现实》2011年第3期。

也都是国内学者所较少开展的，体现了海外学者研究的思维特色、关注热点和习惯路径，对我们的研究有一定的启发。

四、海外中共党建研究的主要优势与不足

在看待国外中共党建研究时，我们要确立这样几个基本观点，第一，对国外学者的研究我们要辩证看待，既要看到其优点，也要看到其不足；第二，要站在中共党建的角度来认识和评判其研究的观点、方法和结论，因为研究的对象是中共党建，其观点和结论只有从是否和中共党建的规律相吻合的角度来衡量和检验才具有科学性；第三，要注意摒弃各种意识形态等方面的偏见，虽然学者们会有不同的政治意识形态背景，但研究应是对中国共产党建设和发展规律的理性科学研究，而不能有先入为主的主观臆断，对于此类研究评论中应注意及时指出其不足。

关于海外中共党建研究的优势与不足，应该说，优势是显而易见的，国外学者对中共党建研究的重视和参与以及国内对这一研究的日趋关注已充分证明了这一点，当然不足也随处可见。本人在《国外对中国共产党建设的研究述评》一文中提出了如下看法，对于其值得肯定之处，本人认为表现在 3 个方面，第一，能够客观地看待中国共产党所采取的加强自身建设的举措，表现在对中共从革命党到执政党的转型、领导体制的民主化转化、领导层顺畅的、可预见的新老交替、快速决策、执行政策以及有效考核、培训干部等问题都能给予积极评价。第二，注重对中国共产党执政和发展前景的研究，而这一直是我国党建理论研究的薄弱环节。第三，不同观点之间既相互碰撞又和谐共存，既有悲观论调，也有乐观见解，显示出多样、客观、和谐的特征。同时也提出了需要商榷之处，一是缺乏分析的新框架，合法性仍是经常使用的方法，而收缩－调适论也很难得到理论界的认同；二是缺乏研究的实质性的新资料，仍以二手资料为主，制约了研究的科学性；三是对中国共产党的未来发展存在主观臆测的成分，没有充分看到中国共产党的特殊性[1]。

对于如何评价国外学者的中共党建研究，其他学者也提出了自己的意见。闫健在《海外对改革开放以来中国共产党的研究》[2]一文中认为研究仍旧存在这样

---

[1] 韩强：《国外对中国共产党建设的研究述评》，《马克思主义研究》2012 年第 9 期。

[2] 闫健：《海外对改革开放以来中国共产党的研究》，《国外理论动态》2012 年第 8 期。

一些局限。首先，缺乏对研究资料的甄别，“不恰当地使用有限的资料”和“依靠不可信的研究资料”是研究中存在的两大问题❶；其次，缺乏对理论适用性的敏感，往往不是从中国的实际出发，而是从已有的理论架构和概念出发来研究中国的问题，这就很容易导致白鲁恂（Lucian Pye）所说的“通过社会科学理论去寻找中国的现实”❷，以及包瑞嘉（Richard Baum）所说的“对研究方法的关注取代了对研究对象的关注”❸；最后，这一时期的研究存在很强的结构化倾向。即往往借用一些理论作为预设的前提，如“公民社会”理论假定公民社会将最终挑战中国共产党的控制力；“市场转型”理论假定像中共这样的列宁主义政党无法同市场经济共存，市场化改革将最终侵蚀中共的控制力；“民主转型”理论则假定中国日益多元化的社会将成为民主转型的动力，党的控制将难以为继。这些带有“结构化”倾向的理论无疑为海外学者理解中国现实提供了一幅“简单的”画面，但这也容易导致对中国复杂现实的“简单化”处理。

当然还需要提及的是，由于海外学者大多是按照西方政党政治的理论和框架来研究中国共产党，因而必然产生诸多理论和话语衔接上的问题，导致产生比较多的误读，比如，马丁·怀特在研究邓小平的干部理论时认为：“邓在人事决策方面更注重运用‘专’的标准，对于‘红’的标准运用得则较少些。”❹ 这显然是不符合历史事实的，强调干部必须又红又专是邓小平干部理论的重要特色。当然，类似的情况还比较多，这需要我们在研究中充分注意和甄别。

五、国内对海外中共党建的研究现状及未来展望

目前国内学者对海外中共党建研究的再研究主要体现在两个方面，一是对海外学者研究状况的跟踪介绍；二是对其研究成果、进展、结论、方法等作的评析。

从研究成果的角度看，目前在这一领域的研究成果呈现出明显增加的趋势。

---

❶ ［澳］腓特烈·泰伟斯：《西方的当代中国研究》，《当代中国史研究》2004 年 11 月号。

❷ Lucian Pye, Social Science Theories in Search of Chinese Realities, The China Quarterly, No. 132 (Decemder 1992), pp. 1161 – 1170.

❸ Richard Baum, Studies of Chinese Politics in the United States, in Ash Robert, David Shambaugh and Takagi Seiichiro eds., China Watching: Perspective from Europe, Japan and the United States, London: Routledge, 2007, pp. 147 – 168.

❹ ［美］马丁·金·怀特：《邓小平的人才观》，《邓小平理论研究文库》（5），中共中央党校出版社 1997 年版，第 970 页。

举例来说，这些成果包括：吕增奎主编：《执政的转型：海外学者论中国共产党的建设》，中央编译出版社 2011 年版；路克利：《哈佛大学的中国共产党研究》，山东大学出版社 2012 年 1 月版；韩强：《国外对中国共产党建设的研究述评》，《马克思主义研究》2012 年第 9 期；韩强：《新加坡学者郑永年的中共党建研究及评价》，《中国特色社会主义研究》2013 年第 4 期；路克利：《论海外中国共产党研究的兴起与发展》，《马克思主义与现实》2011 年第 3 期；闫健：《海外对改革开放以来中国共产党的研究》，《国外理论动态》2012 年第 8 期；王巧荣：《沈大伟的中共党建研究评析》，《北京党史》2012 年第 2 期；刘贵丰：《海外学者看中国共产党的建设》，《学习时报》2012 年 11 月 5 日；韩露：《国外关于改革开放以来中国共产党意识形态建设与发展问题研究述评》，《社会主义研究》2010 年第 5 期；赵淑梅：《新世纪以来西方学界的中国干部制度研究》，《中共党史研究》2012 年第 5 期；等等。这些成果大多是近年出现的，因而代表了一种现象和趋势。

从研究主体的角度看，中国学者加强了对海外中共党建研究的关注。一方面，就研究机构而言，以现实中国问题为主要对象的海外中国学研究继以中国传统文化为主要研究对象的海外汉学之后受到了研究机构的日益关注，不仅在全国已经形成了几个中心❶，如中国社会科学院海外中国学研究中心、华东师范大学海外中国学研究中心、北京外国语大学中国海外汉学研究中心、北京联合大学海外中国学研究中心等，而且各个中心加大了对现实中国问题的关注和研究力度。特别是北京联合大学海外中国学研究中心，成立伊始就明确以海外中国共产党为主要研究对象，集中研究海外中共党史和海外中共党建问题，并在较短的时间里进行了一些项目研究，包括北京市“长城学者”项目“海外中国学与完善党的建设学科体系研究”、中组部委托课题“国外对党的建设与组织工作的研究述评”、教育部青年项目“美国关于中国特色社会主义理论体系研究”等，并在《马克思主义研究》《中共党史研究》等刊物发表了一批相关学术论文。另一方面，就学者层面而言，相关知名学者正在逐渐成为一个群体，如北京大学历史系张注洪教授，华东师范大学海外中国学研究中心的朱政慧教授、萧延中教授，中国社会科学院国外中国学研究中心何培忠副主任，中共北京市委党校的侯且岸教

---

❶ 几个研究中心的介绍见《2010—2011 年国际中国文化研究学术界相关成果》，载《国际中国文化研究学会 2010—2011 年通讯》（总第 1 期），第 54—61 页。

授，北京联合大学海外中国学研究中心的梁怡教授，等等❶。研究群体的形成为海外学者研究中国共产党问题创造了良好的氛围。

从学术活动情况看，国内对于海外中共党建研究的学术活动也进一步活跃。在中共建党 90 周年之际，由当代世界研究中心和美国乔治·华盛顿大学联合举办的“中国共产党的建设”国际研讨会 2011 年 6 月 6 日至 7 日在北京举行。中联部部长、当代世界研究中心名誉理事长王家瑞出席研讨会开幕式并发表讲话，中联部副部长刘结一主持研讨会，中央党史研究室副主任章百家、中央文献研究室副主任陈晋等分别作专题发言。会议邀请了来自美国、欧洲、新加坡等学术界的权威知名学者沈大伟、狄忠蒲、李成、柏思德、郑永年、克里·布朗以及相关中方学者出席研讨会。研讨会期间，与会代表围绕“中国共产党建党 90 年来的理论和实践”“中国共产党的思想建设”“中国共产党的组织建设”等议题进行了深入坦诚的交流和探讨，增进了相互了解和理解❷。外方专家表示，通过此次研讨会，进一步加深了对中国共产党的了解，增强了对中国在中国共产党领导下发展成就和道路的认识。北京联合大学海外中国学研究中心于 2012 年 9 月 28 日在北京召开了中心成立大会暨海外中国学学术研讨会，与会 70 多位专家学者围绕会议主题——“海外中国学研究的发展前瞻”展开了热烈讨论，经过讨论，大家对海外中国学的历史进程、发展现状、基本内涵、学科地位、研究领域、面临问题与挑战等问题有了更明确的认识，也形成了加强对现实中国问题研究的共识。

总体来看，在海内外学者均高度关注现实中国问题研究的背景下，加强对海外中共党建的研究已经成为共识，这一研究已成为西方解读中国问题的钥匙，也将对中国共产党的自身建设产生有利的影响。已经有学者提出，自 20 世纪 50 年代中期以来，海外学术界实际上形成了海外中国研究的一门新兴学科——海外中国共产党研究。这门学科的研究对象和教学内容为中国共产党的有关问题，具有相对对立的学科对象，以费正清（John King Fairbank）、麦克法夸尔（Roderick MacFarquhar）等学者为主要代表，形成了相对独立的研究和教学群体，产生了较大的学术和社会影响。纵观其学术史，海外对中国共产党相关问题的研究和教学，不但有了相对庞大和稳定的专业队伍，相对独立的研究对象和教学内容，而

---

❶ 具体的研究成果可参考《2010—2011 年国际中国文化研究学术界相关成果》，载《国际中国文化研究学会 2010—2011 年通讯》（总第 1 期），第 41—53 页。

❷ 《“中国共产党的建设”国际研讨会在京举行》，《人民日报》2011 年 7 月 5 日；《“中国共产党的建设”国际研讨会观点摘编》，《人民日报》2011 年 7 月 4 日。

且取得了具有较大学术和社会影响的丰硕研究成果，形成了具有学科特色的研究方法，实际上已发展成为海外中国共产党研究这一新兴交叉学科❶。我们虽然目前还不能完全认同这样的观点，但是由此展示出来的研究现状和学科化趋势则是显而易见的。

本文系作者主持的国家社科基金重点项目“保持党的纯洁性研究”（项目编号：12AZD024）和北京市属高等学校高层次人才引进与培养计划项目（The Importation and Development of High-Caliber Talents Project of Beijing Municipal Institutions）“海外中国学与党的建设学科体系研究”（项目编号：IDHT20130321）的阶段成果。

作者简介：韩强，男，北京联合大学海外中国学研究中心主任、教授，人文社科部主任。

❶ 路克利：《论海外中国共产党研究的兴起与发展》，《马克思主义与现实》2011 年第 3 期。

2013 年海外中国共产党研究的几个热点

韩 强（北京联合大学海外中国学研究中心，北京 100101）

[摘要] 2013 年是党的十八大召开后的第一年，也是新一届中央领导集体的开局之年。这一年里，伴随着中国的稳定发展，海外学者对中国共产党更加关注，并形成了研究的热点。习近平总书记提出的“中国梦”引起国际社会强烈反响，“中国模式”继续引发国际学界反思，党的十八届三中全会通过的《中共中央关于全面深化改革若干重大问题的决定》成为国际社会解读中国共产党政策的又一重要文本，群众路线教育实践活动也吸引了世人的目光。除了这些现实热点之外，对中共历史问题的研究也继续有所深化。

[关键词] 海外中国共产党研究；热点；2013 年

2013 年是党的十八大召开后的第一年，也是新一届中央领导集体的开局之年。这一年里，伴随着中国的稳定发展，中国共产党更加引起世人瞩目，并形成了研究的热点。习近平总书记提出的“中国梦”引起国际社会强烈反响，“中国模式”继续引发国际学界反思，党的十八届三中全会通过的《中共中央关于全面深化改革若干重大问题的决定》成为国际社会解读中国共产党政策的又一重要文本，群众路线教育实践活动也吸引了世人的目光。除了这些现实热点之外，对中共历史问题的研究仍继续有所深化。

一、“中国梦”成为关注的焦点

“中国梦”是习近平总书记在 2012 年 11 月 29 日参观国家博物馆《复兴之路》展览后发表的重要讲话中提出来的，其中对“中国梦”内涵的具体解释是：“实现全面建成小康社会、建成富强民主文明和谐的社会主义现代化国家的奋斗目标，实现中华民族伟大复兴的中国梦，就是要实现国家富强、民族振兴、人民幸福。”这一新命题甫一提出，即吸引了国际学界的目光，许多国际学者纷纷解读“中国梦”，提出了自己的认识，并给予了积极的评价。

西班牙加利西亚国际研究所所长胡里奥·里奥斯认为，“中国梦”是一个内容丰富、广泛、复杂的概念，它包括6个方面的含义：第一，中国梦很重要的一个方面就是对社会福利的向往。它传递出这样一个概念，即期待集体繁荣，福利共享，保证让所有中国人尽可能都享受到福利。同时，在短时期内解决教育、医疗等社会问题。第二个层面是综合发展。这与中国正在经历的发展模式的转变有很大关系，不仅要把中国变成经济上繁荣的国家，更是要在各方面都实现现代化。第三个层面是历史层面的重大意义。中国实现了现代化，愈合了过去的创伤，同时国家统一对中国梦有着非同凡响的意义。第四是文明层面。它涉及中国的身份定位，试图把现代特性与中国的传统性调和在一起，是一种传统中国与现代中国的新综合。第五是思想意识层面。中国梦的提出指明了思想意识的重要性。第六是国际层面。梦是中国的，但是，毫无疑问中国梦会影响世界，是让全世界来认识、了解中国在这些年做出的巨大努力，并以某种方式接受这个过程和现实，给中国留下生存空间。他认为，中国梦完全不同于美国梦，后者基本属于个人的梦，就是名、权、钱。而中国提出的梦是不一样的梦，它是群体的梦想，集中了亿万中国人的期待和向往[1]。美中关系全国委员会会长欧伦斯也认为，实现中国梦对美国也有好处[2]。虽然多数学者对中国梦持赞赏态度，并给出了自己建设性的意见，但是，也有部分学者对中国梦存在种种误解，认为中国梦就是中国的梦，其实现会以牺牲民众利益为代价；中国梦要取代美国梦；中国梦是一种“新乌托邦”；中国梦是中国的自由民族主义[3]等等。尤其是一些中国近邻国家的学者对中国梦持谨慎态度，担心中国梦的实现会引发新的资源竞争，影响本国发展。但是总体上大家认为，中国梦是自近代以来一代又一代中国人的民主富强梦想的延续。有危机才会有梦想，有梦想才会有进步的动力。中国的和平发展是世界的福音。

---

[1] 本报记者王玉珏、谢来：《西班牙加利西亚国际研究所所长胡里奥·里奥斯：“中国梦”不是遥不可及的乌托邦》，《参考消息》2013年11月11日。

[2] 本报驻纽约记者刘莉：《美中关系全国委员会会长欧伦斯：实现“中国梦”对美国也有好处》，《参考消息》2013年11月12日。

[3] 王义桅：《外界对“中国梦”的十大误解》，《环球时报》2013年4月16日。

二、聚焦中国深化改革问题

党的十八届三中全会通过的《中共中央关于全面深化改革若干重大问题的决定》（以下简称《决定》）对今后改革进行了总体部署，提出了全面深化改革的总目标，特别强调全面深化改革必须立足于我国长期处于社会主义初级阶段这个最大的实际，坚持发展仍是解决我国所有问题的关键这个重大战略判断，以经济建设为中心，发挥经济体制改革的牵引作用，推动生产关系同生产力、上层建筑同经济基础相适应，推动经济社会持续健康发展。其中全面统筹改革、勇于深化改革、切实保证改革成为突出特色。对于党的十八届三中全会的召开和《决定》的公布，国际学界也给予了高度关注。英国前首相戈登·布朗等观察家认为，这让人想起1978年开启邓小平领导的改革开放的十一届三中全会，也让人想起1993年宣布中国实行“社会主义市场经济”的十四届三中全会[1]。国际大多数专家对十八届三中全会的预期都谨慎乐观。接受彭博新闻社调查的23名经济学家和政治学家中有15人坚信，十八届三中全会结束后，经济降温或发生信贷危机的风险将会降低，这次会议制定的路线将帮助中国到2030年成为高收入国家[2]。

新加坡国立大学东亚研究所所长郑永年既看到了三中全会的成就，又看到了改革蓝图背后的不足。他认为，虽然政治领域并非是三中全会的重点，但这次全会也回答了一些重大的政治和政治改革问题。首先是在基本政治制度方面，《决定》重申了传统的观点，即从人民代表大会制度、政治协商和基层民主等层面来发展“社会主义民主政治”。重点是在政治体制改革的方向上，解决了前段时间中国社会的“宪政之争”，间接表示了中国既不走左派“不搞宪政”的道路，也不走右派的“西方宪政”道路，而是坚持建设“社会主义法治国家”，走依法治国的道路。三中全会对宪法和法律的强调，可以为前段时间的争论厘清一些重大问题，并且开始中国式宪政的探索，强调司法程序的独立性，不失为一个有效的起点。但同时他也认为，三中全会对“社会”主体强调不够，没有强调社会组织的作用及对社会组织的扶植和培养。与之相比，一些官员仍然把社会视为政府的对立面，这种局面不改变，政府最终必然会成为社会的对立面[3]。因此他建

---

[1] 《国际舆论关注中共十八届三中全会》，新华网，2013年10月31日。

[2] 《国际舆论关注中共十八届三中全会》，新华网，2013年10月31日。

[3] ［新加坡］郑永年：《三中全会回答了什么样的政治问题?》，联合早报网，2013年12月5日。

议，必须把经济改革和社会改革置于同等重要的位置上[1]。美国乔治·华盛顿大学中国政策研究项目主任沈大伟同样认为，《决定》及其解释是雄心和谨慎的奇怪结合。改革的论调的确令人鼓舞，因为中国在这个发展节点上确实需要大胆的新思路和领导，但公布的文件中模糊的用词和缺少具体内容则显示出了决心的缺乏、在一些问题上的犹豫、幕后的争论以及可以预见的官僚机构的抵制[2]。

西方部分学者的谨慎不无道理，但是中央决定从来都是首先对改革等重大决策作出原则性的勾勒，而不是进行过分具体的描绘，以留下足够的空间发挥各个地区、各个部门广大党员干部和群众的主观能动性和创造力，在实践探索中逐步完善政策，否则就容易犯教条主义的错误，这一点是中国的特色所在，也是需要引起高度重视的。

三、继续深入反思“中国模式”

“中国模式”是国际学界对中国特色社会主义道路的别称。自 20 世纪 80 年代起，国际社会就开始关注中国的发展道路问题，并提出了“中国模式”这一概念[3]。进入 21 世纪以来，国际社会继续关注和研究“中国模式”问题。自 2004 年 5 月美国《时代》周刊高级编辑、高盛公司高级顾问、清华大学兼职教授乔舒亚·库珀·雷默发表题为《北京共识：提供新模式》的研究报告之后，国际社会掀起了“中国模式”的研究高潮。对于中国模式，国外学界观点纷纭、认识不一。围绕中国模式是否客观存在、中国模式是否证伪了“历史终结论”、中国模式能够成功应对国际金融危机的原因、中国模式的国际意义[4]等进行了讨论。进入 2013 年，学者们结合党的十八大、十八届三中全会等重大政治背景对这一问题的讨论有了新的拓展。

与多数学者从经济上探讨中国模式的成功不同，也有不少学者把研究的视角拓展到政治、法律和社会层面。台湾大学中国大陆研究中心主任 S. Philip Hsu 等人在其《In Serach of China's Development Model——Beyond the Beijing Concensus》《寻求中国发展模式——超越北京共识》一书中收纳了多名学者对中国发展过程中的经济、政治和社会维度的分析，着力思考了这样两个问题，一是在中国，社

---

[1] ［新加坡］郑永年：《三中全会回答了什么样的社会问题?》，联合早报网，2013 年 12 月 11 日。

[2] 《沈大伟文章：中共尝试大胆全面应对挑战》，《参考消息》2013 年 12 月 3 日。

[3] 秦宣：《“中国模式”之概念辨析》，《前线》2010 年第 2 期。

[4] 徐崇温：《国外近期关于“中国模式”的研究动向》(2)，《红旗文稿》2010 年 9 月 7 日。

会主义体系与经济国际化和经济市场化共存，其潜在动力是什么，中国发展模式的经济和政治、法律、社会层面的特点是什么，它们之间的相互关系又是什么；二是中国的发展模式在何种程度上、在什么情境下是可持续的，以及在何种程度上可以适用于其他发展中国家。当然作者也得出结论：中国发展模式在经济维度上是“国家主导型经济增长”，中国发展模式的政治、法律、社会维度的特点为“自适应的后极权主义”[1]。法国作家、经济学家阿兰·曼克认为，所有中国的领导者都对他们的制度充满信心。中国未来会成为一个“生态”国家。现实压力已非常大，而制度已注意到这一点。只要西方承认他们的民族统一主义和独特性，中国和西方可以和睦相处[2]。从而为中国模式描绘了一个美好愿景。

在多数学者肯定中国模式的成功之外，也有学者看到了背后的问题，郑永年从中国社会转型的角度提出，所有国家的转型都会遇到很大的问题，只是程度不同而已。如果和日本“四小龙”等东亚经济体相比较，中国的发展模式显然有很多问题。东亚经济体尽管也经历过同样高速度的发展经历，但没有发生如此深刻的社会危机[3]。看到危机并不是坏事，只有保持危机意识，才能更清醒地选择道路、制定政策、稳步发展，这也是中国发展较快的一个重要原因。

四、愈益关注中国共产党的自身建设问题

国外学者对中国共产党的自身建设问题日益关注，试图从中找出中国共产党长期保持执政地位的关键所在，为此他们把研究的目光集中到中国共产党的理论创新、组织机构变化、干部队伍建设、反腐败斗争、发展前景分析等各个方面。由于2013年中国共产党召开了十八届三中全会，开展了群众路线教育活动，强化了反腐败斗争，因此国外学者也对这些热点问题进行了分析研究。

对于十八届三中全会的重大意义，学者们认识非常统一，美国媒体将十八届三中全会形容为“中国可能在本周末永远改变”[4] 的一次重要会议；美国耶鲁大学杰克逊全球事务研究所高级研究员斯蒂芬·罗奇也认为：“三中全会带给中国发展新视角”，中国领导人如今明确关注使广大群众的行为与下个阶段的转型一

---

[1] S. Philip Hsu, Yu-Shan Wu & Suisheng Zhao. In Serach of China's Development Model——Beyond the Beijing Concensus, Routledge, 2011.

[2] 《西报文章：中国对自己的制度充满信心》，《参考消息》2013年11月12日。

[3] ［新加坡］郑永年：《“中国梦”需要超越中国意识危机》，《联合早报》2013年5月14日。

[4] 《台报社论：从“十九全”与“三中全会”看两岸消长》，《参考消息》2013年11月11日。

致，一个靠消费者拉动的中国变得比以往任何时候都更引人注目❶。关于党领导改革与进行政策调整，郑永年认为，执政党要长期执政，政策就要不断变化。政治最后都要表现为政策，尤其是在中国这样的政治制度下，正是由于政策上的变化不够，跟不上现实，所以政府和官员每天都疲于奔命，每天都在“救火”，结果每天都很累❷。关于反腐败斗争，郑永年认为还是要改革完善中国共产党的党内体制和制度设计。他主张，制度设计要给“新利益、新势力”一个机会。中国反腐败成效欠佳就是由于内部多元主义太多，外部多元主义太少。反腐败必须要制度化，不沿着法治的轨道，最终会形成一个人人自危的社会，社会的信任度也会越来越低。还有一点很重要，就是反腐败要设计一个制度，给清廉一个机会，需要设计一个制度让清廉这一块力量成长起来❸。这一思路与十八届三中全会把党的建设制度改革纳入改革的总体布局以及《中央党内法规制定工作五年规划纲要（2013—2017 年）》强调“到建党 100 周年时全面建成内容科学、程序严密、配套完善、运行有效的党内法规体系”的目标要求是完全吻合的。

本文系本人主持的国家社科基金重点项目“保持党的纯洁性研究”（项目编号：12AZD024）和北京市属高等学校高层次人才引进与培养计划项目“海外中国学与党的建设学科体系研究”（项目编号：IDHT20130321）的阶段成果。

作者简介：韩强，男，北京联合大学海外中国学研究中心主任、教授，人文社科部主任。

❶ 《斯蒂芬·罗奇文章：三中全会带给中国发展新视角》，《参考消息》2013 年 12 月 2 日。
❷ 郑永年：《中共长期执政的挑战与智慧》，《人民论坛》2013 年 5 月 6 日（总第 402 期）。
❸ 郑永年：《中共长期执政的挑战与智慧》，《人民论坛》2013 年 5 月 6 日（总第 402 期）。

国外对中国共产党建设的研究述评

韩 强（北京联合大学海外中国学研究中心，北京 100101）

[摘要] 理论是行动的先导，党的建设既需要以马克思主义政党理论为指导，不断总结自身建设的历史经验和现实经验，以提高建设的科学化水平，同时也需要及时学习和借鉴其他国家学者对政党发展规律形成的科学认识。其中国外学者对中国共产党建设的研究也是这种认识的重要方面，而且由于我们比较缺乏对国外学者研究情况的持续关注和深入了解，因此它对中国共产党自身建设的借鉴意义在当前就显得尤为重要。本文介绍了近年来国外对中国共产党建设研究的基本情况、基本观点，在此基础上进行了评析，提出了一些可资借鉴之处。

[关键词] 中国共产党；海外中国学；比较研究

建设什么样的党和怎样建设党是中国共产党面对新的形势和任务，应对 4 个危险和挑战，进一步巩固执政基础和执政地位必须解决的重大历史课题。经过 30 多年的改革开放和深入探索，中国共产党初步回答和解决了这一问题，在深入思考、总结经验的基础上作出了一系列重大决策，包括以改革创新精神全面推进党的建设新的伟大工程，推进党的建设“一条主线、五大建设”的总体布局，提高党的建设科学化水平，开展创先争优、建设学习型党组织一系列学习教育活动，等等，使党的建设得到了新的改进和加强。但是，我们也要看到，开展政治文明建设、提高党的建设科学化水平等重大决策虽然把国际视野引入了党的建设，但是相应的运用和研究还存在不足，尤其是对国外主流学者近年来如何看待中国共产党所知不多，这对于我们从一般意义上认识把握政党的发展规律、执政规律是不利的。因此，我们需要加强国外近年来对党的建设与组织工作的研究情况的跟踪了解，以便为党的建设提供有益的借鉴。

一、近年来国外研究中国共产党建设的基本观点

由于我们对国外关于中国共产党的建设与组织工作研究还处在起步阶段，因此首先需要做大量的基础性工作，而不是直接进入非常专门的研究领域，其中之一就是对国外研究的基本观点作出介绍和评价。正如我国学者所提到的那样："我们不仅必须放眼海外去认识世界，还必须放眼海外来重新认识中国；不仅必须向国内读者移译海外的西学，还必须向他们系统地介绍海外的中国学。"[1]

（一）关于中国共产党的形象

中国共产党是一个什么样的党，这个党近年来发生了哪些变化，是否还是一个马克思主义的政党，诸如此类的问题都关乎党的形象，西方学者也首先是从这样的感性角度来认识中国共产党的。总的来讲，以 1989 年的"六四风波"为分界线，对于此前的中国共产党，西方学者和媒体更多的认为它是一个比较传统的无产阶级政党，相对专制和保守，民主不足，注重对国家和社会的控制；但对于 1989 年之后的中国共产党，大家的评价更加积极。比如，"中国共产党变得更加开放"，这是世界著名智库——英国皇家国际事务研究所亚洲项目主任克里·布朗的观点。他认为，中国共产党的信息更加公开，执政更加透明，程序更加规范。而且它善于学习，能够不断地从国外的和自己的执政经验中总结和学习，从而成功地适应了形势的变化。美国学者沈大伟认为，中国共产党在过去 90 年里战胜种种艰难险阻，取得非凡成就，令世界为之惊叹。在世界历史上，没有哪个国家能像中国一样用这样短的时间取得如此巨大的发展成就，这既要归功于勤劳智慧的中国人民，也是中国共产党正确领导的结果。新加坡学者郑永年则认为，改革开放 30 多年来，中国的发展进步很大程度上得益于其政治开放进程的加快，但中国目前政治开放程度依然不够，这在一定程度上滋生了腐败、削弱了党内民主的作用并影响到党与人民之间的联系。未来，继续努力建设一个开放型政党，不仅符合中国传统文化的开放性，也符合现代政治的开放精神[2]。这些评价较客观地反映了中国共产党近年来在自身建设及领导工作上的种种努力，反映了世界多数民众的共同认知。

---

[1] ［美］詹姆斯·R. 汤森、布莱特利·沃马克著，顾速、董方译：《中国政治》之"海外中国研究丛书"序，江苏人民出版社 2010 年版。

[2] 《"中国共产党的建设"国际研讨会观点摘编》，《人民日报》2011 年 7 月 4 日。

（二）关于中国共产党的思想建设

西方学者往往把中国共产党的思想建设和意识形态画等号，其实两者并非同一个概念，意识形态主要是指党的指导思想、价值取向和政治方向，而思想建设既有理论上的继承创新发展，也有思想方法、宣传教育的问题，但是对西方学者的认识我们完全可以抱着宽容的态度加以理解和对待。在这个问题上，西方学者一方面看到中国共产党意识形态的继承性，认为中国共产党从总体上仍然是一个以马克思主义为理论旗帜的政党，和西方政党有着根本性的差异；另一方面，西方学者也注意到中国共产党自改革开放以来在意识形态方面所发生的细微变化。比如，日本中国问题专家、读卖新闻社中国分社社长藤野彰认为，中国共产党的十六大党章和十五大党章相比，在表述中“社会主义必然代替资本主义”的传统主张被删除，这意味着放弃了社会主义与资本主义对立的思维。即使是资本主义，只要对经济和社会发展有利，也要积极地引进，这体现了中国共产党领导层的实用主义观点。同时，与以阶级斗争为基础的马列主义重要文献资料《共产党宣言》的诀别，表现了中国共产党与教条主义意识形态的诀别，与时俱进的特征。他还解读了科学发展观问题，认为“以人为本”代表了科学发展观的精神，和谐社会集中体现了科学发展观的目标。科学发展观如果是车体的话，“以人为本”与和谐社会则是车的两个轮子[1]。俄罗斯科学院远东研究所当代中国历史与政治研究中心主任斯米尔诺夫认为，“三个代表”为在整个民族利益统一的基础上把新的社会阶层的利益纳入到现存的社会经济机制的结构中打下了思想基础，不允许党因阶级的利益而使民族发生分裂，为解决台湾问题创造了有利条件[2]。俄罗斯科学院远东研究副所长、俄中友好协会副会长阿拉斯拉诺夫认为，“三个代表”是“对中国继续在建设社会主义道路上推进时出现的社会政治和经济形势的一种应对。一方面，对中国出现的变化，党不能不在实行建立社会主义市场经济的框架内作出反应，而另一方面，不能不注意到新的社会团体和阶层在经济领域中所起的作用越来越重要”[3]。这些观点虽然不可避免地打着各自文化的烙

[1] ［日］藤野彰：《从中国共产党新的指导思想看政治、经济和社会变迁——从“三个代表”到科学发展观》，载吕增奎主编：《执政的转型：海外学者论中国共产党的建设》，中央编译出版社 2011 年版，第 40—41 页。

[2] ［俄罗斯］A. 斯米尔诺夫：《“三个代表”思想——中国国家意识形态发展的新阶段》，载吕增奎主编：《执政的转型：海外学者论中国共产党的建设》，中央编译出版社 2011 年版，第 61 页。

[3] ［俄罗斯］P. M. 阿拉斯拉诺夫：《“三个代表”思想：中国通向社会和谐之路》，载吕增奎主编：《执政的转型：海外学者论中国共产党的建设》，中央编译出版社 2011 年版，第 76—77 页。

印，但是其认识问题的角度和方法令人回味。

（三）关于中国共产党的组织建设

中国共产党的组织建设是西方学者非常关注的问题，当然他们并非泛泛而谈，一般而言他们更关注如下问题：中国共产党的党内民主问题，党内选举制度，吸收私营企业主入党问题，党校与领导精英的培养问题，干部责任制问题，干部选拔机制问题，领导集体更替问题，反腐败问题，等等。对于这些问题，有的西方学者研究视角比较独特。比如，赵淑梅在《新世纪以来西方学界的中国干部制度研究》一文中，介绍了部分西方学者的研究成果和主要观点。她把西方学者关注的热点概括为干部任命制度、干部培训制度、干部管理制度 3 个主要方面。文中介绍的西方学者的研究情况包括，学者 Hon S. Chan 对 1998 年党政干部职务名称表修订及与 1990 年版职务名称表的比较研究，John P. Burns 对 1949 年以来中国干部任命制功能的研究，美国学者沈大伟对中国共产党党校系统的研究，Gregory T. Chin 对浦东干部学院、延安干部学院、井冈山干部学院这 3 所干部学院建立及运行的研究，瑞典学者 Maria Heimier 对干部责任制的研究[1]，等等。德国的托马斯·海贝勒教授（Thomas Heberer）在《作为战略群体的企业家》一书中谈到了中国私营企业家对入党、进入人大、政协等进行政治参与的基本态度。相关的研究情况，我们在翟亚柳的《近年来西方学者关于中共党校体制的研究》（《北京党史》2011 年第 5 期）、李绥州的《海外研究中国党政干部制度流派述评》（《岭南学刊》2010 年第 2 期）等文章中也可以看到。

对于学者们提出的具体观点，有的还是有一定借鉴意义的。比如，印度尼西亚学者伊格内修斯·维博沃（Ignatius Wibowo），在分析了中国共产党吸收私营企业主入党问题后提出 3 点结论：一是党的确面临吸收新成员危机。党披露的统计数据表明党员人数稳定增长，但与此同时，也有关于居民中存在着对党普遍不感兴趣的情况报道；二是吸收私营企业主入党之所以不会对党产生影响，部分原因是他们占党员人数的比例很小，部分原因是入党的私营企业主不可能占据决策职位（例如党的书记）；三是由于居民中存在着对党普遍不感兴趣的情况，所以党向所有的人敞开了大门，再也没有吸收新党员所须针对的特定群体[2]。瑞典学者金山爱通过研究党的干部责任制，认为干部责任制是建立在干部任命制的基础

---

[1] 赵淑梅：《新世纪以来西方学界的中国干部制度研究》，《中共党史研究》2012 年第 5 期。

[2] ［印尼］伊格内修斯·维博沃：《吸收新党员：从危机到私营企业主》，载吕增奎主编：《执政的转型：海外学者论中国共产党的建设》，中央编译出版社 2011 年版，第 167—168 页。

之上的，并共同构成中国共产党的政治控制来源，但它同时也是一种治理方法。干部责任制是一种全面的干部管理模式，其第一个要素是对地方领导的考评，第二个要素是中国共产党选拔下级领导干部进入上级领导岗位的治理方式。干部责任制具有巨大的潜力，“干部责任制像中国共产党自身一样重要”❶。作者认为，干部责任制首先是一个分析工具，帮助我们考察中央政府赞成哪些目标、如何实现目标；其次，它是一个理解干部的行为为何会这样的工具。接下来，它有助于我们分析中国的政策执行情况和政治❷。对于党内精英和领导层的更替，国外学者也进行了广泛的描述。有学者认为，20 世纪 80 年代建立的退休机制，在 2002 年 10 月召开的十六大上达到顶点（中共中央委员会和高层领导进行了大范围的变动）。紧接着 2003 年全国人大也进行了相同的程序。这两次有关权力交接的会议共同把所谓的第四代领导集体送上前台。虽然这些官员大多仍是理工专业的“技术官员”，但其他专业背景的人数也明显多了。2002—2003 年进行的干部更替在共产主义政党 - 国家和政治体制中是史无前例的。自 1917 年布尔什维克革命后，共产党领导层的所有大规模干部更替无不经历大清洗的过程。中共中央委员会、中央政治局和常务委员会有一半以上职位换了人。政府和军队系统的领导层也同样经历了重大变动。在共产主义体制证明了它无力进行如此和平而系统的权力继承后，中国的例子值得一提❸。这些都证明后毛泽东时代中国政治生活规则和规范的稳步“制度化”，而且这种制度化正在权力交接有序化、干部晋升绩效制、官僚机构差别化、大众参与和诉求的渠道得以建立等几个方面得到实现❶。

就党的组织建设而言，总体来说，外国学者比较多地研究中国共产党的组织机构调整问题，特别是极为关注党的最高领导层的变动，多侧重从权力斗争的角度对党内领导人之间的关系及个人在党内地位的沉浮进行分析，当然，由于资料缺乏，研究中主观臆测的成分较多，而且往往容易夸大领导干部个人在党内的作用和影响，忽略了民主集中制原则对党内权力运行的规范和保障作用。这一点值

---

❶ John P. Burns, “The relevance of the Nomenklatura System to the Chinese Communist Party in a New Era”, a paper presented to the international conference on The Chinese Communist Party in a New Era: Renewal and Reform held in Singapore, pp. 7.

❷ ［瑞典］金山爱：《干部责任制与中国共产党要求的变化》，载吕增奎主编：《执政的转型：海外学者论中国共产党的建设》，中央编译出版社 2011 年版，第 187—194 页。

❸ ［美］沈大伟著，吕增奎、王新颖译：《中国共产党：收缩与调适》，中央编译出版社 2012 年版，第 54—55 页。

❹ ［美］沈大伟著，吕增奎、王新颖译：《中国共产党：收缩与调适》，中央编译出版社 2012 年版，第 55 页。

得在研究中注意。

（四）关于党的反腐倡廉建设

反腐倡廉建设是作为党的建设的一个重要组成部分在党的十七大上正式提出来的，西方学者也看到了中国共产党面临的反腐败的严峻考验，并对此进行了研究。新加坡学者郑永年的思考颇具代表性。他在《再论为什么中国的腐败得不到控制》一文中提出，为什么中国共产党花了非常大的力气治理腐败，而腐败还是有增无减呢？他提出了 3 个可供考量的角度。第一，中共的制度中没有外部制约，这一点很多人早已经认识到了。一党执政，自己制约自己，效果可想而知。外部制约因素可以有很多种，例如反对党。中国没有反对党，当然也就不会有来自政治上的反对派的制约。中国也没有自由的媒体，也没有有效的人民可以监督官员的机制。第二，没有民主就没有政权的轮换，也就没有除掉腐败细菌的机会。腐败在任何国家都会发生，民主国家也是如此。西方先进的民主国家好一些，但后进的民主国家就很糟糕，像印度和菲律宾。民主国家也会腐败，但很少有民主国家其腐败的广度和深度像中国大陆那样。其中一个主要原因是民主制下存在着政权的轮换，当政者腐败了，在野者一定会攻击。每次政权的轮换都会爆发新当政者向原当政者“反攻倒算”的现象。这种“反攻倒算”行为对遏制腐败是很有效的，它至少可以对当政者形成一种“威慑”，使得其腐败行为有所节制。第三，民主社会有两类官员：一类是行政官员，另一类是政治官员。这两类官员互相制约。在制度比较健全的国家，行政官员有自己的操守，独立行政，这在很大程度上能够制约政治官员的腐败。而政治官员反过来也可以制约行政官员。但中国没有这种条件。在现存体制下，党的干部和政府官员没有任何的区别，在党的干部和政府官员一体化的情况下，更容易形成既得利益集团，并且这种利益集团形成后，没有任何力量能够打碎它，腐败也就积重难返。他提出，没有一种制度可以免于腐败。民主和非民主都会产生腐败，所不同的是腐败的程度问题。但显然，民主制度对腐败的制约要比中国现存的制度好[1]。他的结论和我们党的认识——建立教育、预防、惩治腐败的机制具有一定的契合性，但也并非完全客观、准确，需要我们加以甄别。

（五）关于中国共产党的未来前景

国外学者对中国共产党执政和发展的未来前景非常关注，并作出各种预测，

---

[1] ［新加坡］郑永年：《再论为什么中国的腐败得不到控制》，《信报》2002 年 4 月 16 日。

虽然其中有的悲观，有的乐观，但无一例外对中国共产党取得的执政成绩表示赞赏，对未来发展持谨慎的态度。布鲁金斯学会的李成认为，中国在过去 30 年间创造了经济发展奇迹，但也面临着贫富差距持续扩大、环境恶化、老龄化、医疗和社会保障改革滞后等诸多问题，进一步推进经济社会发展面临风险和挑战。这一切都要求中国加快政治体制改革步伐。狄忠蒲认为，中共近年来为适应不断变化的经济社会环境不断提高自身执政能力，但由于基层还存在腐败、下岗、土地强征和贫富差距扩大等问题，地方官员往往承受着很大的舆论压力；工人工资和福利的提高可能给中小企业带来更大的经营压力，这些都需要妥善应对。英国皇家国际事务研究所亚洲项目主任克里·布朗认为，当前中国经济的快速发展，一定程度上带来了社会群体结构的重组，使社会冲突呈现新的形式，这为党在不同社会群体中创造新的共识带来了挑战。中共要想在不同社会群体中创造新的认同感，就必须照顾他们对表达观点和获得社会活动空间的需要，下大气力处理好同新兴社会阶层的关系。新加坡学者郑永年提出，改革开放 30 多年来，中国的发展进步很大程度上得益于其政治开放进程的加快，但中国目前政治开放程度依然不够，这在一定程度上滋生了腐败、削弱了党内民主的作用并影响到党与人民之间的联系。未来，继续努力建设一个开放型政党，不仅符合中国传统文化的开放性，也符合现代政治的开放精神❶。美国中国问题专家沈大伟认为，在过去 20 年里，中国共产党经历了一个自我反省与吸取国外教训（吸取国外其他政党和政府的教训）相结合的漫长而复杂的过程，并把这种教训转化成了一种积极的结论，包括：执政党要保持灵活性和适应性，不能教条和僵化；要发展经济，改善人民的物质生活；不要（像苏联那样）因为过度投入军工企业而导致经济畸形发展；不要奉行扩张主义和霸权主义外交政策；要通过一套正式的退休制度定期更换党和政府的各级领导人；要让执政党的构成反映出社会的构成以及社会中新出现的阶层（例如私营领域）；允许知识分子发挥创造力，为社会作贡献；保持对军队和安全部门的严密控制；等等。而更重要的是，中国共产党没有让自己局限于研究前社会主义国家，而是真正放眼于全世界的各种政治体制，学习可能对中国有用的东西。因此，中国的政治体制正在逐渐变成一种统一的混合体制，将东亚新专制主义、欧洲社会民主、拉美社团主义等要素与拥有中国传统文化特征的列宁

---

❶ 《“中国共产党的建设”国际研讨会观点摘编》，《人民日报》2011 年 7 月 4 日。

主义政治体制相结合❶。中国共产党如果通过正确调适更好地应对外部风险和挑战，那么中国共产党在可以预见的将来其执政地位仍是稳固的。

二、对国外学者关于中国共产党建设研究的评析

虽然国外学者的研究各有侧重，得出的结论各不相同，但是我们要不以物喜，不以己悲，要客观对待国外学者得出的结论，正确分析其利弊得失，把握好自己的原则。尤其是要看到国外学者的研究各有其背景，目的也不尽相同，我们决不可偏听偏信，更不可迷信盲从。

（一）值得肯定之处

第一，能够客观地看待中国共产党所采取的加强自身建设的举措。不少学者能够从客观公正的角度看待中国共产党，尤其对中国共产党的开放性表示出比较一致的看法。美国学者沈大伟在接受采访时说："中共是唯一一个向社会各群体开放的共产党，它吸引了更多的阶层，也包括私营企业主的加入。"❷ 这些开放的做法表明它能够不断地适应变化，并积极采取策略成功迎接挑战。在他看来，中共考核、培训干部，提高党员干部的素质，也是值得其他国家政党学习的方面。一些专家还注意到中共领导层新老交替的制度化、规范化、程序化的进展。新加坡学者郑永年说："中共从革命党到执政党的转型是成功的，中共实现了从个人到集体领导的领导体制的民主化。"❸ 他认为，实现一个顺畅的、可预见的领导层新老交替，这是中国共产党的独到之处。欧洲著名中国问题专家、丹麦哥本哈根商学院亚洲研究中心主任柏思德则认为，中共能够快速地作出决策、执行政策来解决问题推动社会发展，这一点在汶川大地震等事件中均有所体现❹。此外，对于中国共产党的一些具体做法国外学者也表示了赞赏。

第二，注重对中国共产党执政和发展前景的研究。对于中国共产党的发展战略研究，一直是我国党建理论研究的薄弱环节，相比之下，西方学者更注重这个

---

❶ 梁怡、王爱云：《西方学者视野中的国外中国问题研究——访华盛顿大学教授沈大伟》，《中共党史研究》2010 年第 4 期。

❷ 记者石莹、陈君、孙奕：《"更加开放，善于学习"——西方学者眼中的中国共产党》，《人民日报》2011 年 6 月 7 日。

❸ 记者石莹、陈君、孙奕：《"更加开放，善于学习"——西方学者眼中的中国共产党》，《人民日报》2011 年 6 月 7 日。

❹ 记者石莹、陈君、孙奕：《"更加开放，善于学习"——西方学者眼中的中国共产党》，《人民日报》2011 年 6 月 7 日。

问题，并敢于大胆预测，虽然截然不同的两种观点并存，但是至少启示我们要注重发展战略研究，从政党发展规律、共产党执政规律的角度研究中国共产党的未来走向，以做到未雨绸缪，避免临渴掘井。同时对于西方学者乐观主义和悲观主义的两种观点，我们也要能够分析其优点和不足，客观公正地对待，不能搞闭目塞听，报喜不报忧。

第三，不同观点之间既相互碰撞又和谐共存。西方学者普遍认为，面对各种外部和内部压力的挑战，中国共产党正处于收缩之中，但是，对于收缩的范围和程度，以及中国共产党如何、能否解决这些问题，学者之间有很大分歧，有的悲观，有的乐观。美国学者沈大伟在其《中国共产党：收缩与调适》（2008）一书中对悲观主义和乐观主义两种观点进行了分析。他认为，悲观主义的代表性人物及其观点是，哈佛大学的罗德里克·麦克法夸尔（Rodericlc Macfarquhar）明白无误地断言：中国的“政治体制是脆弱的”，“简而言之，虽然中国经济的进步确实令人印象深刻，但是其政治制度却处在系统性危机中。北京展示给高级访问者的是巨大的实力，但这是一个脆弱的制度”。加州大学圣地亚哥分校的谢淑丽（Susan L Shirk）在她最近出版的《中国：脆弱的超级大国》一书中也认为：“中国可能是一个正在出现的超级大国，但它又是一个脆弱的超级大国。导致极大危险的恰恰是其内部的脆弱性，而不是经济或军事实力。”乐观主义则与之相反，波士顿大学的政治学家傅士卓（Joseph Fewsmith）认为，在2002年的十六大上，中国共产党提出了建设“制度化、规范化和程序化的体制”的政治计划。这些是中国共产党由“革命党”转向“执政党”的特点。这些改革也是要“建立使政府满足地方社会需要的机制，而不是要威胁党的执政地位”。“不论更好还是更糟，这种结合在中期内似乎是可行的。”乔治·华盛顿大学的布鲁斯·迪克森（Bruce Dickson）认为，中国共产党正在进行某种政治改革，目的是要加强国家而非民主式的有效管理能力。中国领导人确实面临着一系列严重问题，但是这些问题大多是慢性的，而不是急性的，由于并不存在那种突然的、意想不到的爆发，对当前制度也就不会存在那种迫在眉睫的威胁。总之，中国共产党能够成功地应对并调整适应它所面对的各种挑战。柏思德也认为，中国共产党经历了重建和复兴过程的一个结果就是，党及其治理机构比后毛泽东时代的任何时候都显出更高的治理质量，在技术操作上更有能力。苏联崩溃的教训似乎已经被吸取。中国共产党领导层对苏联教训的反馈就是在草根阶层推进渐进改革，同时在更高层面上加强党的执政能力和国家制度建设，结果是创造了一种以“威权主义恢复力”为特征的权力体制。柏思德进一步强调，中国共产党是一个“有活力的政党，它有能力牢固地控制住中国当前的体制”[1]。

（二）需要商榷之处

第一，缺乏分析的新框架。目前看，国外学者在认识中国共产党时仍然缺乏新的理论分析的框架，其基本的分析理论仍然是以合法性理论为主，实际上关于合法性问题中国和西方有着不同的理解，缺乏对话的语境和桥梁，就如同对人权问题的分歧一样。当然，美国学者沈大伟提出了收缩与调适这样的概念，并以此形成了一个分析的框架，但是作者并没有对两者的具体内涵作出明确的界定，而只是看到了这样的事实，并从几个主要的方面进行了分析。而事实上，如果把调适更多地理解为改革的话，而收缩则很难得到理论界的认同。因此，缺乏更具新意和说服力的理论分析框架，使国外学者的理论分析仍缺乏足够的说服力。

第二，缺乏研究的实质性的新资料。限于国外人士的身份和语言问题，国外学者在研究中国共产党问题时不便于收集到最新最准确的资料，但是我们遗憾地看到，国外学者并没有运用他们本来最擅长的方式进行资料收集工作。应该说，国外学者最擅长的研究方式是进行大量的实地调查以收集第一手资料，而且普通党员、干部、群众在面对国外学者时也更会说出真话，说出心里话，而国内学者在进行政治问题研究时是很难采用这一方式的。但是，从目前看到的国外学者的著作和论文看，他们大都是从中国的官方文件、公开刊物上收集资料，而且掌握资料的全面性准确性应该与国内学者是不可同日而语的。缺乏鲜活的一手资料，就会让读者缺乏新鲜感，尤其是当在西方学者的研究成果中看到大量已耳熟能详的材料时更是如此。

第三，对中国共产党的未来发展存在主观臆测的成分。国外学者往往从世界政党发展的大概率事件出发看待中国共产党的发展问题，但是他们往往忽略了一个问题，中国共产党并不是一个一般性政党，她当然有着一般政党具有的特点，但是其特殊性也是显而易见的，尤其是她的历史、她的领导层、她的组织构成、她的党员素质、她的领导技巧都是非常独特的，如果忽略了这一点，得出的结论就难免会流于主观，缺乏说服力。

（三）几点启示

第一，研究中国共产党，提高党的建设科学化水平，需要从世界视野出发，

---

[1] 沈大伟，吕增奎、王新颖译：《中国共产党：收缩与调适》，中央编译出版社 2012 年版，第 38—40 页。

既要研究世界政党的发展规律，研究对这种规律的认识，也要研究国外理论界对中国共产党的关注动机、研究效果，只有这样才能使研究的眼光变得更加全面、科学。

第二，关注对中国共产党发展战略的研究，这是应对未来风险挑战的重要环节。总结自身建设的历史经验是必要的，但是更要善于从过去中把握现在，从现在中展望未来。这样才能明确方向，并做好各种准备。

第三，注意吸收国外学者研究中的有益之处，以提高自身研究的水平。国外学者在研究中其对重点问题的把握，研究方法的运用，研究结论的提炼大都有其独到之处，相对于我们目前党建研究中诠释性研究仍处于主流的情况来说，其借鉴意义是非常明显的，可以使我们的研究更加务实和有针对性。

第四，加强与国外学者的交流，建立具有通用性的话语体系。目前国内外学者研究的范式、习惯、话语体系仍有很大不同，导致研究中不能很好地理解和沟通，有时产生误读，为此需要加强双方交流合作，尤其要从建立具有通用性的话语体系入手共享资源和成果，提高研究的水平。

本文系中组部2012年委托课题“国外对党的建设与组织原则的研究述评”的研究报告。

作者简介：韩强，男，北京联合大学海外中国学研究中心主任、教授，人文社科部主任。

国内开展海外中国共产党研究的现状与意义

——兼评《海外中国学研究》

王 峰（北京联合大学人文社科部，北京 100101）

［**摘要**］海外中国共产党研究是海外中国学研究的一个重要方面，加强海外中国共产党研究，有助于以开阔的研究视野，多维的研究视角，对称的话语系统，为解决国内改革发展中的理论和现实问题提供借鉴，在中外文化交流中提升中华文化的话语权和影响力，在国际竞争中进一步塑造中国共产党良好的国际形象，为中国特色社会主义发展营造良好的国际环境。

［**关键词**］海外中国共产党研究；海外中国学；《海外中国学研究》

海外中国共产党研究是海外中国学研究的一个重要方面，致力于挖掘研究的现实价值，关注于海外中共党史和党建两大领域。加强海外中国共产党研究，有助于以开阔的研究视野，多维的研究视角，对称的话语系统，为解决国内改革发展中的理论和现实问题提供借鉴，在中外文化交流中提升中华文化的话语权和影响力，在国际竞争中进一步塑造中国共产党良好的国际形象，为中国特色社会主义发展营造良好的国际环境。

一、国内开展海外中国共产党研究的现状

国内学者开展海外中国共产党研究的追踪、评析和资政工作由来已久，早在革命战争年代，相关人员便开始收集海外有关中国共产党研究的信息和资料，特别是共产国际驻华代表所写的关于中国共产党历史的著述❶。新中国成立后，尤其是改革开放以来，海外中国共产党研究日益受到重视，逐渐成为“西方了解中国的一个窗口，也成为我们了解西方中国问题研究最核心的内容”❷。

---

❶ 梁怡、李向前：《国外中共党史研究述评》，中共党史出版社 2005 年版，第 8 页。

❷ 韩强：《海外中共党建研究的几个问题》，《理论学刊》2013 年第 8 期。

（一）主要研究机构

中共中央党史研究室是国内较早成立专门机构开展海外中共党史研究的部门，内设编译处，翻译、出版海外中共党史研究的有关著作，追踪和评析海外对中共党史研究情况；1990 年，中共中央党史研究室创办了《国外中共党史研究动态》期刊，开辟专栏将海外相关研究情况及时介绍给国内学者，研究人员有马贵凡、张惠才、李向前等。

中国社会科学院是国内最早开展海外中国学研究的机构。早在 1975 年，中国社科院便组建了“国外中国学研究室”，1977 年和 1978 分别推出了《国外中国研究》和《外国研究中国》丛书，开启了国外中国学研究各类丛书的先河[1]。2004 年 2 月，中国社科院成立了“国外中国学研究中心”，报道国外有关中国问题的研究进展，也兼或推介和出版国外研究中国的学术成果，其中包括一些国外中国共产党研究的成果，研究人员有何培忠、刘霓等。

华东师范大学海外中国学研究中心是国内较早专门对海外中国问题进行综合研究的科研机构之一，成立于 1996 年 3 月。该中心的显著特点是将“海外中国学史研究”作为历史学科“史学理论与史学史”研究的分支方向开展学术研究，并在此基础上开展硕士研究生和博士研究生的培养工作，研究人员有朱政惠、萧延中、王东、姜进等。

中央编译局是专业从事马克思主义思想研究、政党研究、政府创新、中央文献翻译、研究、编辑出版的研究机构。2009 年 9 月，中央编译局专门成立了海外理论信息研究中心，跟踪、收集、整理、分析和研究海外专家学者在重大理论问题上特别是在中国问题研究上的理论思考和观点，研究成果供有关部门和理论界参考，为中央决策服务，研究人员有魏海生、赖海榕、吕增奎等。

除此之外，国内还有中国国家图书馆“海外中国问题研究资料中心”、北京外国语大学“中国海外汉学研究中心”、北京联合大学“海外中国学研究中心”等研究机构在进行着海外中国问题的研究。从这些研究机构的名称及相关研究成果来看，当前国内学术界对海外中国问题的研究各有侧重，基本上涵盖了海外对我国政治、经济、社会、文化、文学、历史、哲学、外交等相关方面的研究，除北京联合大学“海外中国学研究中心”外，还鲜有将海外中国共产党研究作为一个专题和方向进行专门研究。

（二）主要研究成果

从 20 世纪 80 年代至今，国内的中共党史党建领域的学者密切关注海外中国

[1] 何培忠：《国外中国学研究的发展与意义》，《中国社会科学院院报》2008 年 6 月 30 日。

共产党研究动态，及时对相关研究成果进行翻译、研究和评析，积极承担了国家级、省部级的研究项目，发表和出版了一批研究海外中共党史党建研究领域的论著，取得了开创性的研究成果。

首先，大量海外中共党史党建的著作被译介到国内。翻译海外中共党史党建研究的相关文章和著作是追踪海外研究动态，开展海外中国共产党研究评析的基础性工作，具有奠基性的作用。这方面的研究成果主要有：费正清和崔瑞德主编的《剑桥中国史》（1992）、刘东主编的“海外中国研究丛书”、石仲泉和萧延中主编的“国外毛泽东研究译丛”（2013），李君如主编的《毛泽东研究在海外》以及有关中共领导人传记的著作，如［美］斯图尔特·施拉姆的《毛泽东传》（1993）、［美］傅高义的《邓小平时代》（2013）、［美］罗伯特·劳伦斯·库恩的《他改变了中国：江泽民传》（2005）等。

其次，中国学者对海外中共党史党建研究成果进行评析。由于海外学者所持的立场动机、言论观点、理论方法以及资料占有等方面的原因，他们对中共党史党建研究的成果难免存在不足和缺陷，所以对海外中共党史党建研究成果进行追踪和评析，不仅是中国学者主动参与学术对话，发出中国声音的主要方式，也是国内学者开展海外中国共产党研究的根本目的和诉求。这方面的研究成果主要有：李君如、钱宏鸣、张彩云的《毛泽东研究在海外》（1993），李君如、张勇伟的《海外学者论“中国道路”与毛泽东》（1993），侯且岸的《毛泽东研究史论》（1995）、《当代美国的“显学”——美国现代中国学研究》（1995），萧延中主编的《外国学者评毛泽东》（1998年版4卷本），张注洪、王晓秋主编的《国外中国近现代史研究述评》（1999），金春明主编的《评〈剑桥中华人民共和国史〉》（2001），梁怡、李向前主编的《国外中共党史研究述评》（2005），朱政惠的《史华慈学谱》（2006），何培忠的《当代国外中国学研究》（2006），尚庆飞的《国外毛泽东学研究》（2008），成龙的《海外马克思主义中国化理论研究》（2009）、《海外邓小平研究新论》（2004），韦磊的《美国的近代中国研究》（2010），路克利的《哈佛大学的中国共产党研究》（2012），梁怡的《国外马克思主义中国化评析》（2014），以及大量的学术论文。

最后，相关的课题立项日渐增多。课题立项不仅是学者个人行为的表现，而且是国家行为的集中体现，标示着国家对海外中国共产党研究的日益重视。相关研究课题主要有北京大学张注洪主持的国家“七五”项目“国外研究中国革命史的历史考察”，梁怡主持的国家“九五”课题“国外中共党史研究述评”、2011年第三批国家社科后期资助项目“国外马克思主义中国化研究评析”，中共广东省委党校成龙主持的国家“十五”课题“海外关于马克思主义中国化研究”，南京大学尚庆飞主持国家的“十一五”课题“当代中国马克思主义的实践特色、民族特色和时代特色研究”，韦磊主持的2011年度国家社科基金青年项目“21世纪以来美国的中共党史研究评析”，曹景文主持的2011年度国家社科基金项目“国外中国发展道路和发展模式研究综述”，以及梁怡主持的北京市“十一五”重点课题“国外马克思主义中国化研究评析”，马启民主持的教育部项目“国外邓小平理论研究评析”，尚庆飞主持的两个教育部项目“国外毛泽东学研究”、“国外毛泽东研究的方法论批评”，周文华主持的教育部青年项目《美国的中国特色社会主义理论体系研究述评》，路克利主持的教育部青年项目《海外中国特色社会主义研究》等。

从上述研究成果来看，中共领导、中共的理论政策、中共党史及中共党建的热点，是海外学者最为关注的问题。经过30多年的发展，海外中国共产党研究已取得长足的发展，不仅形成了具有显著特色的研究机构、研究团队、研究成果，而且研究内容也开始出现从最初的资料搜集整理向专题研究转化，从评述性研究向资政方面转化，从注重国外研究向国内外研究转化的趋势。这些表明，加强海外中国共产党研究已经形成共识，已经成为西方解读中国的钥匙，也将对中国共产党的自身建设产生有利的影响。

二、国内开展海外中国共产党研究的意义

中国共产党是世界上最大的执政党，是在世界上人口最多的社会主义大国治国理政的政党。研究中国共产党的革命、建设和改革等一系列历史和现实问题，不仅是国内学者研究的重点问题，而且也受到海外学者的普遍关注。因此，开展海外中国共产党研究，对深化国内研究，回应国际关注，加强文化交流，澄清谬误，具有重要意义。

（一）学习借鉴海外学者研究成果的一种方式

“他山之石，可以攻玉。”我们追踪和评析海外中国共产党研究的一个主要目的是为了学习借鉴西方学者的有益成果，拓展和深化国内学者在本领域的研究空间。如美国学者傅高义的《邓小平时代》（生活·读书·新知三联书店2013年版）是海外学者研究中国领导人的又一力作，不仅受到新华社、《光明日报》、《人民日报》等国内主流媒体大力推介，而且受到国内读者的极大关注，出版当月即销售50万册，次月又加印30万册。该书之所以在国内引起巨大轰动，一方面在于越来越多的中国人希望通过更多途径了解这个国家正在发生的现实，并准

确解读其背后的意义，另一方面在于该书对邓小平个人性格及执政风格进行了深层分析，并对中国改革开放史进行了完整而独到的阐释❶。从研究中共党史和中国当代问题的角度来看，该书对国内学者也具有重要的学习和借鉴意义。首先，在研究方法方面，与其他学科相比较，目前国内的中共党史党建研究，仍然面临着建构理论框架和分析工具的艰巨任务，突出地表现为“话语系统”不对称，制约着国内学者的研究成果在国际上交流推广。就该书而言，除收集整理公开出版的相关文献档案外，作者更多地采用了口述史学的研究方法，不仅多次到中国采访一些党史专家、高干子女，以及曾在邓小平手下工作过的干部，而且还走访了邓小平曾经生活过和工作的地方，如太行山区、四川广安、江西瑞金、重庆与成都等地，以多种形式获取丰富的信息，奠定写作的史料基础❷。其次，在研究角度方面，该书虽为传记，但更多的是集中反映了一段历史，而不是着重写邓小平一个人，不是一般意义上的传记。再次，在研究观点方面，国内学术界认为中国改革开放的转折点是以十一届三中全会的召开为标志的，该书以谷牧代表团出访、国务院务虚会的召开和十一届三中全会的召开作为起点。这种观点虽存在争议，但为我们提供了一个全新的视角。最后，在可读性方面，该书虽为学术著作，但其基本全部使用描述性语言，通俗易懂，具有很强的可读性，适合不同文化层次的人员阅读。这也是其畅销的主要原因之一。当然，由于中外研究的立足点不同，分析问题的方法和理论也不尽相同，其存在问题和错误也在所难免❸。

（二）了解当代中国共产党外部形象的重要途径

一个国家和政党的外部形象与自我认知的形象之间总会有差距，不了解这种差距就不能积极主动地改善自己的外部形象。“我们开展海外中国共产党研究，一个重要的目的是为我们深入认知当今全球化体系下中国的自身问题提供一个多向度的观察视角和广阔开放的参照系。”❹ 在冷战时期，出于意识形态偏见和潜意识中的排斥，西方社会一直把共产党视为僵化、保守的代名词，对包括中国共产党在内的各国共产党进行攻击和诋毁。正如英国主流媒体认为的，在1978年以前，国际社会常常视中国共产党为强调“阶级斗争”重于国计民生的革命党，把中国共产党的政治哲学理解为“意识形态挂帅”。1978年以后，中国在共产党

---

❶ 沈山：《〈邓小平时代〉：一本书和它所投射的现实》，《华夏时报》2013年5月20日。

❷ 张健：《“告诉西方，一个真实的小平”——专访〈邓小平时代〉作者傅高义》，《人民日报》2013年1月22日。

❸ 曲青山：《〈邓小平时代〉若干史实及文字考订》，《中共党史研究》2014年第1期。

❹ 魏海生：《海外中国学研究的对象、方式和向度》，《北京联合大学学报》（人文社会科学版）2013年第4期。

领导下开始实行改革开放，并取得举世瞩目的成绩，极大改变了中国共产党的国际形象。法国《世界报》2008 年 5 月 29 日以“中国新的社会契约”为题对中国共产党进行评价，认为：“我们今天再也不能把中共政府描绘成另一个时代信条中过时的、已废弃的、教条主义的、僵化的老人政府。”❶ 英国学者马丁·雅克认为：“当苏共日益变得麻木而僵化时，中国共产党却表现出极大的创造力和灵活性，完成了从革命组织向执政党的转变。”著名学者约瑟夫·奈指出，改革开放 30 多年来，“中国共产党带领数以亿计的中国人摆脱贫困，在经济管理上取得了巨大成功，这是中国共产党软实力的重要来源。中国共产党的软实力是这个政党本身的吸引力和凝聚力，是吸引党员和群众自愿跟随的能力”❷。这些来自海外学者看法，有助于我们跳出视域的局限，以一种更为广阔的视野观察自己，易于得出更加全面的分析和判断。

（三）巩固中共主流意识形态地位的客观需要

当前，我国的主流意识形态面临着来自国内外的诸多挑战，其中国外对我国的意识形态渗透是一个主要方面。由于海外学者在研究方法、观点和理论方面的不同，他们的研究成果不可避免地表现出现西方的价值观念和学术传统，在他们的研究成果中存在着史实错误、偏见和曲解的问题，甚至出现污蔑和诋毁中共党的历史及领袖的现象。在互联网技术高度发达的今天，国外的这些研究成果很容易被传播到国内，极易模糊国内民众辨别是非的标准，导致思想混乱，威胁主流意识形态地位。2013 年 8 月 19 日，习近平在全国宣传思想工作会议上强调指出：“在事关大是大非和政治原则问题上，必须增强主动性、掌握主动权、打好主动仗，帮助干部群众划清是非界限、澄清模糊认识。”❸ 加强海外中国共产党研究，就是对于国外的文献资料和研究专著进行分析和利用，对那些明显错误甚至荒谬的东西，中国主动亮出我们的立场和观点，纠正那些错误和片面的观点和言论。例如，对李志绥及其《毛泽东私人医生回忆录》（美国兰登书屋 1994 年版）、高文谦及其《晚年周恩来》（美国明镜出版社 2003 年版），国内学者李慎明、李捷及毛泽东身边人员汪东兴等纷纷撰文，给予批驳，对帮助群众划清是非界限、澄清模糊认识，发挥了重要作用。

---

❶ 陈凤翔：《中国共产党的国际新形象》，《瞭望新闻周刊》2008 年 11 月 13 日。

❷ 周余云：《中国共产党的国际形象》，《求是》2014 年第 13 期。

❸ 习近平：《意识形态工作是党的一项极端重要的工作》，http://news.xinhuanet.com/politics/2013-08/20/c_117021464.htm。

（四）实施中华文化“走出去”战略的重要举措

实施中华文化“走出去”战略，是贯彻落实党的十七届七中全会提出的实施中华文化大发展大繁荣战略的重要举措。2011 年 11 月，教育部印发《高等学校哲学社会科学“走出去”计划》等文件，明确强调要“推动海外中国学研究”。2014 年 1 月，习近平在中共中央政治局第十二次集体学习时再次强调指出，提高国家文化软实力，拓展对外传播平台和载体，把当代中国价值观念贯穿于国际交流和传播的方方面面。就中共党史党建研究而言，根据海外中国共产党研究的热点及选题角度和思维方式，国内学者主动参与，提供中国视角，传递中国声音，这是实施中华文化“走出去”战略的一个重要举措。例如，针对海外十分关注的中国政治体制的运行情况，即党、政府、人大、政协之间的相互关系，重大的决策是怎么制定和实施等问题，我们便可以利用中国共产党召开重大会议之际，选择对外有针对性和新闻性的内容第一时间向海外传播出去，给海外媒体和读者提供一个全面准确了解中国的途径和框架，帮助他们准确把握党的会议精神。在党的十八大召开之际，新华社把握住时机，以英文形式第一时间陆续发布了对外专稿《中共中央领导集体实现新老交替》《中共将科学发展观作为党的指导思想写入党章》《中共换届调整新特点》《权力平稳交接：中共更加成熟的一个标志》等专稿和《中共首次将“纯洁性建设”列入党建主线应对新挑战》《“环境群体事件”警示中共建设生态文明须保障公众决策参与权》《中共决定实行党代会代表提案制，党内民主迈向新高度》等解读性文稿，全方位地向海外介绍了十八大的相关议程、会议成果和重要意义，包括 BBC、CNN、路透社、共同社等国际主流媒体纷纷转载❶。这种以海外学者熟悉的话语体系和思考方式，将他们关心的热点和焦点问题以重大节日为契机传播出去的形式，有助于提高当代中国价值观念在海外的传播效果，对海外学者正确认识和解读中共产党发挥了重要的推介作用。

三、《海外中国学研究》评介

2012 年 9 月，北京联合大学隆重召开了海外中国学的研讨大会，并成立了北京联合大学海外中国学研究中心。会后，该中心主任韩强教授和首席专家梁怡教授将与会专家提交的论文进行编辑整理，形成了《海外中国学研究》一书。该

❶ 孟娜：《向海外“解码”中共十八大》，《对外传播》2013 年第 1 期。

书涵盖了国内学者在海外中国学领域的最新观点和成果。

（一）强调了开展海外中国学研究的重要价值与意义

该书认为，不管是从学术意义，还是从理论与现实来看，开展海外中国学对我们参考世界经验，实现自身发展，都具有十分重要的意义。例如，国内学者关于中共党史和当代中国史研究成果之所以在国际学术界难以被普遍接受，一个主要原因是国外学者对中共党史和当代中国史的研究范式不理解，话语体系不对称。所以，只有从转化话语体系，与世界接轨，才能推动中华文化走向世界。另外，由于中外视角不同，分析方法不同，关注焦点不同，国外学者提出的问题可能是我们所忽视的，他们的研究成果对我们正确认识中国问题的具有重要参考价值。

（二）阐释了海外中国学的学科定位与研究方法

该书认为，学术界对海外中国学是否是一门严格意义的学科存在着分歧，有学者认为海外中国学已经成为自立于世界学术之林的标志性学科类别之一，但另一部分学者则强调海外中国学其实是一个学科领域，这个学科领域包括了若干各式各样的学科和专业。在研究方法上，该书认为，首先要认清对方研究的动机，只有充分认识到海外学者研究的动机，我们才能够与之进行对话，做出回应，也才能将之研究成果拿来借鉴；其次，要坚持求同存异。如果抱着非友即敌的态度，则无法与之进行学术交流。但是友善并不等于无原则，放弃警惕；最后，要熟练地掌握外语。海外中国学研究主要是收集整理海外材料，研究分析海外研究成果，没有熟练的外语作为工具，是无法进行研究的。

（三）突出海外中共党史党建的追踪与评析

海外中国学是一个较为宽泛的学科领域，包含了海外学者对中国问题研究的各个方面。本书最大的特色是将海外中共党史党建作为研究重心，重点收集和追踪海外学者在本领域的研究成果。中国学者对这些问题进行追踪研究和评析，做出中国学者的回应，便于在学术对话中加深对自身的认识，推动中华文化走出去。

本文系国家社科基金重点项目“保持党的纯洁性研究”（项目编号：12AZD024）的阶段性成果。

作者简介：王峰，男，北京联合大学人文社科部教师。

海外马克思主义中国化研究

高度重视国外马克思主义中国化研究成果的评析工作

梁 怡（北京联合大学海外中国学研究中心，北京 100101）

[**摘要**]《国外马克思主义中国化研究评析》一书是国家社科基金后期资助项目的研究成果，比较系统地梳理和分析了国外对毛泽东思想和中国特色社会主义理论体系的研究情况，初步搭建了国外马克思主义中国化研究成果的分析框架，对国内相关研究有一定参考和借鉴作用。

[**关键词**] 国外马克思主义中国化研究；成果评析

一、关注国外研究马克思主义中国化的前沿动态

中国共产党成立 90 多年来，在推进马克思主义中国化、时代化和大众化方面取得了重要的进展，关于马克思主义中国化的 4 个重要组成部分——毛泽东思想、邓小平理论、“三个代表”重要思想、科学发展观的研究，成果相当丰富。在国外，也有大量的研究成果，只是他们没有中国这样专门的学科设置、研究机构、研究框架和刊物。受制于诸多因素影响，国内对外部的了解还很有限，也在一定程度上阻碍了我们的研究视野。因此，追踪和梳理国外的前沿动态，搭建国外马克思主义中国化研究的分析框架意义重大。这项工作有助于正面彰显中国特色社会主义的道路自信、理论自信、制度自信，增强国内马克思主义中国化研究的科学性，也是中国学术界的政治责任。

从各种材料看，国外对马克思主义中国化的研究起于 20 世纪 30 年代，已有美国、苏联－俄罗斯、日本等 20 多个国家和地区开展了比较正规意义的研究。尤其以美国、苏联－俄罗斯、日本的成果最突出。出版了大量的论著，以及党的领袖著作、党的文献和工具书，其中有些对我国的研究可起到佐证文献、借鉴思

路的作用。在数年连续关注国外研究马克思主义中国化的前沿动态的基础上，我们有以下两点看法。

（一）对马克思主义中国化研究的侧重点有所不同

国外解读马克思主义中国化的进展与中国共产党的发展历程亦步亦趋。不同时代背景下人们站在不同的立场解析马克思主义中国化两大理论成果，论及各时期党的路线方针政策，涉及几代中共领导人在政治、经济、军事、外交等多领域的理论和成就。既呈现出研究的复杂性和多样性，也反映着域外人对中共的政治理念、价值取向、社会贡献的认知度。

在国外的研究中，对毛泽东的研究，时间最长，成果最丰富，研究领域最宽泛，研究的理论性最强，形成了若干学派和范式。对毛泽东个人，兼有肯定和否定的态度；对毛泽东思想，以研究其思想理论、政策为主的学术研究，态度严谨，评价较高。对中国特色社会主义理论体系的研究中，邓小平理论的研究，经历了先带有偏见后逐渐客观的过程，且仍在争议和不断调整深化，以 20 世纪 80—90 年代为最高峰，较多从政治、经济和个人历史作用角度的分析其对当代中国和世界的影响。对“三个代表”重要思想和科学发展观的研究，以新闻报道、时评、研究论文等载体形式的成果为多，侧重从巩固执政党地位和当代中国社会发展的角度作分析。

进入 21 世纪，各国的研究大多突破了以往习惯将中共的思想理论与领袖个人紧密联系、重视“权力斗争论”的研究范式，能够结合时代变化和中国国内现实需要，分析执政理念的积极历史作用，得出中共理论创新是应对复杂社会变化的明智之举等正面结论。这是国外对中共的指导思想研究方面取得的进步之处。但总体看，对中国特色社会主义理论体系作理论性分析尚不够深入。

（二）对中国现实问题的评说大幅度增加

外国人研究中共的指导思想，以服务现实需要和制定对华政策为目的，以本国的国家利益、意识形态、国际战略、地缘政治为出发点。研究中，问题最突出的是割裂或对立中国特色社会主义道路前后两个历史时期；最具争议的是关于中国道路的“姓氏”问题；最热议的是关于发展“模式”问题。还有与制度相关的理论、体制架构以及一些专题研究。中国特色社会主义是一项全新的事业，对国际社会探索不同国情的发展道路，有一定的启示作用。由此，对两大理论体系的科学性和合理性，外国人还在逐渐的认知中。包括对中国特色社会主义理论体系的实践效果作分析，也是近年来华调研、收集资料的学者增加的原因之一。俄罗斯、德国等国学者，在总结苏联解体、东欧剧变教训、借鉴中国经验时注意从指导思想、发展方式、政权稳定、远期和近期目标等多方面做了大量的“反思”性研究，对中国特色社会主义理论体系及其指导下的发展成就给予了高度肯定和赞扬。

二、了解新世纪初国外马克思主义中国化的研究趋势和局限

（一）研究群体的成分趋向多元

21 世纪国外的研究，越来越普遍地突破传统意义上学界的研究范围和以往学术性、理论性为主的研究路数，关注中国的群体中陆续加入了政界、商界、网络传媒等非研究类成分，这种情况越来越普遍；研究队伍本身也正在更新换代；改革开放后出国留学华人的学术成就及其影响正逐渐获得认可。

（二）研究国别仍在增加

亚、美、欧、大洋、非洲等都有国家陆续参与。但美、俄、日的领先研究优势不会有太大变化。

（三）对中国共产党研究的比重在提升

在海外中国学领域，对党的两大理论成果的研究正在有不同程度的推进或修正。对当代中国“党”、“国”不分的混合性研究比较普遍，侧重于党史和党建两个领域。马克思主义民族化（本土化）和时代化的研究内容将会在增加中深化；呈现出理论性研究与实践效果分析并行开展的研究趋势。

（四）国外研究中存在一定的局限性

第一，他国“局外人”虽有“旁观者清”的优势，但也存在跨文化和意识形态、研究范式的差异，资料来源比较有限，资料翻译有欠准确，导致了一些观点偏颇、歪曲和不实的问题。

第二，学科背景不同带来了研究领域比较宽阔的优势，但也一定程度上存在学科研究的片面性问题，影响了研究的深刻性、整体性。

第三，受国际国内政治环境、政府和基金会对研究资助经费投放重点比例的变化、档案解密程度等多种因素影响，存在着一定程度上割断了研究的连贯性和系统性的情况。

综上所述，搭建国外马克思主义中国化研究的系统分析框架势在必行。通过它推介国外相关研究中有价值的观点，批驳其中的谬误，可以起到以正视听、增加民众对党和国家大政方针的正确理解和认同的作用，有助于把掌握马克思主义中国化研究的国际话语权落在实处。

三、国外马克思主义中国化研究应重视的几个问题

中外对马克思主义中国化的研究，意识形态分歧明显，学术观点异同相间。我们的评析工作也尚存不足。如，受研究框架和思维习惯的限制，不善于从对象国的研究实际出发；从马克思主义发展史和国际共产主义运动史的角度进行深层分析和理论层面挖掘明显不够；关注和研究的国别、语种不全；跨学科、跨国界的合作交流有限等。鉴于此，提出如下建议。

第一，对外正面阐述中国特色社会主义体系的理论观点。应重点加强关于中国特色社会主义理论体系与马克思主义哲学基础关系方面的理论阐述，推动马克思主义发展史、国际共产主义运动史研究的深入。

第二，加大外文版优秀著作和学术观点的出版和宣传。包括外文版领袖传记、著名国内专家的优秀学术成果、新解密的档案文献等。

第三，注意区分研究对象的态度。国外研究中国特色社会主义所持的基本态度是：敬佩中国道路的成功；疑惑当代资本主义私有制经济体系未能提供如此鲜活又富有生命力的发展成果；反思中国特色的发展道路对西方经济和民主模式的冲击；敌视，甚至害怕中国在中华民族伟大复兴的道路上持续快速发展。

在国外，不同层面的人看中国，得出的研究结论、产生的效果是不同的。我们既要重视极少数的精英群体的观点和影响，也应注意以通俗易懂的方式直接向一般域外关心中国的民众做直接的宣传。做到将各国研究中的主流代表性观点和一般民众的看法相区分，将理论研究和闲谈议论、炒作相区分，将意识形态宣传和一般性新闻报道相区分。

我们开展国外马克思主义中国化研究，是改革开放事业深入进行的需要，是我国哲学社会科学界提升理论研究科学性的需要。中国走上毛泽东领导的社会主义道路存在一定的历史必然性；当代中国走上邓小平开创的中国特色社会主义道路的历史必然性又是什么？国内外都在思考的问题。这条路才只走了 36 年，短暂、变化激烈、丰富多彩，也给其他国家探索自己的发展道路以启迪。从现在到 21 世纪中叶实现中华民族伟大复兴的战略目标还有 35 年。从世界范围看，这仍

将是社会主义与资本主义共存的35年；在中国，将是独立建设中国特色社会主义的35年，是用实践继续破解社会主义与市场经济相结合的可能性和合理性难题的重要的35年，是用实际成效继续丰富、完善、总结、创新中国特色社会主义理论体系、检验其正确性的35年。国外马克思主义中国化研究需加强基础理论研究，为哲学社会科学的发展创造新的理论形态，完善今日中国治国理政新思路。

作者简介：梁怡，女，北京联合大学海外中国学研究中心教授。

国外"中国模式"的比较研究述评

马小芳、王 芳（北京联合大学海外中国学研究中心，北京 100101）

［**摘要**］自 2004 年 5 月美国高盛公司高级顾问乔舒亚·库珀·雷默发表题为《北京共识》的研究报告以来，"中国模式"受到世界的广泛关注和热烈讨论，涌现出大量的研究论文、报告和著作。其中，对"中国模式"与俄罗斯、印度、越南等国发展模式的比较研究是研究的重要内容之一。这些研究，既深刻分析了彼此的相似性，也分析了差异性及其根源，还预测了"中国模式"未来的发展前景。

［**关键词**］"中国模式"；海外中国学；比较研究

自 2004 年 5 月美国高盛公司高级顾问乔舒亚·库珀·雷默发表题为《北京共识》的研究报告以来，"中国模式"[1] 受到世界的广泛关注和热烈讨论，涌现出大量的研究论文、报告和著作。其中，对"中国模式"与俄罗斯、印度、越南等国发展模式的比较研究是研究的重要内容之一。这些研究，既深刻分析了彼此的相似性，也分析了差异性及其根源，还预测了"中国模式"未来的发展前景。其中，不少分析是客观、深刻、独特的。因此，关注并剖析国外学者对中、外发展模式的比较研究，既有助于我们拓宽理论视野，也对我们客观、正确地认识"中国模式"的优势和不足，完善这一模式，继续沿着中国特色社会主义道路开拓前进具有积极意义。

---

[1] "中国模式"这个概念是近年来国外对于中国改革开放 30 年来形成的发展模式和发展经验的概括和总结。我国政府及其主流观点对于这个概念并不认同，而是称之为"中国道路"。由于本文探讨的是国外对中国改革开放 30 年来经济转型和发展模式、发展经验的比较研究，因此这里姑且用"中国模式"一词。

一、关于中俄发展模式的比较

国外学者对中国与俄罗斯这两个大国的转型和发展模式非常关注，尤其是俄罗斯、美国等国的学者，对它们进行了多角度、多方面、深入的比较研究。

（一）中俄两国转型和发展模式的相同点

1. 中俄两国转型的原因相同

俄罗斯经济学教授弗拉基米尔·波波夫对中俄两国转型的原因进行了深刻揭示。他指出，中央计划经济无力保证替代固定资本损耗的足够资本注入量。在大规模投资推动下 30 年的高速增长之后，计划经济必定要经历一个增长放缓阶段❶。于是，国家应该进行适时的经济转型。

2. 中俄两国转型和发展模式在某些价值观和机制上相同

美国卫斯理大学政府系教授彼得·拉特兰（Peter Rutland）通过比较俄罗斯和中国在过去 20 年经济体制的演变过程提出，两国转型和发展模式有一些共同点，一是两国都没有完全采纳“华盛顿共识”的价值观和机制——认为最好的经济政策就是实行贸易自由化、货币自由浮动、解除政府管制和国有企业私有化。二是两国没有为全球化能够促进民主这一“华盛顿假设”提供证据。两国的发展模式是把市场力量与全球一体化结合在一起，反对新自由主义经济和自由民主，重新强调民族主义和主权。拉特兰还总结了 2008 年以来两国出现的共同特征，即两国在向一种新的发展模式——“受管制的市场模式”趋同。他认为这种模式的最大特点是市场多元化元素被嵌入到后共产主义的威权主义制度和实践中。他还概括了这一模式的六大要素并预测这种新的发展模式会为国际经济新秩序的发展作出贡献❷。

（二）中俄两国转型和发展模式的不同点

1. 中俄两国转型条件和特点的不同

彼得·拉特兰认为，虽然中俄两国转型有一些共同点，但其差异也很大，相似的地方很少。主要体现在以下 4 个方面。

---

❶ ［俄罗斯］弗拉基米尔·波波夫：《广阔视野下中国与俄罗斯的转型比较》，转引自王新颖主编《奇迹的建构：海外学者论中国模式》，中央编译出版社 2011 年版，第 235 页。

❷ ［美］彼得·拉特兰：《后社会主义国家与新发展模式的变化：俄罗斯与中国的比较》，转引自王新颖主编：《奇迹的建构：海外学者论中国模式》，中央编译出版社 2011 年版，第 240、253、257 页。

首先，两国转型的初始条件不同。其一，经济条件不同。俄罗斯当时已是一个成熟的工业国和军事强国。而中国则是一个农业国，工业基础和科技能力都很薄弱。但中国有大量的廉价劳动力可供使用，而俄罗斯面临着人口数量下降和长期劳动力短缺的问题；俄罗斯资源丰富，中国则相对匮乏。其二，政治条件不同。在经历了“文革”对党的组织协调能力、执政能力和合法性的严重破坏之后，中共进行了自身的重建。苏联在勃列日涅夫时代度过了20年的稳定时期，但却造成腐败加剧、官僚体制僵化、经济停滞以及一系列外交政策冒险行为。其三，民族问题不同。中国的民族具有同质性，而苏联的民族差异性却很大。应该说，民族的同质性使得中国更容易引进民主制度。

其次，两国转型的路径不同，即发展战略不同。一是转型政治。拉特兰指出，俄罗斯和中国转型区别的关键不是改革的先后顺序和速度，而是需要保持政治权力和国家能力。经济改革优先政策使得中国政府保持了对改革进程加以控制、对产生的错误和不平衡加以修正的政治能力。与此不同的是，戈尔巴乔夫的改革破坏了共产党组织的凝聚力，直接侵蚀了它的意识形态合法性。他的改革毁灭了党和国家。二是转型经济。俄罗斯政府实行的是自上而下的激进改革，而中国的改革则是始于中间——中央鼓励并允许基层创新。最关键的是，中国共产党维持了执政能力，监督改革的实施，并根据需要对改革措施进行调整。当中国人商量如何“制订计划”时，俄罗斯人已经有效地“推翻了计划”。

最后，两国的外部整合不同。比如，中国经济的复兴是由沿海地区众多的生产装配工厂带动的，而俄罗斯既没有劳动力储备，也没有靠近全球海运航线的港口；既没有创新精神，也没有接受这种出口制造业带动经济增长的政治愿望。又如，中国对资本流入控制严密，于是，几乎毫发无损地度过了1997年的亚洲金融危机。而俄罗斯的改革者很大程度听从了西方的建议，追求外部自由化，导致了1998年的金融崩盘[1]。

同样的问题，俄罗斯学者的看法则不同。弗拉基米尔·亚库宁等在题为《“转型经济”的两种模式》的文章中，从5个方面比较了中国改革模式与俄罗斯和东欧国家的不同：第一，关于改革模式的本质特点，中国是“谨慎、渐进、坚韧”，而俄罗斯和东欧国家则相反。第二，关于经济政策理论，与东欧熟悉货币主义的改革家们不同，中国的改革思想家反对经济政策理论的多样性，中共总

---

❶ ［美］彼得·拉特兰：《后社会主义国家与新发展模式的变化：俄罗斯与中国的比较》，转引自王新颖主编：《奇迹的建构：海外学者论中国模式》，中央编译出版社2011年版，第242—251页。

是强调社会主义建设的中国特色，实质上是强调历史文明与经济制度的适应性。第三，关于经济改革与政治转型的关系，与俄罗斯和东欧国家不同，中国的经济改革没有伴随着政治转型。第四，关于政府与市场的关系，中国直到今天仍在以五年规划的方式制定经济政策，而在东欧则是“市场原教旨主义”占了上风。第五，关于改革到底是目的还是手段的问题，中俄两国根本不同。中国政府认为改革本身不是目的，它只是实现既定目标的一种工具和手段，改革开放 30 年来中国政府正确处理了改革与经济发展总目标的逻辑关系，因而经济上取得了巨大成就，而苏联解体后东欧各国和俄罗斯的新自由主义改革派则把改革手段当做目的，使改革在扭曲了的目标价值体系中走了歪路，结果不仅没能成为经济发展的工具，反而成了阻碍经济发展的绊脚石。俄罗斯从 20 世纪 90 年代开始改革后直到今天也没能恢复到以前的水平，转型期的失败相当于俄罗斯在世界经济竞赛中失去了 10 年❶。

亚库宁通过比较俄罗斯、东欧与中国的转型经验，即“休克疗法派”和“渐进派”，认为保留社会主义优秀制度遗产的模式比新自由主义模式成功❷。

2. 中俄两国转型结果和发展模式效果的不同

通过对俄罗斯与中国转型进行较为客观、系统、深入的比较后，国外学者认为中国的转型总体来说是成功的，而俄罗斯则一度是失败的。彼得·拉特兰就持此观点。

弗拉基米尔·波波夫不仅认为 1979 年之后中国经济转型是成功的，而且还深刻揭示了其成功的原因。第一，是因为中国改革完全不同于“华盛顿共识”的一揽子政策。第二，1949—1976 年毛泽东时代的成就为 1979 年之后的中国奠定了基础——强大的国家制度体系、高效的政府、改善的基础设施和充足的人力资本储备。第三，与苏联“休克疗法”的自由化和民主化不同，中国渐进式改革方式没有毁坏改革前的所有成就。第四，或许最重要的是，中国在 19 世纪 40 年代到 1949 年短暂的西化尝试夭折之后，至今从未真正脱离得以使其保持低度的收入与财富不平等的整体主义制度。

此外，波波夫还大胆预测了“中国模式”未来的美好前景：如果中国成功的赶超式发展继续下去，将会成为世界经济的转折点——不仅由于中国的国家规

❶ ［俄罗斯］弗拉基米尔·亚库宁等著，肖德强译：《“转型经济”的两种模式》，《国外理论动态》2011 年第 2 期。

❷ ［俄罗斯］弗拉基米尔·亚库宁等著，肖德强译：《“转型经济”的两种模式》，《国外理论动态》2011 年第 2 期。

模，更因为这将是历史上第一次基于本土经济模式而非西方道路的成功[1]。

总体看，国外学者对中国与俄罗斯转型和发展模式的比较研究，能够从两国的历史和现实情况出发来进行，而且角度独特，内容丰富、系统，有深度，大多数观点比较客观、准确，体现了他们研究问题的客观主义立场。

事实上，中国与俄罗斯转型和发展模式，既有一些共同点，正如波波夫和拉特兰所指出的计划经济本身的局限性促使其向市场经济转型、强大的制度体系、两国都没有完全采纳“华盛顿共识”的价值观和机制、没有为全球化能够促进民主这一“华盛顿假设”提供证据，但也有许多不同点。

首先，两国转型的初始条件不同。包括经济、政治、民族问题上的不同。正如美国学者拉特兰所持的观点。

其次，两国转型的发展战略不同。一是经济战略不同。除了拉特兰所指出的俄罗斯实行的是自上而下的激进改革即休克疗法，中国则是实行始于基层的渐进改革、采取“摸着石头过河”的改革策略之外，更重要的是，中国实行的是社会主义市场经济，在坚持公有制为主体的基本经济制度基础上引入市场机制，充分发挥公有制和市场经济两个优势，而俄罗斯则放弃了社会主义基本经济制度，实行的是资本主义经济制度，即高度的私有化、自由化和市场化。另外，中国在改革中始终坚持以经济建设为中心不动摇；而俄罗斯则不然。二是政治战略不同。中国改革始终坚持四项基本原则这个立国之本、党和国家生存发展的政治基石，坚持中国特色社会主义民主政治，坚持马克思主义和社会主义的意识形态，坚持共产党的领导。而俄罗斯则完全放弃了马克思主义和社会主义的意识形态，放弃了共产党的领导，实行西方的多党制和议会制。

再次，两国在对待改革到底是目的还是手段问题上的根本不同。正如亚库宁所持的观点，中国正确处理了这一问题，把改革当做手段，俄罗斯则没有正确解决这个问题，错把改革当做目的。

最后，两国在如何对待西方敌对势力“和平演变”的图谋上不同。中国在改革开放进程中，始终坚持马克思主义的指导地位，坚持以毛泽东思想和中国特色社会主义理论体系为主流意识形态，反对西方敌对势力的“和平演变”及西化分化的图谋。而俄罗斯则放弃以马克思主义为指导，实行政治和思想的多元化，为西方的“和平演变”打开方便之门。

---

[1] ［俄罗斯］弗拉基米尔·波波夫：《广阔视野下中国与俄罗斯的转型比较》，转引自王新颖主编《奇迹的建构：海外学者论中国模式》，中央编译出版社 2011 年版，第 238 页。

通过中俄转型和发展模式的对比，我们可以得出两条很重要的结论：第一，改革是不可抗拒的历史潮流，是决定当代中国命运的关键抉择，中国必须实行改革，不改革只有死路一条。第二，中国的改革必须坚持社会主义方向，离开了这个方向就会走上邪路，几十年社会主义革命和建设的成果就会毁于一旦。

二、关于中印发展模式的比较

中国和印度同为人口众多的发展中大国、现代化的后发国家，近几十年来，两国经济的高速增长，引起了世界的广泛关注。由于两国的发展最具有可比性，进入21世纪后，国际社会出现了“中印比较热”，一些国家的学者对它们展开了比较研究，主要是印度、美国的学者。

重服务业而非制造业，重高新技术特别是信息软件产业而非劳动密集技术含量低的工业，重消费而非投资，重内需而非出口。印度政府着力发展软件IT产业、金融及商业服务等新的经济部门，是印度发展服务业模式的核心特征[1]。这种印度模式被视为一种独特的、与东亚，尤其与中国截然不同的经济增长模式。

关于中印发展模式的比较，国外学者重点比较的是两者的不同。印度的阿什瓦尼·塞斯（Ashwani Saith）在《中国和印度：不同绩效的制度根源》一文中对中国和印度不同的发展轨迹、发展路径、发展结果及其原因进行了系统、独到和深刻的对比与分析。塞斯指出，中国和印度从1950年前后相同的起点（是指两国在经济结构和发展水平上非常接近）出发，在其后30年的计划发展中，中国强劲地超过了印度；在之后以市场为导向的第二个竞赛阶段中，中国更加遥遥领先。在竞赛开始的60年之后，胜者领先的幅度实际上已经令人大为诧异[2]。为什么会产生如此大的差异？其重要原因在于两国发展模式的差异，即在政治、经济、文化和社会各方面的差异。

第一，政治方面。一是体制因素——鼓励变革还是限制变革。印度的制度框架是印度的环境刚性和发展羁绊，而中国社会主义发展状况能把制度框架变成首要目标变量，优化其加速增长进程的功能。二是克服信息二分法。中国政府通过

---

❶ 陈君峰：《解析印度模式》，《领导之友》2008年第3期；林利民：《印度的崛起提供的发展模式》，《瞭望》2006年第2期。

❷ ［印］阿什瓦尼·塞斯：《中国和印度：不同绩效的制度根源》（“China and India: The Institutional Roots of Differential Performance”），《发展和变化》（Development and Change）2008年第5期。

中央和人民公社之间的配合以及在合作社层面上公社劳动者和农户之间的配合，使政策得以迅速地制定、重新定位或者微调。而印度则未做到这一点。三是转型的全民动员模式。其关键的作用机制就是响应党的号召的运动。中国成功实行了全民动员模式，而印度则没有。

第二，经济方面。一是解决李嘉图式限制——土地改革进程的对比。早在第二个五年计划时期，对于印度来说，进行一场兼顾公正和高效的土地改革是首要任务，但该问题却未得到解决。中国的两次农村改革（第一次改革以人民公社代替封建土地制度，第二次改革通过实行包产到组、包产到户、包干到户尝试打破集体化模型，以一种更好的配置代替人民公社）却都获得了成功，这与印度的局面形成了天壤之别。二是生产力与就业的权衡。塞斯认为中国农村实行的土地集体所有制从制度上解决了这对关系，而在印度农村却遭到了失败。三是结构上的效果。在发展的最初几十年，两国都在发展战略中借鉴了一种以工业化为主导的过程，农村小规模的经济领域的作用在于填补由资本密集型工业化进程中可能出现的就业差距。这一战略在中国农村取得了完全的成功，但在印度却未成功。

第三，文化方面。劳动的尊严——旧与新。在中国形成了一种社会主义劳动尊严的新文化，在合作社中任何劳动在本质上都不会被看做是低贱的。印度和印度人也同样重视劳动的尊严，但有一点不同，即尊严作为某些人的特权而被获得并保持着，但原始劳动作为一种义务却注定要由一部分人向另外一部分人提供。

第四，社会方面。中国集体劳动积累与印度农村公共工程。前者起到反贫困干预的功能，后者则未起到该功能。

此外，塞斯指出印度和中国两种模式在发展过程中产生了一些相似性，如变革的速度、识字率和教育，同时，也存在很多“不合理的趋同”，主要是中国开始表现出一些印度社会－经济和政治治理方面的负面特征，包括妇女的地位，环境状况，贪污盛行，地方性的农村社会－经济不安定因素膨胀；两国都出现了不平等加剧的现象，中国的情形则更快地恶化；国家公共生活质量在持续地消耗退化。他指出，关于两国存在的“不合理的趋同”，很难说是否社会主义社会价值观的损失要比印度民主的、“有社会主义特点的”准则和行为方式的损失更大、更具破坏性。在两国的体系中，公共利益已被严重私有化。塞斯认为，尽管中印两国存在一些趋同迹象，但中国的发展水平仍然较高。这就意味着，就所实现成就的绝对水平而言，印度几乎不可能赶上或者超过中国[1]。

美国加利福尼亚大学教授、印裔经济学家普兰纳布·巴德汉（Pranab Bardhan）2010年出版了《崛起的泥足巨人：剖析中国与印度经济崛起》一书，并于同年在耶鲁全球在线发表了题为《觉醒的泥足巨人?》的文章。他对两国在经济、政治和社会政策等方面进行了较为客观和富有新意的比较。

首先，在经济方面，中国的企业主要是属于劳动密集型，而印度企业则主要是技术主导和资本密集型的。在收入差距方面，和人们普遍的印象相反，总体上更加开放的中国的经济不平等水平实际上比印度低。其次，在政治方面，巴德汉指出民主和发展的关系非常复杂，威权主义对发展既不是必要条件也不是充分条件。实际上，威权主义扭曲了中国的发展。另外，印度的民主管理因为缺乏问责制而受到严重破坏。最后，在社会政策方面，巴德汉认为中印独立之后，中国在社会政策方面比印度做得好。毛泽东时代为改革提供了强大的跳板，尤其是在教育、基本医疗、农村基础设施和农村社会保障网、区域经济非中心化、妇女劳动力的高就业等方面打下了牢固的基础[2]。相比之下，印度就差些。这也是巴德汉对国际上对中国崛起分析错误看法的纠正。

诺贝尔经济学奖获得者、美国哈佛大学教授、印度的阿玛蒂亚·森在国际社会发展联合会第15届研讨会的演讲中提出社会发展而非仅仅经济发展才是人类进步的核心这一共识有待提高。他还指出经济的繁荣在何种程度上会促进人类生活水平的极大提高取决于各种社会政策，包括教育设施、医疗、社会保险、社会工作的建设，以及全社会不同人之间良好社会关系的培养。即使在收入水平较低的情况下，好的社会政策也能让人们的生活更加长久、富裕和充足。另外，如果我们没有对社会发展给予足够的重视，那么极高的经济增长率所达到的效果也是远远不及有针对性的社会政策和实践所能达到的效果。他指出，“中国在这两方面的经验就给我们上了有趣而又重要的一课”。就此，他对中国和印度在社会发展方面的经验进行了比较，认为中国在1979年前，尽管在经济上比较贫困，但在社会发展上取得比印度更好的成绩；改革开放之后，虽然中国经济实现了史无前例的飞跃，但在社会发展上之前好于印度的优势并没有很好地保持下去。其主要原因就在于，政府对社会发展是否给予高度的重视。不过，他认为，近些年中

---

[1] ［印］阿什瓦尼·塞斯：《中国和印度：不同绩效的制度根源》（“China and India: The Institutional Roots of Differential Performance”），《发展和变化》（Development and Change）2008年第5期。

[2] ［印］巴德汉：《崛起的泥足巨人?》，耶鲁全球在线复旦版，http://www.yaleglobalfd.fudan.edu.cn

国又开始重视社会发展❶。

总体来看，国外学者大都以旁观者的中立态度，较为客观地对两国进行比较研究。这些研究成果，多数是尊重事实的，是比较客观的。比如，印度的阿什瓦尼·塞斯，他对中印发展模式的共同点、不同点以及中国在与印度的发展竞赛中能够遥遥领先的原因进行了客观、系统、深入的比较研究，由于抓住了问题的核心和关键，分析透彻、合理，因此，很具有说服力。又如，印度的阿玛蒂亚·森和美国的巴德汉，对中印两国在经济和社会政策方面的比较也是比较客观的，是富有新意的。但是，国外对中印模式的比较研究，也有一些是偏颇的，带有明显的西方意识形态偏向和故意抬高印度"民主制度"的倾向。比如，巴德汉所说的中国是"威权主义国家"，"威权主义扭曲了中国的发展"；美籍华裔学者黄亚生认为印度模式优于"中国模式"，印度的民主并未阻碍其经济发展，"今天印度的政治体制更加自由、问责性更强，更加透明"；等等。总之，在比较中印发展模式的问题上，我们要客观、理性地加以分析，应该明确以下几点认识：第一，中国特色社会主义政治制度具有明显的优越性，能够有效地整合社会资源，能够形成强大的凝聚力和推动力，是中国经济迅速发展的制度保证，在今后的发展中，我们要毫不动摇地坚持和完善这一制度，不要被外界的"杂音"所干扰和左右。第二，中国与印度两种发展模式都是根据本国国情形成的，"中国模式"的选择无法与政体分开，而印度模式则无法与社会结构分开，尤其不能与种姓制度分开❷。

三、关于中越发展模式的比较

越南和中国同为共产党执政的社会主义国家，而且国情较为相似，因此，越南可以在很大程度上学习和借鉴"中国模式"。事实上，越南作为东盟经济前景最佳的国家，经济的迅速发展与政权的稳定，在很大程度上的确是学习和借鉴"中国模式"的结果。1986年，越南在中国改革开放政策的巨大影响下，实行了名为"革新开放"的新政策，经济社会取得了显著成效，因此，国际社会对这两个国家的改革非常关注，一些国家的学者对其改革和发展模式进行了较为系

---

❶ ［印］阿玛蒂亚·森：《社会发展中的和谐与不和谐：中国与印度的经验比较》，转引自王新颖主编：《奇迹的建构：海外学者论中国模式》，中央编译出版社2011年版，第294—298页。

❷ 文锋：《关于"中印比较热"的思考》，《北京日报》2007年9月24日第17版。

统、深入的研究，主要以美国和越南的学者为主。

（一）中越两国在政治上的异同

美国弗吉尼亚大学政治学系教授布兰德利·沃麦克（Brantly Womack）认为，中越两国通过各自的改革创造了共同的模式——“中越模式”，从而提出了“中越模式”的新概念并界定其内涵，而且对中越两国的相同点和差异处进行了比较，并指出了“中越模式”的重大局限、给我们的启示以及中越两国面临的巨大挑战和解决之道。

何谓“中越模式”？沃麦克指出，20 世纪初期，甚至中越的知识精英也在一定程度上将现代性等同于西方化。但共产党领导的农村革命为重建国家发展了一条独特的道路，即使两国的领导层接受了现代性的变形使命，但它的精神和方法已经根植于大多数以阶级为基础的动员中，其最终目标是共产主义，而不是资本主义。虽然中越两国改革时代的政策呈现出去集体化和去控制的特征，但是党的领导仍是关键，改革的成功进一步巩固了现有的秩序。在一定程度上中国和越南体现了有秩序的政治机制和独特的发展道路，我们可以称之为“中越模式”。

沃麦克认为，中越两国在政治上既有相同点，也有差异处。两国的相同点主要体现为：第一，中越两国都是政党国家，其政权均建立在共产党对农村广泛动员的基础上。随着改革的不断成功，中越两国的领导者都面临一个更为严峻的挑战，即调整其政党国家结构以适应可持续治理的任务。第二，中越两国都是共产主义国家。第三，中越两国都有行政机构，这些机构主要关注政策的执行而不是政策的形成。政党和国家在结构方面分得很清楚，但在具体运作中却常常混在一起，政治和行政之间的边界是模糊的。第四，在具体工作中，政策的执行更为灵活，地方官员可以根据不同地方的实际情况实施而不是贯彻一般性的法律。第五，作为硬币的另一面，危机也常常迫使领导层认识到先前曾被忽视的治理难题，即民众的动乱。第六，中越两国在不同地区实行民主治理的改革取得了重大进步，包括地方选举、政府更加透明和协商民主。

关于中越两国在政治上存在的重大差异，沃麦克指出：第一，中国的国情使其政治更倾向于内向型，也许这也使其中央政府在经济改革方面更为自信，而在政治上更为谨慎。1979 年中国敢于让广东省先走一步进行改革，而越南对胡志明市就不敢采取如此冒险的措施。第二，中越两国历史上的两大差异是法国的殖民主义后果和中国的“百年屈辱”以及毛泽东和胡志明的领导风格。第三，意识形态环境方面的差异比胡志明、毛泽东的个人风格所导致的差异更大一些，只是这两个领袖人物放大了中越两国基于历史形势的不同所造成的这种差异。他们的个人作用为各自国家的政治书写了不同的一笔❶。

（二）中越两国在经济上的异同

越南学者姜明武在《经济改革与绩效：中国与越南的比较研究》一文中指出："自从中国和越南启动经济改革以来，两国取得了非凡的经济增长。中国和越南具有非常相似的增长模式，但是越南的增长却明显落后于中国。"为什么会出现这样的状况？姜明武在经济增长的决定性因素上提出了重要见解，对两国进行了多方面、细致而独到的比较。

首先，两国在经济改革方面有着相似性。其一，导致经济改革的因素上的相似性。两国的经济改革都始于一种为变革提供了接纳能力、危机和机遇3个重要因素的环境；其二，改革启动之时发展条件上的相似性。包括人力资本、农村经济、基础设施和开放水平；其三，改革方式与实行上的相似性。两国都选择了渐进主义的方式进行改革，并特别关注经济增长。两国改革的里程碑与采取的主要举措，体现出了惊人的相似性。比如，改革的启动是共产党新的领导集体具有重要意义的决定，中国是1978年12月召开的中共十一届三中全会，邓小平进入党的领导核心，正式宣布进行四个现代化建设，发起了改革，越南则是1986年12月召开的越共第六次代表大会，选举了有自由主义特征的新的领导集体，并启动了称之为"革新"的经济改革，中越时间间隔8年；解除农业部门的束缚，两国都采用"家庭联产承包责任制"，中国正式产生于1980年，越南是1988年，是两国改革启动约2年后，中越时间间隔8年……

关于两国在经济改革方面的差异性，姜明武作了多方面的、客观的比较。首先，两国在人口规模、历史特征以及领导效力上存在差异。中国庞大的规模使它不仅作为熟练与非熟练劳动力的来源，而且作为市场具有非凡的吸引力。一方面，中国相对更长的和平发展时期使其政治制度相对更少地被战争遗留问题所占据，并且更能促使国家的发展进步。另一方面，越南较小的规模或许使它更为敏捷，并且越南具有"后发"优势，这使它得以研究和学习中国的改革经验而无须支付实验的成本。然而，领导效力看起来对国家利用其固有的优势，并将优势转化为出类拔萃的绩效的能力，具有至关重要的作用。

其次，两国在经济绩效上存在差异。越南不仅在量上，而且在质上大大落后

---

❶ ［美］布兰德利·沃麦克著，彭萍萍编译：《现代化与中越模式》，《当代世界与社会主义》2012年第1期。

于中国，而且在两国增长加速的有利时期，两国的增长差距仍在扩大，中国表现远好于越南。为什么？姜明武认为："两国政府效能的差距是导致经济增长绩效差距的重要因素。"他建议："当一个发展中国家的制度质量薄弱且尚需较长时间进行完善时，加强政府效能建设是促进经济绩效与为制度绩效升级创造条件的关键步骤。"❶

可见，国外学者关于中国与越南发展模式的比较研究，较为客观公正，研究角度各有特色，研究内容也比较丰富，观点有深度，也比较准确。

越南模式作为学习和借鉴"中国模式"最全面和最成功的国家，在很大程度上，与"中国模式"相似，两者的相同点较多。在政治上，两国都坚持共产党领导，拒绝实行多党制；坚持以马克思主义同本国实践相结合为指导思想，坚持本国特色的社会主义；实行渐进式的政治改革；反腐败成为两国改革攻坚的重点。在经济上，都坚持社会主义基本经济制度和分配制度，允许多种经济成分和多种分配方式的存在；实行社会主义市场经济；坚持以经济建设为中心；实行渐进式的经济改革。不过，两者也存在一定的差别，如在经济改革方面，像姜明武所指出的，如人口规模、历史特征、领导效力和政府效能，尤其是后两个方面是造成两个国家经济增长绩效差距的最重要因素，而中国在这两个方面明显优于越南，因此，中国在经济增长效率上远远领先于越南。

总之，在中国与越南发展模式的比较上，我们应该形成以下客观、理性的认识：一方面，"中国模式"和越南模式都是坚持实事求是、立足于本国国情、坚持和发展马克思主义的产物；另一方面越南模式又充分学习和借鉴了"中国模式"，与"中国模式"既有很多相似性，但也有一些不同。因此，那些认为越南成功地照抄了"中国模式"、完全照搬复制了"中国模式"的国际舆论是错误的。

从总体上看，国外关于中俄、中印、中越发展模式的比较研究，大多数学者都能本着尊重历史、尊重事实的治学精神，采取较为客观、公正的态度。其研究，视野开阔，角度多样，内容丰富，理论性较强，多数观点客观、准确，少数观点主观、偏颇，甚至带着意识形态目的。对于各种不同的观点，我们应当理性分析，科学辨析，并从中汲取合理的成分，完善"中国道路"，从而更好地推动中国特色社会主义实践。

---

❶ ［越］姜明武：《经济改革与绩效：中国与越南的比较研究》，中国《国际杂志》2009 年 9 月刊。

本文为国家社科基金项目“中国特色社会主义道路的世界意义研究”（14BKS070）的阶段性研究成果。

作者简介：马小芳，女，北京联合大学海外中国学研究中心教授；王芳，女，北京联合大学海外中国学研究中心讲师。

中国特色社会主义道路的世界意义

许 峰（北京联合大学海外中国学研究中心，北京 100101）

[摘要] 中国特色社会主义道路取得的巨大成功，对国际格局和世界历史产生了深远影响。中国特色社会主义现代化道路的不断开拓，对于人类文明和世界和平发展具有重大意义。它打破了西方发展道路和模式主导全球的垄断局面，丰富了人类文明和世界发展模式的多样性；凸显了社会主义的制度优势，重塑了社会主义形象，展现了社会主义运动的生机和活力；丰富了发展中国家实现现代化的方式和路径，为发展中国家在经济全球化条件下选择自己的发展道路提供了独特经验；引发了西方国家的制度反省和改革呼吁，逐步扭转了西方国家对中国的偏见，对西方国家自身发展模式产生积极影响；展示了和平发展之路的独特价值和魅力，积极推动世界各国共同走和平发展的道路。

[关键词] 中国特色社会主义道路；中国模式；世界意义

早在20世纪八九十年代，作为中国改革开放总设计师的邓小平就曾指出："中国的发展同世界有着重要关系，因为中国有占世界五分之一多的人口。""这场改革不仅影响中国，而且会影响世界。"[1] 30多年来，在中国共产党领导下，中国特色社会主义取得的巨大成就，极大地彰显了中国特色社会主义道路的伟大力量，对世界格局和历史发展产生了深远影响。中国特色社会主义道路不仅对世界上其他国家产生了巨大影响，同时在推动人类历史进程方面发挥着越来越重要的作用。

---

[1] 《邓小平文选》第3卷，人民出版社1993年版，第269、118页。

一、打破了西方发展道路和模式主导全球的垄断局面，证明世界上没有放之四海而皆准的发展模式，丰富了人类文明和世界发展模式的多样性

苏联解体、东欧剧变之后，西方发展道路一度被认为是唯一正确的道路。1989年夏，弗朗西斯·福山在美国《国家利益》杂志上发表了《历史的终结?》一文，认为西方国家的自由民主制度是“人类意识形态发展的终点”和“人类最后一种统治形式”。不少西方学者认为，西方社会的文明进程是唯一成功和正确的发展逻辑。只有西方才掌握着进入现代化的钥匙，甚至美国发展模式才是人类未来发展的最佳选择。德国前总理施密特坦承，西方工业化国家即使是在二战结束以后“意识到自己的责任，但是他们在履行责任时却带有家长式的姿态”。在《欧盟对华政策文件》中，“欧盟应当帮助中国进行……的改革”之类的表述仍然比比皆是，而与之形成鲜明对照的是，在《中国对欧盟文件》中，通篇都在强调“平等互利”，并没有对欧盟应当做哪方面的改进指手画脚。[1] 在这里，西方中心主义的优越心态显露无遗。正如英国学者马丁·雅克所言：“西方世界从来没有考虑过中国可能有一天超过美国。西方国家认为，其他任何人要想成功，西方的模式才是放之四海而皆准的。”[2]

然而，在事实面前，西方世界逐渐开始认识到中国发展模式完全置身于“西式社会历史经验之外”。30多年来，中国经济的高速增长，为世界历史上持续时间最长的增长，经济总量扩大了约18倍。从2000年到2010年的10年中，中国连续超过西方6个国家，经济总量仅次于美国，外汇储备、出口等多项重要指标世界第一。英国《经济学家》周刊则指出这样一个事实：英国用了58年、美国用了47年、日本用了34年的时间使人均实际收入增加一倍，而中国仅用10年就实现了。西方模式以近三百年解决了10亿人的发展问题，而中国道路在30年间改变了13亿人的命运。德国《日报》认为，最近20年，中国以9%的持续经济增长成功地让5亿多人摆脱贫困，约2.5亿人现在可以享有接近西方的生活方式。世界将实现2000年达成的至2015年让全球贫困人口减少一半的千年目标，应完全归功于中国。澳大利亚学者休·怀特认为：“我们应该承认，中国正发生

---

[1] 周弘：《全球化背景下的中国道路的世界意义》，《中国社会科学》2009年第5期。

[2] ［英］马丁·雅克：《为什么我们继续忽视中国的崛起？傲慢》，英国《观察家报》2012年3月25日。

着许多美好的事情。由于中国取得的经济增长，数亿中国人过上了他们父辈做梦都想不到的更好、更富足的生活。更好的住房，更棒的学校，更优的医疗——“这些物质条件具有真实的道德价值，不承认这些成就是不诚实的”。[1] 中国发展模式的核心理念完全不同于以西方自由主义为中心的指导思想，其重要特征就是没有采纳“华盛顿共识”这一药方。中国飞速发展是在中国化的马克思主义指导下取得的成功，这动摇了以西方经验为基础的所谓“普世价值”与这些“普世价值”所维护的西方战略利益和现实利益，包括由西方主导的各种国际规则。

国际金融危机爆发后，越来越多的人认识到西方道路以及资本主义制度的弊端，反思西方制度与治理上存在的缺陷。金融危机、债务危机、政治危机、社会问题不断上演，从一个国家波及多个国家，怨恨和不满在社会上弥漫、市场机制失灵、政府也面临失灵的风险。在遭受经济政治等多重危机的沉重打击之后，西方国家这次是真真切切地站在了“十字路口”。西方舆论开始认识到，“中国发展模式”打破了西方国家“历史终结于自由资本主义”的美梦。英国广播公司网站载文认为，“中国国家政权的合法性完全建立在西式社会历史经验之外。”曾提出“历史终结论”的美国政治学者弗兰西斯·福山不得不承认，中国的崛起使得“历史终结论”不攻自破，他在《美国民主没有什么可教给中国的》等多篇文章及谈话中表示，“美国模式无法超越”过于乐观了，“中国模式”正在成为西方模式的一种替代方案。“中国模式”的有效性证明，西方自由民主并非人类历史进化的终点，人类思想宝库要为中国传统留有一席之地。德国法兰克福大学金融研究中心总裁奥特马尔·伊辛更是直接指陈“历史终结论”的荒谬。他说，当柏林墙倒塌、“铁幕”被拉开之际，一场历史竞赛似乎画上了句号。观察家们见证了资本主义战胜共产主义，自由市场战胜中央计划体制，民主战胜独裁，哈耶克战胜马克思，弗朗西斯·福山甚至宣称，历史到达了终点站——人类想来已经达到了巅峰状态，资本主义已经无可替代。他认为，这套理论从一开始就错了。虽然“现实社会主义”在每一块试验田都以灾难收场，但历史告诉我们，社会主义社会承诺实现平等的思想永远不会消失，不管实践证明了什么。而且，世界上没有一个国家所施行的资本主义达到了各个方面都让人满意的程度。历史决定论是福山观点中最为荒谬的一面[2]。

---

[1] 任仲平：《转变，中国道路的历史性跨越》，《人民日报》2012 年 11 月 6 日。

[2] ［德］奥特马尔·伊辛：《资本主义绝非历史终点》，英国《金融时报》2012 年 1 月 31 日。

二、凸显了社会主义的制度优势，重塑了社会主义形象，展现了社会主义运动的生机和活力

中国特色社会主义道路的成功拓展证明，在社会主义制度下，不仅可以进行改革，而且可以建立一种比资本主义国家更快地推动经济社会发展的机制和模式。中国的社会主义不仅成功地从苏联解体、东欧剧变的阴影中走出来，更是表现出强大的生命力和活力。中国经济实现了连续30多年的高速增长。中国在应对各种重大危机和挑战时候的表现令世界惊叹。奥运会的胜利召开、世博会的顺利举行、汶川地震中的卓越表现，特别是中国在应对国际金融危机和欧债危机中所凸显的“独有的竞争力、高效率和适应性”，使许多外国政治家、学者看到了中国特色社会主义的优越性，认为它“凸显了中国的制度优势”。法国《欧洲时报》认为：“包括‘制度优势’在内的‘中国特色’已成为中国信心的有力支撑。”有国外学者评价中国抗击汶川地震灾害时说：“地震之后人们确实看到了中国制度体系的优越性，中国在短时间内动员巨大的力量投入，这是其他任何制度所不能比拟的。”面对近年来西方资本主义国家经济持续低迷、公共债务膨胀、贫富分化加剧、大规模骚乱此起彼伏的现状，西方一些专家发出了“资本主义可能终结”的感慨。法国学者哈罗德·詹姆斯认为：“美式市场资本主义已被拉下神坛，欧洲福利资本主义也因债务危机难以为继，人们或多或少承认，当前形式的资本主义模式正遭遇前所未有的挑战。与以往不同的是，今天欧美知识界已无人敢像以往那样拿出一个崭新方案，并信誓旦旦地告诉人们这个方案是最佳的。”❶ 美国工人世界党领导人弗雷德·戈尔茨坦认为，中国也曾经出现危机，这是由世界资本主义危机造成的。但是“经济基础中的社会主义成分在中国仍处于主导地位。可以说政治上层建筑方面同样如此”，“中国社会主义结构为基础的机构和机制，在经济危机中拯救了广大民众。这正是世界银行、国际货币基金组织、华尔街和伦敦想削减乃至最终摧毁的包括国有企业和中共控制下的政府实施的计划和管控”。❷

中国特色社会主义的成功实践开创出了中国特色的发展模式，在世界社会主

---

❶ 《西方资本主义亟须自我调整》，《环球时报》2012年3月13日。

❷ ［美］弗雷德·戈尔茨坦：《马克思主义和中国的社会性质》，西班牙《起义报》2013年6月18日。

义运动史中纠正了社会主义单一模式的形而上学错误，并在世界社会主义运动陷入低谷时焕发出了强大的生命力，为世界社会主义向前发展注入了新的动力。中国人民在中国共产党领导下继续沿着中国特色社会主义道路艰辛探索，并取得了堪称历史奇迹的伟大成就，这本身就是对世界社会主义事业作出的重大贡献。邓小平同志在 1989 年苏东剧变的关键时刻曾说，只要中国社会主义不倒，社会主义在世界将始终站得住。事实证明，中国在坚持和发展社会主义事业中起到了中流砥柱的作用。中国特色社会主义，坚持了科学社会主义基本原则，又根据时代条件赋予其鲜明的中国特色，它用自身的实践回答了世界社会主义发展面临的诸多世纪性难题：社会主义如何与各国国情相结合，社会主义和市场经济如何有机结合，经济全球化与社会主义如何良性互动，如何处理资本主义与社会主义两种制度的关系，社会主义国家如何走和平发展道路以及如何推动和谐世界目标的实现等重大问题上进行积极和富有成效的探索，取得了丰富的经验，为世界社会主义运动提供了极其宝贵的财富。

“中国模式”的成功重塑了社会主义形象。改革开放以来，我国取得了举世瞩目的发展成就，这在世界社会主义发展史上，都是前所未有的，甚至在人类历史上都是极为罕见的。它是中国共产党把马克思主义基本原理同我国具体实际相结合而取得的。中国特色社会主义建设所取得的成就，不仅在世界范围内产生了重大影响，而且对重塑社会主义形象发挥积极作用。此外，中国既不刻意输出自己的模式、道路，也不选择意识形态划线，而是通过实践来不断展现社会主义的优越性和顽强的生命力。随着中国道路影响越来越大，世界上相信马克思主义的人会越来越多，走社会主义道路的国家一定也会越来越多，这无疑是对于世界社会主义运动复兴的巨大贡献。

三、丰富了发展中国家实现现代化的方式和路径，为发展中国家在经济全球化条件下选择自己的发展道路提供了独特的发展经验，具有积极示范和参照作用

“中国模式”给世界提供了什么普遍适用的经验呢？1985 年 9 月 18 日，邓小平对加纳国家元首杰里·约翰·罗林斯说：“如果说中国有什么适用的经验，恐怕就是按照自己国家的实际情况制定自己的政策和计划，在前进过程中及时总

结经验。”[1] 中国作为发展中国家的一员，我们的发展模式对发展中国家来说，提供的经验或者说最有益的启示应该是：“立足自主发展，探索有利于实现发展、消除贫困的发展模式”[2]。

中国是世界上最大的发展中国家。中国的国情与广大亚、非、拉国家比较相似，如生产力不发达、人民生活水平比较低、劳动力充足、城乡差别大、资金短缺、科技发展滞后、在国际政治经济秩序中处于不利地位等。这一现实决定了中国与这些国家一样都面临谋求本国经济与社会快速发展的艰巨任务。面对发展，发展中国家的普遍困境在于如何在现代化初期有限的历史条件下，同时解决累积性和共时性矛盾。[3] 多年来，许多发展中国家按照西方国家的经济发展道路发展本国经济，结果走了很大的弯路，导致这些国家的经济不仅没有得到发展，反而陷入灾难与困境中，比如最典型的一些拉美国家。而中国根据本国的国情，坚持自力更生的原则，充分利用经济全球化的有利机遇，主动采取渐进式的改革道路，创立了具有中国特色社会主义市场经济体制，不断发展成为世界第二大经济体，迅速提高了人民生活水平，改变了社会面貌，取得了巨大成功。这对广大发展中国家来说，无疑是一个巨大的鼓舞，也给他们增添了信心。英国《每月评论》曾刊文指出，在资本主义主导的世界体系中，中国根据自己的国情形成了一种发展模式，这将对其他国家产生示范作用。[4] 英国《生存》季刊撰文指出，蓬勃发展的中国经济为国际社会树立了光辉榜样，为发展中国家开具了一个成功良方，影响着许多国家的道路。[5]

中国发展模式向发展中国家展示了应对全球化的典范。一些发展中国家认为，全球化是发达国家运用霸权逻辑，强加给发展中国家的体制安排和经济控制，而这种安排与控制显然是有利于发达国家的，因此，有些国家在参与经济全球化方面比较保守，有的国家则相反，完全不设防地拥抱经济全球化。中国发展模式则从独特的角度阐释了发展中国家在如何处理自力更生与全球化的关系，证明了在全球化过程中发展中国家不仅可以大有作为，而且还能让全球化为我所用。根据本国国情来适应全球化，根据本国的优势来融入全球化，是发展中国家

---

[1] 《邓小平年谱》（一九七五——一九九七）下，中央文献出版社，2004 年版第 1080—1081 页。

[2] 胡锦涛：《同舟共济 共创未来》，新华网联合国 2009 年 9 月 23 日电。

[3] 贺钦：《中国特色社会主义道路对发展中国家的启示》，《马克思主义研究》2008 年第 2 期。

[4] ［美］马丁·哈特—兰兹伯格、保罗·伯克特：《解读中国模式》，《经济社会体制比较》2005 年第 2 期。

[5] ［美］贝茨·吉尔、黄岩钟：《中国软实力资源越来越丰富》，《参考消息》2006 年 11 月 1 日。

现代化过程的必由选择。一些国家看到了中国这方面的宝贵经验，比如印度就在研究中国的贸易投资特区经验，越南则在关注中国国有企业在国际上的竞争力。墨西哥前总统埃内斯托·塞迪略就认为："新兴市场国家可以认真研究中国的经验：一是中国有能力制定和严格落实经济发展的长远规划；二是积极参与全球经济，利用自身优势和世界的机会实现对外开放。40 年前，中国基本上是个自给自足的国家，并没有太多国际贸易。但现在，如果我们拿外贸占 GDP 的比重来衡量，中国是世界上最为开放的国家之一。而且，中国对外国投资也是开放的，中国非常积极地参与全球化，成为全球化的一支重要推动力量。现在一些发展中国家对融入全球经济的态度仍然是迟疑的，但中国却积极对外开放，参与全球化，从一个封闭的国家转变为一个开放的国家。中国的开放有利于自身也有利于世界。这给其他国家带来很多借鉴意义。❶ 中国在经济发展中如何解放思想、大力发展非公有制经济，建立经济特区以及各种类型的开发区，特别是改善投资环境和市场环境，大力引进和利用西方国家的资金、技术和管理方法等经验，对于发展中国家都具有借鉴意义。

四、引发了西方世界的制度反省和改革呼吁，逐步扭转了西方国家对中国的偏见，对西方国家自身的发展产生积极影响

中国发展道路对西方国家的影响也日渐显现。对西方国家而言，中国发展的巨大成就回应了一些西方国家对中国发展成就的恐惧与各种歪曲。各种版本的中国"威胁论"、"崩溃论"被中国的实践一再证明是荒谬的。金融危机发生后，西方国家的学术界和媒体开始热议"中国模式"，此类理论著述、学术研讨、访谈和演讲等层出不穷，公众的大量眼球都深深为之吸引。西方政界、学术界以及媒体从各自不同的角度看到了"中国模式"有许多地方值得学习或效仿。在金融危机爆发后，西方无论政界还是舆论中"自我批评"和"向中国学习"的声音渐渐多了起来，这是一个值得关注的变化。

西方国家常以中国为参照系反思自身的制度。金融危机爆发以来，西方开始不断反思自身的政治经济制度。在经济上表现为对新自由主义经济政策的质疑和反思，在政治方面则对日益教条化的西方政治体制进行批判，而这两条恰恰是西

❶ 《世界需要读懂中国》，《瞭望》新闻周刊 2013 年 11 月 14 日。

方最引以为傲并向全世界进行推行的所谓“普世价值”。还有一点值得注意，无论政界、学术界还是媒体对西方政经制度的反思多以中国为参照系。2014 年 3 月，西方自由主义最有影响的旗舰杂志《经济学人》刊发了长文：《民主出了什么问题?》，坦承“（西方）民主在全球的发展停滞了，甚至可能开始了逆转。而且指出这种逆转的主要原因之一就是中国的崛起。美国亚洲协会美中关系中心主任、“中国通”夏伟在《新中国 60 年的思考》一文中写道：“漫步在天安门广场，我脑中反复思考着这样一个看似矛盾的问题：为什么我们信奉和鼓吹的民主制度和资本主义辜负了我们，而我们长期排斥的威权主义和国家管制经济却让中国得到了繁荣发展?”而华尔街最有影响力的经济学家之一、原摩根士丹利公司董事总经理兼首席经济师史蒂芬·罗奇感慨：“在 35 年前举行的更早的一次三中全会上，邓小平抓住机遇让中国上演了现代历史上最恢弘的经济发展故事。美国也需要一个类似三中全会的时刻。”❶

中国共产党优异的执政效能引发了西方有识之士要求对现有政治体制进行改革的强烈呼吁。西方国家一贯对中国共产党带有严重的政治偏见，但基于中国快速发展所取得的巨大成就这一事实又不得不对中国共产党的执政能力和表现基本认同，甚至不少怀有严重意识形态偏见的人士对于中国共产党自身的组织能力、政经体制等诸多方面称羡不已。2012 年世界大型企业研究会针对 70 名 CEO 展开一项调查。当被问及世界上哪些组织最称职可信时，这些 CEO 把自己排在第一位，排名第二的是中央银行。值得注意的是，位居第三名的竟是中国共产党：64% 的 CEO 认可中国共产党近年来在应对政治经济挑战方面所做的工作。中共在此调查中的排名远高于美国总统（得票率为 33%）和美国国会（得票率仅为 5%）。《纽约时报》专栏作家弗里德曼在文章中指出：“当现实有需要的时候，中国领导人可以修订法律法规、制定新的标准，改进基础设施，促进国家的长期战略发展。这些议题在西方国家的讨论和执行，需要花几年甚至几十年的时间。”弗里德曼因此提出了“做一天中国”的呼吁。美国最大的智库布鲁金斯学会专家不无遗憾地说：“我们奥巴马总统想做事，但是做不成事，美国体制就是不帮忙。与此相反的是，你们的胡锦涛主席只要想做事，中国体制就会帮忙，做成事。”❷

一些西方国家发现在某些领域已经落后于中国，纷纷提出学习和赶超中国。

---

❶ 王传军：《美国必须抓住中共十八届三中全会的机遇》，《光明日报》2013 年 12 月 1 日。

❷ ［美］肖恩·赖因：《奥巴马和美国应向中国学习》，《福布斯》网站 2011 年 1 月 24 日。

虽然中国在整体实力上与西方国家的差距还比较大，但随着中国的发展，在某些领域内，中国已经实现了突破性的进展，这是让西方始料未及的。以美国为例。美国总统奥巴马在2009年11月访华期间，高度赞扬了中国的成就，认为中国取得的成就是人类历史上史无前例的，美国在很多方面要向中国学习。在2011年11月第二次国情咨文中，奥巴马4次提到中国，并表示，中国正在建设比美国更快的铁路和更新的机场，美国应把中国当做榜样。他提出，未来25年要让80%的美国人获得高速铁路的覆盖。他在2011年的国情咨文中心态复杂地承认中国在一些领域的领先地位。他这样说道："中国正发展速度更快的火车，修建更现代化的机场"，"不久前，中国建成了世界上最大的民营太阳能研究机构。还拥有世界上运算最快的计算机。"在2013年国情咨文中说："只要中国这样的国家继续在清洁能源上发展，我们也就必须这么做。"❶"只要中国继续，我们也必须得加油"。奥巴马担心美国落后于中国"沦为老二"。美国《福布斯》杂志网站上《领会来自中国的启示》一文写道："或许我们可从中国人那里学习集体努力的力量：不同的个人和组织携手为一个共同目标努力，齐心协力致力于经济发展"。纽约大学金融学和经济学教授李湝甚至专门写了一本著作《美国能向中国学习什么》，他认为，中国发生了翻天覆地的变化，取得了举世瞩目的辉煌成就，为其他国家的经济改革和政府治理树立了榜样，他用儒家哲学、精英治理、五年规划、经济特区、实体经济第一、软实力等方面阐述了美国需要向中国学习，重新引进西方业已忘记的经验教训。❷

西方对中国应对危机采取的宏观政策给予肯定，并在某种程度上予以借鉴。中国在抵御2008年爆发的金融危机中表现远比西方国家出色，其中非常重要的一方面经验就是在发挥市场的基础性作用的同时，也充分发挥政府宏观调控作用。这为发达国家实施国家干预政策提供了借鉴。美国著名经济学家斯蒂芬·罗奇则在英国《金融时报》发表《向中国学习宏观调控》一文，文章认为："中国在管理经济方面的表现仍远远胜过多数人对它的肯定。中国甚至在宏观政策战略方面给世人上了一课，这一课是世界其他地区应该聆听的。……通胀阻击战的胜利是中国对其战术需求和总体战略目标作出协调的一个范例，世界其他国家绝不应错过这堂课。"❸ 中国在发挥国家发展规划、计划、产业政策在宏观调控中的

---

❶ 2008年布什还在国情咨文中强调："让我们建立一个新的国际清洁技术基金，帮助像印度和中国这样的发展中国家，更好的利用清洁能源。"

❷ ［美］李湝著，张晓英译：《美国能向中国学习什么》，红旗出版社2012年版。

❸ ［美］史蒂芬·罗奇：《向中国学习宏观调控》，英国《金融时报》中文网站2012年3月9日。

导向作用、综合运用财政、货币政策等保障经济平稳较快增长方面的经验以及把提高效率同促进社会公平结合方面的经验都可以为西方发达国家借鉴。

五、展示了和平发展之路的独特价值和魅力，积极推动世界各国都走和平发展的道路

2011 年 9 月发布的《中国的和平发展》白皮书指出，“世界潮流，浩浩荡荡，顺之则昌，逆之则亡。国际社会应该超越国际关系中陈旧的‘零和博弈’，超越危险的冷战、热战思维，超越曾把人类一次次拖入对抗和战乱的老路。”这里提出的“三个超越”准确地反映了人类社会对于和平与发展的共同愿景，同时也是中国发展道路的特质和价值追求。白皮书还指出，“和平发展道路是中国这个世界上最大的发展中国家探索出的一条新型发展道路，随着时间的推移，这条道路已经并将进一步显示出其世界意义。”❶

和平发展是中国发展模式和道路的标志性特征和国家战略。中国和平发展道路体现了和平、合作、和谐的典型特征，它顺应经济全球化发展潮流，倡导和平发展、合作共赢的理念，寻求与各国互利共赢和共同发展；既通过维护世界和平发展自己，又通过自身发展维护世界和平；在强调依靠自身力量和改革创新实现发展的同时，坚持对外开放，学习借鉴别国长处。同时，反对霸权主义和强权政治，拒绝对外掠夺和武力崛起。

中国是通过和平方式从国际市场上获得各项资源的。在经济全球化的时代条件下，中国没有任何动机和需要进行扩张并破坏别国利益来满足自身利益，而是在实现和平发展的过程中，通过全球范围内生产要素自由流动的方式获得自己所必需的国际资源。当今和平与发展的时代特点决定了中国只能走和平发展的道路，通过和平发展来推动经济社会进步，不断改善亿万人民的生活。

中国以和平、渐进和民主的方式积极参与改革现有不合理的国际政治经济秩序。中国在变强大了之后并没有强势挑战现有的国际政治经济秩序，而是以平等成员的身份参与国际政治经济秩序的建设与变革，以此确立中国在国际社会中作为一个负责任大国的和平形象。中国还提出了被国际社会广泛认可的一些全新的价值理念，如“和谐世界”“平等互信”“包容互鉴”“合作共赢”“人类命运共同体”等，并以自己的实际行动推动这些理念的实现。

---

❶ 《中国的和平发展》白皮书，http://news.xinhuanet.com/politics/2011-09/06/c_121982103.htm.

中国坚决主张用和平方式解决国际以及地区争端，共同维护世界和平稳定。冷战结束后，恐怖主义、宗教极端主义、分裂主义的活动频繁，局部区域的冲突、动荡、战争此起彼伏，世界出现了许多新的不稳定因素，但这并不意味着通过武力可以解决这些问题。中国主张首先通过外交手段，用和平方式解决国际争端，反对使用武力或以武力相威胁。

中国的和平发展战略打破了“国强必霸”的大国崛起传统模式，为国际社会提供了一个全新的发展模式。人类历史上出现过许多强国，古代有罗马帝国，近现代有欧洲列强、日本、俄国和美国等。这些强国有一个共同点：都是通过武力或战争手段来改变原有世界格局，建立新霸权及其主导的国际秩序。从欧洲近代史上连绵不断的战争，到两次世界大战，乃至“二战”后的冷战，都是大国武力崛起道路的历史，这条道路给人类带来了巨大灾难和惨痛教训。中国无论发展到何等程度也不会成为霸权国家，这是由文化传统、基本国情以及中国特色社会主义的价值原则所决定的。“中国永远不称霸，永不搞扩张”是21世纪中国对世界和平的庄严承诺。美国《赫芬顿邮报》2012年4月22日发表一篇题为《中国的中心性》的短文。文章认为“华盛顿不讳言追求（世界）领导权”，自认为是“不可替代国家”，认为美国追求世界霸权，而中国相反怀有一种与其文明价值相适应的独特态度。“中国对中心性的痴迷培养，同美国积极追求世界领导权形成鲜明对比”，“西方布道者借普世价值之名行干涉之实，到头来往往导致不和，而‘中枢国家’受中庸之道感召，发展出‘有意识的中立’……在全球村条件下中国文明的新生命正在高瞻远瞩，主动探索人类能和平共处、共享繁荣的新疆域。”[1]

2013年1月28日中共十八届中央政治局就坚定不移走和平发展道路进行第三次集体学习。中共中央总书记习近平强调，走和平发展道路，是我们党根据时代发展潮流和我国根本利益作出的战略抉择。这充分表明了中国坚持走和平发展道路的国家意志和坚强决心，也是中国为实现现代化和富民强国、为世界和平与发展做出的庄严承诺。同时，他也强调，“中国走和平发展道路，其他国家也都要走和平发展道路，只有各国都走和平发展道路，各国才能共同发展，国与国才能和平相处。”各国都走和平发展道路，并非所有国家都要走整齐划一的发展道路，而是不同国家在选择自己发展道路时理应遵循符合各国共同利益的价值规范或国际公理。不同国家走什么道路在彼此之间客观上会产生相互影响。很难想

---

[1] ［美］高大伟，王渠译：《中国的中心性》，《赫芬顿邮报》2012年4月22日。

像，一个国家可以走暴力、掠夺、殖民、军事化道路而不影响其他相关国家走和平发展道路。只有各国都走和平发展道路，才能产生共赢和共生效应，才能形成真正的利益共同体或命运共同体。

几十年来的实践证明，中国走和平发展道路完全正确，没有任何理由加以改变。中国的发展道路用无可辩驳的事实告诉世界：在经济全球化时代，一个国家完全可以从自己的国情出发，通过和平发展的方式实现国家和社会现代化的目标。

本文系作者主持的2014年国家社科基金项目“中国特色社会主义道路的世界意义研究”（项目编号：14BKS070）的阶段性研究成果。

作者简介：许峰，男，北京联合大学海外中国学研究中心副主任、教授。

构建融通中外的中国特色社会主义话语体系初探

刘武根（中国地质大学〈北京〉思想政治教育学院，北京 100083）

［摘要］中国特色社会主义是党和人民推进马克思主义中国化 90 多年奋斗、创造、积累的根本成就。在新的历史起点上，坚持和发展中国特色社会主义发展的现实逻辑要求中国马克思主义研究积极构建融通中外的中国特色社会主义话语体系，用外国人听得懂、听得进、记得住的语言讲述中国故事，传播中国声音。

［关键词］中国特色社会主义；话语体系；融通中外

长期以来，中国马克思主义研究的主要思路是“引进来”，实现马克思主义的中国化，这决定于中国革命、建设和改革的历史逻辑。推进马克思主义中国化，尽管历经曲折，但成就辉煌。中国特色社会主义是党和人民推进马克思主义中国化 90 多年奋斗、创造、积累的根本成就。在新的历史起点上，坚持和发展中国特色社会主义发展的现实逻辑要求中国马克思主义研究积极构建融通中外的中国特色社会主义话语体系，用外国人听得懂、听得进、记得住的语言讲述中国故事，传播中国声音。

一、构建融通中外的中国特色社会主义话语体系的必要性和紧迫性

改革开放以来，随着我国经济实力和综合国力的不断提高，尤其是在国际金融危机的背景下，我国与外部世界正进入新一轮的相互认识、评估、磨合期，承受的国际压力越来越大。西方国家不希望也不愿意看到中国崛起，蓄意制造有关中国的种种负面国际舆论，丑化中国形象，试图削弱中国特色社会主义道路和制度的国际影响力。西方国家的“棒杀”和围堵给我国的发展带来了严重的负面

影响。这样的例子比比皆是，仅2013年10月、11月就有4起。

一是美国广播公司ABC辱华言论。2013年10月22日，美国广播公司ABC播出了主持人吉米·克梅尔脱口秀节目“KIDS TABLE”。在节目中，吉米·克梅尔以美国政府的停摆开始与小朋友讨论，接着吉米·克梅尔还提出了好几个问题供小朋友讨论，但最刺痛中国人心的一个问题是：“美国欠了中国很多钱，1.3万亿美元，我们怎样才能还上这笔钱?”在讨论中，一个美国的小朋友提出欠中国钱的解决之道：“我们绕到地球的那一边去，把中国人都干掉。”❶

二是CNN声称制造天安门恐怖袭击者为“值得同情的对象”。2013年10月28日中午，恐怖分子乌斯曼、艾山等3人驾乘一辆吉普车闯入北京长安街的便道，故意冲撞游人和群众，造成2名游客死亡、40人受伤。案件发生之后，国内外媒体纷纷对恐怖分子的犯罪行径表示谴责。然而，10月31日，美国有线电视新闻网CNN却刊发了Swan R. Roberts撰写的一篇题为“Tiananmen crash: Terrorism or cry of desperation?”《天安门事件：恐怖主义还是绝望的呼喊?》的文章。文章罔顾事实，为恐怖分子的犯罪行径找借口，别有用心地称恐怖分子为“值得同情的对象”❷。

三是《华尔街日报》声称“钓鱼岛属日本”，呼吁奥巴马公开承认。2013年10月31日，《华尔街日报》刊发了一篇题为“The Senkaku Boomerang: Japan needs U. S. support against Chinese bullying”《钓鱼岛迷局：日本需要美国的帮助以对付中国的威胁》的文章。文章提出，在第二次世界大战中，钓鱼岛处于美国的管理之下，1970年美国将钓鱼岛归还给日本。钓鱼岛的主权问题，事实上在那个时候已经有了明确归属。文章呼吁，如果奥巴马政府能够明确主张钓鱼岛属于日本，中国政府因此退却的可能性存在。文章大肆主张，奥巴马政府公开承认钓鱼岛主权属于日本，以阻止中国对日本的“挑衅”❸。

四是美国媒体支招“如何打败中国”。2013年11月1日，美国《国家利益》杂志网站刊发了Sean Mirski撰写的一篇题为“How to Win a War with China”《怎样赢得对华战争》的文章。文章认为，中国的出口型经济很大程度上依赖进口中间产品，这一现象在高技术领域尤其明显。这些都是中国的软肋所在。文章以中国为假想敌，为美国如何击败中国献计，提出美国应联合中国的邻国对中国实施

❶ http://news.ifeng.com/world/detail_2013_10/24/30623554_0.shtml?_from_ralated.

❷ http://edition.cnn.com/2013/10/31/opinion/china-tiananmen-uyghurs/index.html?iref=allsearch.

❸ http://online.wsj.com/news/articles/SB10001424052702303618904579167072391869280.

海上封锁，阻断中国大部分海上贸易，以此摧毁中国经济，中国自然不战而败[1]。

有人也许会说，上述4个例子只是个案并不具有普遍性反映不了什么问题，那么让我们来看看更具一般性的反映国际社会尤其是西方发达国家对中国认知情况的调查报告。2013年5月22日，英国广播公司（BBC）公布了其委托加拿大民调公司Globe Scan和美国马里兰大学国际政策态度项目（PIPA）开展的一项各国国家影响力调查的结果。从调查的结果来看，对中国持正面看法的比例为42%，比2012年下滑8%；对中国持负面看法的比例为39%，比2012年上升8%，这是2005年展开这项民调以来，对中国持负面看法比例最高的一年。尤其值得注意和警惕的是西方主要发达国家如美国、德国、法国、日本等对中国持负面看法的比例竟然高达60%以上，而对中国持正面看法比例比较高的国家主要是非洲国家[2]。需要注意的是，西方很多调查公司多年的调查显示，中国的国家形象在西方人眼中并没有随着中国综合国力的上升和人民生活水平的提高而日趋改善。“当然，中国的西方形象也是有所改善的，然而据我所观察到的事实来看，这种改善极其有限。至今仍然有这样一种观点，认为对中国持有正面的态度就是天真无知。极端的负面评论家们和他们的批评依然和过去一样普遍。”[3]

与此同时，我们还可以从更一般的从类型学的维度来归纳和总结国际社会对中国的认知。在这样的视野下，可以将国际社会对中国的认知归纳为“中国威胁论”“中国崩溃论”“中国责任论”“中国机遇论”“中国殖民非洲论”等。

总之，无论是从近期特殊的个别案例还是一般的社会调查抑或是类型学分析，国际社会尤其是西方国家对中国影响力和国家形象的认知以负面为主。在西强我弱的大背景下，这样的国际环境和舆论将严重影响中国在全球化的时代统筹和利用国际国内两个市场、两种资源以更好更快地实现社会主义现代化，严重影响中国企业和中国文化“走出去”。构建融通中外的中国特色社会主义话语体系，是破除“中国政府的形象被刻意抹黑，中国的政策意图被歪曲解读，中国的解释申辩被压制淡化，中国的价值观和传统被贬低和边缘化”[4] 的重要切入点。

---

[1] http://nationalinterest.org/commentary/how-win-war-china-9346.

[2] http://www.globescan.com/news-and-analysis/press-releases/press-releases-2013/277-views-of-china-and-india-slide-while-uks-ratings-climb.html.

[3] ［澳］马克林著，张勇先、吴迪译：《我看中国——1949年以来中国在西方的形象》，中国人民大学出版社2013年版，第11页。

[4] 吴旭：《为世界打造中国梦》，新华出版社2009年版，第5页。

二、构建融通中外的中国特色社会主义话语体系的着力点

构建融通中外的中国特色社会主义话语体系，需要在调查研究的基础上把握国际社会认知中国的主要特征和基本规律，构建融通中外的中国特色社会主义的新概念新范畴新表述，加快具有国际视野精通外语的马克思主义人才队伍建设。

第一，开展国际社会认知中国状况调查，分国别基本摸清国际社会认知中国主要特征、总结国际社会认知中国的基本规律。改革开放以来，中国共产党人和中国人民以一往无前的进取精神和波澜壮阔的创新实践，谱写了中华民族自强不息、顽强奋进新的壮丽史诗，中国人民的面貌、社会主义中国的面貌、中国共产党的面貌发生了历史性变化。国际社会对中国共产党领导中国人民创造“中国奇迹”的认知存在很大的偏差和很多的误解乃至曲解。构建融通中外的中国特色社会主义话语体系是提高国际社会认知中国的首要前提。要真正做到“融通中外”首先需要把握国际社会认知中国的主要特征、系统总结国际社会认知中国的基本规律。这是提高国际社会认知认同中国梦的前提。而要做到这一点，就必须开展国际社会认知中国状况的调查。

第二，构建融通中外的中国特色社会主义的新概念新范畴新表述。“西方媒体和社会大众中存在的对于中国的偏见、陋见、成见，不是一天两天形成的，当然也不可能一天两天就会消除。希图别人幡然醒悟、更新意识，既是不现实的，从长远来看也是被动的，不策略的。”❶ 这需要我们积极主动地讲好中国故事，传播好中国声音。要真正讲好中国故事，传播好中国声音，既需要好的故事内容，又需要好的语言表达。长期以来，我们并不十分了解其他国家的国民心态和认知规律，有时会将在国内习以为常的宣教方式简单运用到对外宣传教育中，一定程度上影响了对外宣传的效果。这样的对外宣传效果可想而知。因此，一定要在开展国际社会认知中国状况调查、分国别基本摸清国际社会认知中国的基本特征、总结国际社会认知中国的基本规律的基础上，构建融通中外的中国特色社会主义新概念新范畴新表述。以融通中外的中国特色社会主义新概念新范畴新表述为载体，“发动魅力攻势，把发生在中国大地上的历史性变革讲给世界听，展现

---

❶ 吴旭：《为世界打造中国梦》，新华出版社 2009 年版，第 6 页。

给世界看”[1]。

第三，加快具有国际视野精通外语的马克思主义人才队伍建设。为了更好地说明这个问题，我们以近期学术界比较关注的哈佛大学费正清研究中心傅高义教授及其新著《邓小平时代》一书为例。傅高义教授从1961年开始学习中文，并长期从事中国研究。傅高义教授在退休后花了10年时间写就《邓小平时代》一书。该书影响甚大，获得加拿大多伦多大学莱昂内尔·盖尔伯奖（Lionel Gelber Prize）。因为此书，傅高义教授被授予“世界中国学贡献奖”。尽管如此，细心的读者不难发现，在《邓小平时代》一书的英文版中，有很多的词语用的是汉语拼音，而且有的地方还有误用，比如，“韬光养晦、绝不当头、有所作为”[2]。在《邓小平时代》一书的中文版中，傅高义这样写道：“1991年8月，听到苏联领导人亚纳耶夫对戈尔巴乔夫发动政变的消息后，王震给党中央发电报，提出中国应当表示支持亚纳耶夫的政变，邓小平回答说：‘韬光养晦、绝不当头、有所作为。’”[3] 同时，傅高义指出这一材料来源是2010年12月与中共党史专家沈志华的交谈[4]。而在《邓小平时代》一书的英文版中，傅高义则是这样写道，Deng replied “taoguang yanghui, juebu dangtou, yousuo zuowei” (Incorrectly translated by some Westerners as “avoid the limelight, don't take the lead, bide your time.” What it means is “avoid the limelight, never take the lead, and try to accomplishsomething.”[5] 对比傅高义中英文版的《邓小平时代》的这段材料，我们至少可以看出培养具有国际视野精通外语的马克思主义人才队伍是多么的重要。

第四，要全面深化我国对外宣传报道体制改革。改革开放30多年来，我国的对外宣传报道取得了较好的成绩，但与国家经济社会发展的需要不相适应，与我国的综合实力和国际地位不相称，我国对外宣传报道的体制机制还不够完善完备，对外宣传报道的影响力和战斗力还不够强大有力。“最新的调查显示，当代国际受众借助于西方媒体了解中国的信息获取率高达68%，经过其他国家了解

---

[1] 吴旭：《为世界打造中国梦》，新华出版社2009年版，第9页。

[2] 笔者注：在《邓小平文选》中，并没有“韬光养晦、绝不当头，有所作为”这样完整的表述。甚至没有出现“韬光养晦”这4个字。“韬光养晦”真正出现在，1992年4月28日，邓小平同身边人员谈中国的发展问题时指出：“我们再韬光养晦地干些年，才能真正形成一个较大的政治力量，中国在国际上发言的分量就会不同。”〔《邓小平年谱（1975—1997年）》（下），中央文献出版社2004年版，第1346页。〕

[3] 傅高义：《邓小平时代》，生活·读书·新知三联书店2013年版，第660页。

[4] 傅高义：《邓小平时代》，生活·读书·新知三联书店2013年版，第741页。

[5] Ezra Feivel Vogel, Deng Xiaoping and the Transformation of China, Harvard University Press, 2011, pp. 714.

中国的有10%，仅有22%的受众从中国媒体了解中国。”❶ 在宽广的国际视野中，以中国特色社会主义为载体，构建融通中外的话语体系，创造和掌握中国特色社会主义国际话语权，提高中国特色社会主义的软实力和国际影响力，提升国家形象，需要解放思想、立足现实、着眼长远、科学谋划，从组织创设、制度创新、体制改革、政策制定、策略选择、方法选用等方面来入手。

三、构建融通中外的中国特色社会主义话语体系的重要意义

构建融通中外的中国特色社会主义话语体系，有利于创造和掌握中国特色社会主义的国际话语权，增强国家软实力，提升国家形象，激活马克思主义的应有活力，让当代中国马克思主义在国际社会放射出应有的真理光芒，增强中国特色社会主义的道路自信、理论自信、制度自信。

第一，构建融通中外的中国特色社会主义话语体系有利于创造和掌握中国特色社会主义的国际话语权。长期以来，由于历史、实践、时代的局限性，我们更多的是将马克思主义“引进来”，研究马克思主义中国化，很少将中国特色社会主义科学、合理、全面、自觉地传播出去，中国特色社会主义的国际话语权严重缺失。相反，国际社会尤其是西方国家通过制造有关中国的种种负面舆论，诸如“中国威胁论”“中国崩溃论”“中国责任论”“中国机遇论”“中国殖民非洲论”等，操控中国特色社会主义的国际话语权。以融通中外富有亲和力、吸引力、感召力的中国特色社会主义话语体系为载体，既积极回应世界关切又主动介绍我国的基本国情、根本制度、价值观念、发展道路、内外政策等，让世界人民对中国故事能听得懂、听得进、能信服。

第二，构建融通中外的中国特色社会主义话语体系有利于增强国家文化软实力。“当今时代，文化越来越成为民族凝聚力和创造力的重要源泉，越来越成为综合国力竞争的重要因素，……要坚持社会主义先进文化前进方向，兴起社会主义文化建设新高潮，激发全民族文化创造活力，提高国家文化软实力。”❷ 中国特色社会主义是当代中国先进文化的前进方向，是提升国文化软实力的重要着力点。从国际视野的维度，以世界的眼光，构建融通中外的中国特色社会主义话语

---

❶ 孟威：《构建全球视野下中国话语体系》，《光明日报》2014年9月24日，第16版。

❷ 《十七大以来重要文献选编》（上），中央文献出版社2009年版，第26页。

体系能消除一些国家对中国特色社会主义的误解和曲解，赢得国际社会对中国特色社会主义的理解、尊重、支持，有利于国际社会客观、理性、全面认识中国，进而提高我国文化和制度的软实力。

第三，构建融通中外的中国特色社会主义话语体系有利于提升国家形象。中国特色社会主义是我国家形象形成和发展的基因。国际社会尤其是西方国家对中国特色社会主义的认知偏颇是其歪曲、误读、误解我国家形象的重要原因。以融通中外的中国特色社会主义话语体系为载体，积极引导西方国家正确认知中国特色社会主义，“重点展示中国历史底蕴深厚、各民族多元一体、文化多样和谐的文明大国形象，政治清明、经济发展、文化繁荣、社会稳定、人民团结、山河秀美的东方大国形象，坚持和平发展、促进共同发展、维护国际公平正义、为人类作出贡献的负责任大国形象，对外更加开放、更加具有亲和力、充满希望、充满活力的社会主义大国形象”[1]。

本文系作者主持的2013年国家社科基金青年项目“中国特色社会主义的国际视野研究”（项目编号：13CKS011）和2011年教育部人文社会科学研究青年项目“国际视域中的当代中国马克思主义研究”（项目编号：11YJC710032）的阶段性成果。

作者简介：刘武根，男，中国地质大学（北京）思想政治教育学院副教授。

[1] 习近平：《建设社会主义文化强国　着力提高国家文化软实力》，《人民日报》2014年1月1日，第1版。

中外学者关于当今中国现代文明认识的比较分析

李艳艳（北京联合大学人文社科部，北京 100101）

［**摘要**］在中国共产党领导下，我们已经成功开辟和拓展了当今中国现代文明进步道路。当今中国现代文明的飞速发展吸引了越来越多中外学者对其进行研究。对这些研究进行整理、比较和分析，对正处于现代化建设关键期的中国来说，将具有十分重要的启示意义。

［**关键词**］中国现代文明；中外学者；比较分析

1840 年以来，中华民族进入了探索现代文明的历程，从封建统治集团的洋务运动，到资产阶级君主立宪制改革、民主主义革命，再到新民主主义革命、社会主义革命，以至今天的中国特色社会主义建设，中国的现代文明道路在艰难探索中不断曲折前进。实践证明，在中国共产党领导下，我们已经成功开辟和拓展了当今中国现代文明进步道路。当今中国现代文明的飞速发展吸引了越来越多中外学者的关注和研究。如今，对这些研究点进行整理、比较和分析，对正处于现代化建设关键期的中国来说，将具有十分重要的启示意义。

一、中外关于当今中国现代文明认识的研究成果

海外学者关于当今中国现代文明认识的研究成果屡屡呈现，其中产生广泛影响的有：塞缪尔·亨廷顿的《文明的冲突与世界秩序的重建》、阿里夫·德里克的《全球现代性——全球资本主义时代的现代性》、尼尔·弗格森的《文明》、亚历山大·利洛夫的《文明的对话——世界地缘政治大趋势》、马丁·雅克的《当中国统治世界》。而国内关于当今中国现代文明认识的研究成果也颇丰，其中具有代表性的论著和文章有：张维为的《中国震撼——一个“文明型”国家

的崛起》、袁伟时的《迟到的文明》、包心鉴的《当今中国现代文明建设的道路》、金耀基的《论中国的现代化与现代性——中国现代的文明秩序的建构》、沈宝祥的《社会主义和谐社会是现代文明的体现》、孙永芬的《当今中国现代文明构建简论》、孙力和李海平的《社会主义对现代文明的贡献》。

笔者通过文献的比较研究发现，中外学者关于当今中国现代文明认识存在以下几个方面的差异：(1) 当今中国现代文明的地位；(2) 当今中国现代文明的特征；(3) 当今中国现代文明的世界影响；(4) 当今中国现代文明的评价。鉴于上述问题是研究中外学者对当今中国现代文明认识的基本问题，笔者将就这几方面进行比较和分析。

二、中外学者关于当今中国现代文明的认识比较

（一）当今中国现代文明的地位

兴起于19世纪西方社会的"普世文明"思想曾经一度把西方的政治、经济、文化制度视为普遍的东西，值得全球效仿。两个多世纪以来，无数西方思想家从各个学科角度对此进行了论证。为我们所熟知的是，20世纪末，美国政治学家弗朗西斯·福山提出，人类文明的历史将终结于西方的自由民主制度，"西方文明将传布到全世界"[1]。在貌似西方现代化模式一统天下的当代，塞缪尔·亨廷顿从地缘政治角度出发进行分析，认为全世界包括中华文明在内的8种主要的文明，他在表述"西方文明成为独一无二的文明"的同时[2]，也提到了中华文明对于西方文明的"挑战"，从而间接承认了当代中国文明的独特性。与之相较，美国学者阿里夫·德里克则把中国作为一种独特的发展模式而明确地提出来，"（它）一再被援引来建立一种可供选择的现代性主张。它不是要回到过去，而是要绕过过去，通向可以选择的未来……其使命是声援那些被资本主义现代性所压迫或抛弃的人民，并且为未来指明不同的可能性"[3]。英国学者马丁·雅克认

[1] ［美］弗朗西斯·福山著，黄胜强、许铭原译：《历史的终结和最后之人》，中国社会科学出版社2003年版，第50页。

[2] ［美］塞缪尔·亨廷顿著，周琪、刘绯、张立平等译：《文明的冲突与世界秩序的重建》，新华出版社2002年版，第287页。

[3] Arif Dirlik. Global Modernity: Modernity in the Age of Global Capitalism. Boulder: Paradigm Publishers, 2007, pp. 88.

为，西方的现代化只是现代化道路中的一条，中国不是西方意义上的现代民族国家，而是一个建立在独特的文明基础上的文明体❶。保加利亚学者亚历山大·利洛夫更是明确提出了“中国社会主义文明”的概念❷，以示当代中国文明与其他文明的区别。

与以上持当今中国现代文明具有特殊性观点的国外学者不同，2011 年，哈佛大学历史学教授、“中美国”概念提出者尼尔·弗格森的《文明》一书产生了广泛的世界影响。他从历史比较的视角来研究文明问题，他认为当代中国有了“市场经济”，这“让西方称雄的撒手锏不再为我们所独有”❸。言下之意，当今中国现代文明很大程度上复制了西方文明模式。但是，他又以“中国方式”来称谓当今中国现代文明道路❹，肯定其独特性。可见，他从普遍性和特殊性两个角度考量了当今中国现代文明道路。

中国学者几乎无一例外地认为，当今中国现代文明是一种特殊的道路。沈宝祥、包心鉴等绝大多数学者认为，这种特殊性主要体现在中国特色社会主义性质的文明理论与实践方面。拥有多国访问经历的复旦大学政治学教授张维为，明确提出“崛起的中国”“正在重新界定着现代化的含义”❺，这是“对西方模式的超越”，“实现了一个五千年文明与现代国家重叠的‘文明型国家’的崛起”❻。香港中文大学副校长金耀基教授认为“中国的现代化的目标是建构一个新的文明的秩序，它不可能没有启蒙的因素，但也无须并且没有可能是启蒙整套的东西”❼，主张当代中国走出一种不同于西方的崭新现代文明道路。与上述观点不同，中山大学袁伟时教授在《迟到的文明》一书中贯穿了这样的逻辑，即他认为自由、民主、平等、法治是现代文明的基本标准，敦促当代中国尽快接受现代文明。

（二）当今中国现代文明的特征

尼尔·弗格森把当代“中国方式”归结为“更多消费、更多进口、更多向

---

❶ ［英］马丁·雅克著，张莉、刘曲译：《当中国统治世界》，中信出版社 2010 年版，第 5 页。

❷ ［保］亚历山大·利洛夫著，马细谱等译：《文明的对话——世界地缘政治大趋势》，社会科学文献出版社 2007 年版，第 308 页。

❸ ［英］尼尔·弗格森著，曾贤明、唐颖华译：《文明》，中信出版社 2012 年版，第 302 页。

❹ ［英］尼尔·弗格森著，曾贤明、唐颖华译：《文明》，中信出版社 2012 年版，第 296 页。

❺ 张维为：《中国震撼——一个“文明型国家”的崛起》，上海人民出版社 2011 年版，第 36 页。

❻ 张维为：《中国震撼——一个“文明型国家”的崛起》，上海人民出版社 2011 年版，第 59 页。

❼ 金耀基：《论中国的“现代化”与“现代性”——中国现代的文明秩序的建构》，《北京大学学报》（哲学社会科学版）1996 年第 1 期。

海外投资、更多创新”4个特征[1]。阿里夫·德里克、亚历山大·利洛夫明确地以“有中国特色的社会主义”[2]、“中国社会主义文明”[3]的性质定位来描述当今中国现代文明的基本特征。

大多数国内学者除了以社会主义性质作为当今中国现代文明的基本特征以外，沈宝祥提出“社会主义和谐社会是现代文明的体现”[4]，包心鉴认为“对外开放性”和“历史继承性”是两重发展特性[5]，孙永芬则认为“以传统文明为根基”与“适合中国的国情”也是重要特征[6]。知名学者张维为提出当代中国“文明型国家”主要有8个特征，分别为“超大型的人口规模、超辽阔的疆域国土、超悠久的历史传统、超深厚的文化积淀”和“独特的语言、独特的政治、独特的社会、独特的经济”，简称为“四超”“四特”[7]。

除此而外，许多学者还对当今中国现代文明的具体特征进行了研究。文明内部结构的划分是认识当今中国现代文明特征的一个重要视角，许多学者对中共中央提出物质文明、精神文明、政治文明和生态文明的历史和逻辑进行了研究。还有一些学者提出了“物质文明、精神文明、制度文明、生态文明”[8]、“广义的社会文明、生态文明、主体文明”[9]等内部结构划分方式。

（三）当今中国现代文明的世界影响

国外学者对于当今中国现代文明的快速进步所持态度差异明显，有的欢迎，也有的嫉妒、提防。保加利亚学者亚历山大·利洛夫《文明的和谐——世界地缘政治大趋势》一书的中心思想是，中国特色的社会主义将有利于建立具有多极世界秩序特征的多元文明世界，有利于增进文明间的对话与合作。然而，仍然有许

---

[1] ［英］尼尔·弗格森著，曾贤明、唐颖华译：《文明》，中信出版社2012年版，第296—297页。

[2] Arif Dirlik. “Postsocialism? Reflections on Socialism with Chinese Characteristics”, in Marxism and the Chinese Experience, Armonk, NY: Sharpe, 1989, pp. 364.

[3] ［保］亚历山大·利洛夫著，马细谱等译：《文明的对话——世界地缘政治大趋势》，社会科学文献出版社2007年版，第308页。

[4] 沈宝祥：《社会主义和谐社会是现代文明的体现》，《学习时报》2006年9月1日。

[5] 包心鉴：《中国现代文明建设的道路——兼论中华民族精神的特点及现实价值》，《山东社会科学》1990年第1期。

[6] 孙永芬：《中国现代文明构建简论》，《天府新论》2005年第1期。

[7] 张维为：《中国震撼——一个“文明型国家”的崛起》，上海人民出版社2011年版，第64页。

[8] 徐鸿武：《论文明与现代文明结构》，《中国特色社会主义研究》2004年第1期。

[9] 李艳艳：《中国特色社会主义文明结构论》，《安徽师范大学学报》（人文社会科学版）2012年第2期。

多西方学者持“中国威胁论”。尼尔·弗格森说：“不论从经济上还是从地缘政治上来讲，来自东方的挑战真真切切。”❶ 在全球风靡一时的《文明的冲突与世界秩序的重建》书中，塞缪尔·亨廷顿更是明确地表达道：“中国的崛起则是核心国家大规模文明间战争的潜在根源。”❷

国内学者一致认为，当代中国的现代文明并非扩张性的，对于其他文明来说是求同存异、和而不同、互利共赢的关系。对此，学者们从不同角度进行了论证。张维为提出：“中国‘文明型国家’的特征决定了中国不是一个寻求对抗的国家，而是一个寻求不同体制和平共处、互相学习、互利共赢的国家。”❸ 孙力、李海平认为，社会主义迫使资产阶级不得不对工人阶级作出某些让步从而为资本主义的发展创造了比较稳定的社会环境，所以“在资本主义的现代化文明成就中也有社会主义的贡献”，而且他们坚信“社会主义的实践已经初步显示了比资本主义更高更好的文明的新质及其历史价值”，“为世界上一切进步的人们所向往”❹。

（四）当今中国现代文明的评价

塞缪尔·亨廷顿认为当今中国现代文明是一个“自认为兼容并蓄的”大中华共荣圈，中国是“吸引其他所有华人社会的文明的核心国家”❺。亚历山大·利洛夫从成绩和问题两个方面进行观察，他说“1978 年以后，中国的现代化从开始改革起步”，取得了“经济改革”“对外开放、外资和投资方面”的“中国奇迹”，但同时当代中国也面临“摆脱落后状态”“人口众多”、东西部地区发展不平衡、国企改革、“巨大的劳动力资源同新的生产力之间的矛盾”、“加速发展落后地区”等“严重问题”❻。尼尔·弗格森在《文明》中集中梳理了西方学界对于中国所存在问题的 4 种观点：在经济和政治上缺乏真正的竞争力、中国可能

❶ ［英］尼尔·弗格森著，曾贤明、唐颖华译：《文明》，中信出版社 2012 年版，第 302 页。

❷ ［美］塞缪尔·亨廷顿著，周琪、刘绯、张立平等译：《文明的冲突与世界秩序的重建》，新华出版社 2002 年版，第 287 页。

❸ 张维为：《中国震撼——一个“文明型国家”的崛起》，上海人民出版社 2011 年版，第 59 页。

❹ 孙力：《社会主义对现代文明的贡献》，《当代世界社会主义问题》2001 年 2 期。

❺ ［美］塞缪尔·亨廷顿著，周琪、刘绯、张立平等译：《文明的冲突与世界秩序的重建》，新华出版社 2002 年版，第 146 页。

❻ ［保］亚历山大·利洛夫著，马细谱等译：《文明的对话——世界地缘政治大趋势》，社会科学文献出版社 2007 年版，第 302—303 页。

发生社会动荡、日益壮大的中产阶级将要求更多的政治话语权、可能激怒周边国家❶。

国内学者普遍认为当今中国现代文明的成绩大于问题、积极贡献大于不利影响。张维为的《中国震撼》《中国触动》等书集中展示了当代中国的成绩，他提出，“今天的中国已经是一个把‘民族国家’和‘文明国家’的长处结合起来的国家”，是“文明型国家”❷。金耀基评价道，当今中国的现代文明把现代启蒙价值与中国传统文明相互结合，“中国的新文明是‘现代的’，也是‘中国的’”❸。孙力、李海平还专门撰文《社会主义对现代文明的贡献》，认为这是一条“以全体人民的福利为根本取向”、“确立了发展中国家现代化典范”的现代文明进步道路❹。

三、分析及结论

在考察中外学者对当今中国现代文明的认识过程中，为了便于进一步比较分析，笔者提炼出了一些关键词，并加以归类见下表。

中外学者对当今中国现代文明的认识比较表

	地位	特征	世界影响	评价
国外的研究	·可供选择的现代性主张 ·独特的 ·中国方式 ·市场经济	·有中国特色的社会主义 ·中国社会主义文明 ·更多消费 ·更多进口 ·更多海外投资 ·更多创新	·中国威胁论 ·东方的挑战 ·大规模文明间战争的潜在根源 ·对话 ·合作	·自认为兼容并蓄 ·中国奇迹 ·严重问题

❶ ［英］尼尔·弗格森著，曾贤明、唐颖华译：《文明》，中信出版社 2012 年版，第 300—301 页。

❷ 张维为：《中国震撼——一个“文明型国家”的崛起》，上海人民出版社 2011 年版，第 64 页。

❸ 金耀基：《论中国的“现代化”与“现代性”——中国现代的文明秩序的建构》，《北京大学学报（哲学社会科学版）》1996 年第 1 期。

❹ 孙力：《社会主义对现代文明的贡献》，《当代世界社会主义问题》2001 年 2 期。

续表

	地位	特征	世界影响	评价
国内的研究	·重新界定着现代化的含义 ·新的文明秩序 ·尽快接受现代文明	·社会主义和谐社会 ·对外开放性 ·历史继承性 ·以传统文明为根基 ·适合中国国情 ·“四超” ·“四特”	·和平共处 ·互相学习 ·互利共赢 ·在资本主义的现代化文明成就中也有社会主义的贡献 ·比资本主义更高更好的文明	·文明型国家 ·新文明 ·以全体人民的福利为根本取向 ·发展中国家现代化典范

通过比较，笔者发现中外学者在当今中国现代文明上的认识差异明显。

首先，就当今中国现代文明的地位来说，国外学者普遍认识到这是人类现代文明的选择之一，大多数国内学者认为这是一种超越于西方的文明秩序，存在着中国现代文明与西方现代文明具有同等地位与更加先进于西方现代文明两种观点。这种地位上的认识差异，关系到对当今中国现代文明的合法性、合理性的评价。对于中国学者来说，今后还需要进一步在与西方文明的比较之中来说明当今中国现代文明的历史地位。

其次，就当今中国现代文明的特征来说，除了发展中国家保加利亚的学者利洛夫以外，多数国外学者尤其是西方学者闭口不谈中国的社会主义性质，而是以市场经济、公民社会等所谓西方普遍原则来描述当今中国的现代文明。国内学者几乎一致认为，社会主义是当今中国现代文明的基本特征，中国的历史、国情都应为服从和服务于这一特征。可见，社会主义作为我国的基本制度，要想得到世界的广泛认同，这种对外宣传工作还需要深入持久地开展下去。为此，需要进一步深入从理论和实践上探索社会主义与当今中国现代文明建设的关系，把社会主义融入到西方国家容易接受的文明话语之中去。

再次，就当今中国现代文明的世界影响来说，国外学者中除了发展中国家保加利亚学者利洛夫以“对话”、“合作”进行描述以外，西方国家学者从历史上大国崛起的经验来看，几乎一致持警惕态度，认为这是对西方文明的挑战，甚至是威胁。与之形成鲜明对比的是，国内学者几乎都是从积极意义的角度来谈论其世界影响。中外学者对于当今中国现代文明对于世界影响的认识分歧巨大。由此可见，深入研究当今中国现代文明的独特逻辑体系对于阐发和宣传我国的和平外交政策、增强西方国家对我国发展的信任来说，具有十分重要的基础性理论价值。

最后，就当今中国现代文明的评价来说，许多国外学者能同时看到中国的成绩与问题，国内学者则普遍评价很高，突出强调中国取得的成就。一些国内学者对于当今中国现代文明的不足避而不谈的研究作风带有较强的经注诠释式的解读痕迹，在实践上对中国的现代化建设并没有多少益处，在理论上将尚未实现的可能性描述为既成现实，也显得不够严谨。

总的来说，当今中国现代文明的研究在国内外都还处于初级阶段，虽然已经形成了许多基本的概念和判断，但是深入的、逻辑性、体系性的理论论证还十分缺乏，这需要中国学者以更坚定的民族国家意识、更宽广的学术视野进行艰苦探索。

作者简介：李艳艳，女，北京联合大学人文社科部教师。

关注海外中国学中的意识形态安全问题

梁 怡（北京联合大学海外中国学研究中心，北京 100101）

[摘要] 海外中国学是指由国外学者参与的、以中国当代问题为研究对象的学科或研究领域。20 世纪 80 年代以来，研究当代中国逐渐成为海外中国学的重要研究部分。以美国、日本、俄罗斯为主，有近 30 个国家开展了比较有规模的研究，研究领域涉及中国政治、经济、外交、文化、社会等诸多方面。从对我国意识形态安全影响的角度，考察近年来的海外中国学研究具有重要意义。

[关键词] 海外中国学；意识形态安全

一、海外中国学现状

海外中国学或国外中国学，是指由国外学者参与的、以中国现实问题为研究对象的学科或研究领域。20 世纪 80 年代以来，研究当代中国逐渐成为海外中国学的重要研究部分。以美国、日本、俄罗斯为主，有近 30 个国家开展了比较有规模的研究，研究领域涉及中国政治、经济、外交、文化、社会等诸多方面。从对我国意识形态安全影响来说，考察近年来的海外中国学研究及其新特点具有重要意义。

特点一，海外中国学界进入新老交替阶段。最近几年，中国学的老一辈研究者相继去世，目前比较活跃的人物有［美］傅高义、麦克法夸尔、沈大伟，［俄］季塔连科，［日］毛里和子，［新加坡］郑永年等。他们的研究兴趣已从改革开放初期重点研究中国民主革命时期相继转到当代中国的现实问题。与老一辈"中国通"注重理论层面研究所不同的是，现在的研究者更侧重对中国特色社会主义实践效果的分析。在争论最热烈的"中国模式"研究中，这些人都是主要参与者。麦克法夸尔用他的"铁三角"理论、李侃如用他的"国家治理"范式，分析预测中国共产党十八大的路线和习近平同志为首的新一届中央领导集体治理方略的效果和前景。除了这些仍在学术研究前沿，但年龄均在 70 岁以上的学者之外，值得关注的是更加年轻的一代，如［俄］潘佐夫、斯米尔诺夫，［日］石川祯浩，［美］亚历山大·库克，［英］马丁·雅克等。这些人将是伴随中国实现民族复兴进程的学术精英，他们研究的取向和兴趣点、研究范式、文献来源及研究结论都一定程度代表所在国和国际学界的研究趋势，将直接对国内的相关研究产生一定的影响。

特点二，研究群体成分趋于泛化。20 世纪的中国学主要是在研究政治学、历史学的个人和单位进行，现在则大大突破了学界的范围，政界、商界、网络传媒等非研究类成分纷纷加入。甚至夸张一些地说，因热爱中国而关心中国的人与因质疑中国而关注中国的人都在发出声音，严肃的学术研究和混合的、无边界的、有些甚至是无依据的通俗性闲谈相混杂，散布于各种媒体形式上，中国学出现了较为复杂的局面。

特点三，华人学者的研究成果和作用越来越凸显出来。一批改革开放后出国的留学人员，如［新］郑永年，［德］辜学武，［美］张大卫、李成等，已成为知名华人学者。他们在中国接受过马克思主义基本理论教育，了解国情和国际学术前沿，也已经在所在国甚至在国际学界获得了一席之地。接触中发现，他们多数人有爱国主义情结和社会责任感，由于他们的背景和才华，美国和西方人一般都很重视华人学者的学术态度和研究观点。

特点四，智库对政府的影响在加大。与 20 世纪 50 年代兰德公司提供“中国将出兵朝鲜”的分析而未被美国军方重视时的情况不同，当下，在纯粹的学术研究之外，各国政府决策部门对智库的重视程度明显提升。究其原因，一方面，是担当智库的学术机构和研究项目占用资源量的比重增大，以至于不太能够清楚地分出纯学术机构和智库之间的界限；另一方面，也是其作为学界与政界交流的“旋转门”、外交官的“孵化器”、研究报告的“增值器”的作用越发显现，它们不是只提出一种方案，一种设想，往往走在决策之前，提供各种方案和设想，供决策部门抉择。智库已经是政府地道的思想库，对象国国家安全战略的“决策”外脑。

特点五，学术交流的范围和方式发生变化。海外中国学具有跨学科的特质，也为从多学科角度分析中国提供了可能。

首先，跨国界、跨学科交流明显增加。从单一学科间学者的交流，到多学科之间学者的交流。如，美国的 E. 弗里德曼（政治学）、毕克伟（历史学）、马克·塞尔登（社会学）3 位学者，连续 8 年到河北省的乡村调研，写成专著《中国乡村：社会主义国家》。这种综合性跨学科的思考，其作用和效果是超过单一学科的。近年来哲学社会科学或人文社会科学的学者参加一个单一学科会议的情况也比较少了。反之，多学科一起商议一个主题的会议也多了起来。美国鲁斯基金会（The Henry Luce Foundation）资助下的 ASIANet-Work，将美国一些规模较小、开设亚洲课程的大学联系起来，以定期年会的形式开展交流，主要研讨中国、日本、韩国的教学和科研问题，资助师生到中国考察。1991 年，只有几名学者的斯堪的纳维亚亚洲研究所成立了北欧中国学研究会，以加强人文领域对中国问题的研究。不同学科和文化背景下的中国学成果，所展示的研究领域和范围要更加宽广得多。

其次，来华参加调研和学术会议的呈上升趋势。外国人增加来华调研和参加学术会议的人数明显增多，本身就反映出国外关注的重心和焦点在当代中国。如果赶上会议档期比较集中的时段，还会出现外国人到中国“跑会”的情况。近两年召开的中国学或与中国学有关的学术会议发现这样的情况有：（1）会议的题目是学术的，与会的不一定都是学者。如上海 2013 年第五届世界中国学论坛：“中国现代化：道路与前景”参会人员 285 人（含中国学者），除了高校教师和专业研究人员，还有外交官、资本市场总裁、资本管理董事长，基金会负责人、咨询公司负责人等。（2）研究内容是学术的，研究目的不仅仅是学术的。现在以学术研讨形式召开的会议，不再仅仅是为了纯粹的学术研究。为所在国和对象国政府决策担当智库作用的学术机构及研究项目占的比重越来越大。（3）研究计划是学术的，研究成果的利用不只在学术领域。与上一个情况相联系的就是研究成果的应用问题。国内如此，国外也是如此。这是新动向，更是新趋势。如德国、韩国等，上至国家层面的战略性顶层设计、下至普通人家设计学业、子女的规划发展，中国都是优先考虑的国家之一。在这个问题上，跨越意识形态界限思考的普通人占多数。

二、海外中国学对我国意识形态安全的影响

海外中国学学者中，比较多的人认可现在还存在冷战思维的观点，认可新社会主义思潮的影响越来越大的观点。出于意识形态和国家安全的角度，对几个比较重要的问题作出说明。

（一）对中国特色社会主义理论体系的研究

目前，国外对社会主义时期中国的研究，很大一部分涉及对中国特色社会主

义的道路、理论体系和制度方面的研究。其表象是，争议最大的是关于道路的"姓氏"问题，讨论最热烈的是关于中国发展的"模式"问题，问题最突出的是割裂或对立中国特色社会主义道路前后两个历史时期。其中，最涉及本质性问题的，是在中国特色社会主义理论体系的研究方面，试图割断中国特色社会主义理论体系同马克思主义的联系。

中国走上毛泽东领导的社会主义道路存在一定的历史必然性；当代中国走上邓小平开创的中国特色社会主义道路的历史必然性是什么，国内外都在观察和思考之中。总的看，国外对毛泽东思想的研究有多种评价，但主要是以马克思主义为参照进行的。也就是说其基本点是认可毛泽东思想与马克思主义有关系。对邓小平理论为基石的中国特色社会主义理论体系，基本采取割裂同马克思主义的联系的态度。目前看，国外对邓小平理论的研究仍在争议和不断调整深化，经历了先带有偏见后逐渐客观的过程，也能够突破以往习惯将中共的思想理论与领袖个人紧密相连、重视"权力斗争论"的研究范式，结合时代变化和中国国内现实分析党的执政理念的积极历史作用，得出中共理论创新是应对复杂社会变化的明智之举等正面结论。但对中国特色社会主义理论体系的科学性和合理性，外国人还处在逐渐的认知阶段。因此，如果我们对这个重大的理论问题回答不好，对其在前后两个30年问题上的谬误观点也就难以有明显的突破性矫正。

（二）对中国共产党历史和现实的研究所占比重大幅增加

在海外中国学领域，对中国特色社会主义的研究中大量涉及对中国共产党的形象、执政能力、思想建设、组织建设、反腐倡廉建设、党的未来前景等多个方面的研究。如有人就将中组部、中宣部、各级党校锁定为近年关注的主要目标，印共马列专程派人来学习中共如何办党校。美国高校使用的美国人写的、历史系、政治系"中国政治"教材，在培养"中国通"精英人才方面发挥作用。一些学者也意识到，应该以中国社会为大背景，立足于中共党史来研究党建问题，注重党史、党建研究的交叉作用和相互影响。这些观点对我们开展党史、党建研究也有一定的启发作用。在海外关于中国共产党的研究中有两种表现形式值得注意。

其一，"党"、"国"不分的混合性研究愈加普遍。其主要原因是外国不存在中国这样明确的研究机构和学科分类，但更是域外人观察中国的一种比较普遍的角度和思维所致。俄罗斯地缘政治问题研究院通讯院士尼古拉·米季诺夫教授高度评价"三个代表"重要思想的与时俱进，充分肯定中共取得的伟大成就、务实亲民的作风，在此前提下他指出，感性认识和理性理解一个政党的双重性问题是比较现实的。一般的俄罗斯民众的关注度不太放在党派和政治生活方面，而是从现实的角度看中国。但是，因为年龄、性别、社会地位、所在地域不同，他们对中国的感性认识是不一样的。认同度较高的是习近平主席两次访俄。不一致的是新疆恐怖事件。因此，仅从对独立事件看俄罗斯对中国的态度是不会全面的。

其二，排在首位的需要是为制定本国发展战略和对华政策服务。对象国研究当代中国，基点和出发点是本国的国家利益。对美国等西方国家来说，分析研究中国特色社会主义为的是制定准确的对华政策，这一点毋庸置疑。而俄罗斯、德国（主要是前东德）及前东欧国家的学者，经历了从社会主义到资本主义、再到今天部分地学习中国治理国家经验的过程。在此过程中，特别是从社会主义时期过来，今天仍然活跃在学术研究一线的学者们，更看重这方面的反思。近年来，俄罗斯科学院远东所的季塔连科院士、德国左翼党主席格雷戈尔·吉西（Gregor Gysi）博士，都从不同的角度做了大量的反思性研究。吉西博士认为，国家社会主义模式的失败并不意味着资本主义必然会对社会保障体系的完善、生态状况的改善、平等国际关系的谋求作出更多的贡献，真正解决上述国内国际问题的基本原则仍应回归于马克思的基本论述，即“在无阶级社会中，每个个体的自由，是其他个体自由和全面发展的前提和条件”❶。包括对曾经是前东德人的德国总理默克尔的执政理念的研究，这些从事反思的前社会主义国家的学者们提出了研究中国的时代性的问题。如结合中国改革开放的实际成效，提出了应从人类解放和国际共运史的角度开展中国特色社会主义研究的需要。总的来说，无论是反思还是评析，出于各自国家利益和发展道路的考虑，将促使国际范围对中国特色社会主义理论体系的研究愈加趋于深入和客观。

其三，对中国重要历史人物的研究。对中国重要历史人物的研究，涉及的领域和问题比较多。限于篇幅原因，这里提出两个问题。

关于孙中山、毛泽东、邓小平 3 个伟人历史地位的评价。对此，海外普遍予以承认。其中，对孙中山的评价分歧不大。对毛泽东的研究，时间最长，成果最丰富，研究领域最宽泛，研究的理论性最强，形成了若干学派和范式。对毛泽东个人，兼有肯定和否定的态度，甚至存在严重的妖魔化的现象；但对毛泽东思想，以研究其思想理论、政策为主的学术研究，态度严谨，评价较高。对邓小平

---

❶ 德国左翼党代表团访问马克思主义学院，http：//pkunews. pku. edu. cn/xywh/2014 -04/28/content_282638. htm.

个人的贡献，多数研究者认可“邓小平是20世纪最伟大人物之一”；对邓小平理论学理性的研究还是很不够的。但是，与近年来国内从肯定国民党抗战作用到美化蒋介石历史地位的舆论不同，国外基本是没有这样的议论的。在20世纪90年代一个澳大利亚学者就撰文分析20世纪中国的三大伟人，还特别明确到了蒋介石与这3位的才干和影响力相比都有相当大的距离。

三、对策建议

第一，重视中方公布第一手文献资料的作用和影响。此外，研究中发现，有些学者翻译的毛泽东文章，由于缺乏历史背景和细节的深入了解，有些翻译存在明显的不准确、不清楚的情况。利用这样的译本写作，研究结论自然是不准确或错误的。因此，适当公布新解密的档案可以起到以正视听的效果。

第二，加大推出外文版的学术著作、学术论文的速度和数量。包括，外译本的毛泽东传，毛泽东文选，《中国共产党历史》一、二卷等。重点解决割裂中国特色社会主义理论体系与马克思主义哲学基础关系等理论性问题并进行正面阐述，推进马克思主义发展史研究、国际共产主义运动史研究的深入。

第三，重视大数据时代对海外中国学研究可能带来的多方面的冲击和影响。智库与学术机构、学术刊物、媒体和网络等相互结合，相互借力所产生的作用和发挥的影响将会越来越大。同时，更为宽泛传媒手段，带来了更丰富的资源化原始数据与数据颗粒化、碎片化并存的情况，使得海外中国学的研究和评析工作将更加复杂和艰巨。因此，重视海外中国学研究中的意识形态问题现实又紧迫。只有做到学术刊物有文章，学术团体有位子，学术会议有声音，才能更好地将掌握海外中国学研究话语权落在实处。

作者简介：梁怡，女，北京联合大学海外中国学研究中心教授。

海外中国学视角下的我国意识形态安全治理

张泽一、郭　云（北京联合大学商务学院，北京 100025）

［**摘要**］意识形态安全是国家安全系统的重要组成部分。影响国家意识形态安全的因素很多，海外中国学是其中之一。近年来，随着中国经济实力和国际影响力的日益增强，海外中国学发展尤为迅速，其加剧我国意识形态领域多样性的同时，也对意识形态安全形成了新的挑战。维护意识形态安全，需要采取多种举措，进一步加强治理。

［**关键词**］海外中国学；意识形态安全；冲击

党的十八届三中全会提出设立国家安全委员会以来，以习近平为总书记的党中央高度重视国家安全问题。2014 年4 月，在国家安全委员会第一次会议上，习近平总书记提出了新时期的“国家安全观”，他指出，“当前我国国家安全内涵和外延比历史上任何时候都要丰富，时空领域比历史上任何时候都要宽广，内外因素比历史上任何时候都要复杂。要准确把握国家安全形势变化新特点新趋势，坚持总体国家安全观，走出一条中国特色国家安全道路”。意识形态安全是国家安全系统中的一个重要组成部分。习近平总书记在8・19 讲话中曾经强调“意识形态工作是党的一项极端重要的工作”，关乎国家的社会主义性质，关乎建设中国特色社会主义的精神动力，必须要牢牢掌握意识形态工作领导权和主导权。影响国家意识形态安全的因素有很多，近年来发展迅速的海外中国学是其中一个重要因素，对我国意识形态安全的冲击和挑战不容小觑。因此，新的形势下有必要从海外中国学的视角审视我国意识形态安全的治理，这无疑具有重要的理论意义和现实意义。

一、海外中国学的特点及其对我国当前意识形态的影响

海外中国学是指由海外学者进行的以中国为研究对象的学科或研究领域，其渊源最早可追溯到海外传教士的汉学研究。海外中国学主要研究中国共产党领导的政治、经济、文化等时代感很强的课题，其发展具有如下几个特点：

（一）海外中国学的研究机构遍布全球，队伍数量庞大，成果丰富，有的成果备受公众关注

海外中国学的研究队伍庞大，具有全球化、多语种、多学科的特点，很多国家都有研究中国问题的相关机构。研究成果浩如烟海，其中不乏内容丰富、见地独特之作，有的成果在我国甚至备受公众关注，颇为畅销。例如，美国学者李侃如（Kenneth Lieberthal）的著作《治理中国：从革命到改革》，该书中文版2010年由中国社会科学出版社出版，到2012年已经是第6次印刷。哈佛大学教授傅高义（Ezra Feivel Vogel）的《邓小平时代》中文版，由生活·读书·新知三联书店在2013年1月出版，平装本首版50万册，在北京图书订货会短短的两天内，就由经销商订购49.8万册，为了保证供应，随后还进行了第2次印刷。美国的中国问题专家戴维·蓝普顿（David M. Lampton）的《中国力量的三个方面——军力、财力和智力》中文版2009年1月由新华出版社出版，因销量巨大，2010年1月第2次印刷，到2012年11月已经是该书的第4次印刷。基辛格（Henry Kissinger）的《论中国》（中信出版社，2012年）、美国学者恩道尔（Frederick William Engdahl）的著作《目标中国：华盛顿的“屠龙”战略》（中国民主法制出版社，2013年）、美国学者沈大伟（David Shambaugh）的《中国共产党：收缩与调适》（中央编译出版社，2011年），在中国也都有很好的销量。可见，海外中国学在中国有数量巨大的读者，对中国意识形态的影响将会越来越大。

（二）海外中国学的研究成果良莠不齐，许多观点和结论大相径庭，甚至相互矛盾冲突

由于研究中国问题的海外学者们所属国家不同，理论旨趣、学术品格、学科趋向等各不相同，导致海外中国学的研究成果良莠不齐，许多观点和研究结论甚至充满了差异和争论，几乎在关于中国的任何一个问题上都有不同声音。例如，在中国学的研究范式方面，有冲击回应说与中国中心观的争论；在中国的发展道

路方面，有承认与否定“中国模式”之争；在中国的社会结构方面，有市民社会理论和法团主义框架之争；在中国的政治制度上，有民主与专制之争；在中国的经济发展上，有崛起论与崩溃论之争。在海外中国的研究中，类似自相矛盾的观点比比皆是。因此，海外学者对中国问题的研究良莠不齐，客观与谬误并存，相当程度上，削弱了社会主义主流意识形态宣传的效果。

（三）海外中国学部分强调从材料出发引出结论，有一定的迷惑性

海外中国学对中国的研究大多建立在较为丰富的材料之上，貌似言之凿凿，有说服力。傅高义教授的《邓小平时代》是历时 10 年才完成的鸿篇巨著，作者收集了大量文献资料，其中包括近 200 人的口述资料。丰富的资料使该书具有极高的价值。它既是对邓小平一生的完整回顾，也是对中国改革开放之路的全景式描写，但细细推敲就会发现，书中还是有一些值得反思和推敲的地方，不管是材料的运用还是最后的结论，都存在明显的硬伤，与历史事实并不完全相符，容易误导读者。海外中国学者大都强调材料的积累，注重实证研究，很少有发空论的，这种研究方法给人的印象是有理有据，能够打动人、说服人。这也是海外中国学能够在中国迅速传播的主要原因之一。实际上，实证的研究方法未必能够推断出科学的结论，因为资料的选择体现了研究者的主观意识，受到研究者的主观影响，很难做到完全客观公正。所以，海外中国学那些貌似论证充分的观点，对中国读者来说具有一定的迷惑性。

（四）海外中国学十分关注中国改革开放的重大理论和现实问题，颇具时代感，容易在读者中引起共鸣

海外中国学注重研究中国改革开放中的重大理论问题，并且他们的研究经常会体现出学科发展的前沿水平和理论创新，很能吸引中国读者。例如，很多西方学者从新自由主义经济学的视角分析中国的经济改革及社会问题，批评中国政府对经济活动的干预，主张全面私有化。其论据是私有制不仅是保证个人自由的基础，还可以为每个人提供致富的均等机会，是推动经济发展、社会进步的最主要动力。新自由主义经济学是当今西方的主流经济学，以个人为本位，强调个人自由、个人价值及个人利益。对我国来说，这种思想所主张的全面私有化，实质上是呼吁肢解大型国有企业，让国家放弃对国民经济命脉的控制，废除公有制的主体地位。当前，这一思想在我国已经有了不少的支持者，其影响还有进一步扩大的趋势，显然这不利于我国社会主义意识形态的安全。另外，海外中国学大多关

注中国现实问题，这使得其研究成果具有很强的时代感，容易引起我国读者的兴趣。海外学者与我国学者有着不同的文化背景，他们所处的现实环境及接受的学术训练也都与我们不同，所以，他们在研究中国问题时，或者有独特的观察视角，或者有新颖的分析路径，或者是结论出人意料。另外，作为局外人，他们在分析问题时不会受到中国历史文化等传统的影响，因此，观点看起来似乎更加犀利，更加吸引人。

总的来看，海外中国学加剧了我国意识形态一元主导下的多样性竞争态势。改革开放以来，我国的意识形态领域逐渐形成了一元主导与多样性并存的特征。以马克思主义为指导的社会主义意识形态保持一元主导地位是我国意识形态领域的突出特点，但同时，意识形态的多样性发展也是不争的事实。改革开放以来，随着社会主义市场经济体制的建立，我国的经济成分、组织形式、分配方式、利益关系等都迅速朝着多样化的方向发展。与之相适应，人们思想活动的独立性、选择性和差异性也进一步增强，这是我国意识形态朝多样性发展的重要原因。除此之外，西方的思想文化、价值观念、消费方式等大量涌入，也在一定程度上加速了意识形态的多样化进程。在国内外各种思想文化相互渗透、相互影响的大背景下，海外中国学的发展无疑加剧了意识形态领域的多样化程度，增加了斗争的复杂程度。

二、海外中国学对当前我国社会主义意识形态安全的冲击

海外中国学的迅猛发展和传播加剧了我国意识形态的多样性，对当前我国意识形态安全形成了新的冲击，主要体现在：

（一）海外中国学对普通民众意识形态的误导

改革开放以来，以网络为主，包括报纸、杂志、广播电台、电视台在内的大众传媒发展迅速，网络信息化的发展使海外中国学的传播变得更加容易。大众通过网络可以轻松方便地接触到大量海外中国学的研究成果。这也相应加大了国家对意识形态控制和舆论导向引导的难度。大众传媒引导缺乏下，我国社会主义意识形态的影响力正被网络中的各种杂音、消极思想和负能量所侵蚀，严重影响了国家意识形态传播的有效性。例如，海外中国学的一些所谓的“成果”披着学术的外衣在互联网上公然诋毁、污蔑中国的发展和崛起，具有较大的欺骗性和蛊惑性。部分民众受此影响盲目崇拜资本主义社会政治制度和生活方式，在政治信

仰的培育中发生偏差，对我国社会主义意识形态抱有疑虑，显然不利于我国意识形态的安全。因此，大众传媒在传播海外中国学时应该有所担当，加强引导。例如，李侃如的《治理中国：从革命到改革》在出版时，出版社特地写了这么一段话：“我们选择出版此书，并不表示我们完全赞同作者书中的所有观点和结论，而是想通过出版此书，让中国学者了解国外学者分析研究中国的方法和思路，以及他们观察中国问题的角度，从而发现一些值得思考的问题和启示，为今后的沟通与交流提供一些可资借鉴的东西。所以，读者在阅读此书时，也应该是‘批判’地阅读和吸收，而不是不加思索地全盘接受。”[1] 只有对大众传媒进行积极的引导，才能够有效避免海外中国学传播过程中泥沙俱下带来的消极影响。

（二）海外中国学以隐秘和柔性的方式宣传西方意识形态，对我国的意识形态安全构成了一定威胁

意识形态是建立在一定世界观、价值观之上并对国家的发展道路及政治经济制度进行自我规定和自我辩护的理想信念体系，是一个国家和民族的灵魂，起着统领全体社会成员思想、行为的作用，是国家安全的核心。目前，海外中国学的传播有相当一部分采用正规出版文化产品的方式进入我国，其宣传名称上，一般不会直接标明“资产阶级意识形态”，这样容易引起人们的警惕和反感，当然明确颠覆中国意识形态的著作和文化产品不可能在中国公开发行。因此，大部分海外中国学成果往往以学术的名义将资产阶级意识形态包装成所谓的“普世价值”“普世文化”“大众文化”等进行宣传。这种分散嵌入在哲学、经济学、语言学、社会学、政治学等人文社会科学著作和大众文化产品中的意识形态，在内容上具有很大的隐蔽性。由于海外中国学研究对当前我国经济社会变革过程中的突出矛盾和群众关心的热点现实问题较为关注，因此其正逐步成为“大众文化”消费的对象。大众文化是意识形态斗争的深层次内容，影响着人的精神和灵魂，是国家政权、社会制度得以建立和维护的重要基础。大众文化根基的动摇、缺失，会使一个国家、民族失去赖以凝聚的精神力量，从而导致信仰迷失、价值观和道德规范混乱，甚至引发社会风险，从根本上损害国家安全。因此，海外中国学以隐秘和柔性的方式宣传西方意识形态，对我国的意识形态安全构成了一定威胁。

---

[1] 李侃如：《治理中国：从革命到改革》，中国社会科学出版社 2010 年版，第 21 页。

三、积极追踪评析海外中国学动态，维护我国意识形态安全的治理

（一）深化海外中国学的研究，要把学术介绍与政治宣传相结合

20 世纪 90 年代后，随着中国改革开放步伐的加快和中外文化交流的不断深入，我国学界对国外的中国研究日益关注，海外中国学研究进入一个前所未有的迅速发展时期。但是，这些研究主要是对海外学者研究成果的学术介绍，与思想意识形态的宣传联系不紧密。这主要是由学者们的研究身份决定的。目前，从事海外中国学研究的学者大多是文学、史学、哲学、人类学、社会学等多方面学科专家，他们基本上是从纯学术的角度研究海外中国学，侧重引进海外中国学研究的成果，希望在研究方法与分析框架等方面有所借鉴。但这种大批引进必然会带来问题。"海外中国学研究丛书"的主编刘东就对大批引进海外中国学成果表现出极大的忧虑。他认为，越是系统地引进某种活生生的外来学术话语，就越要给原有的文明基础"带来深重的冲击和致命的紊乱"，"使国人在一系列悖反的镜像中丧失自我认同的最后基础"。[1] 在海外中国学研究中要时刻注意自己的主体地位，不能陷入别人的话语立场而无力自拔。因此，我们需要改变现在以引进介绍为主的研究模式，推动海外中国学研究向引进与宣传并重的方向转型。这里的宣传有两方面的意思，一是对外宣传，主动向世界各国介绍中国的改革发展、思想文化、社会进步等，重视自己长达五千年的历史文化传统与坚持自身文化的主体性，实现与西方学者的平等对话；另一层意思是对内宣传，即把海外中国学的研究成果恰当地介绍给中国民众，能够分析其可贵之处，也能指出有失公允的地方。把对外宣传与对内宣传结合起来，掌握话语的主动权，这是海外中国学研究中必须注意的重要问题。

（二）分清良莠，把海外中国学的积极成果与我国意识形态倡导的核心价值观联系起来，正本清源

针对海外中国学研究成果的良莠不齐，需要我们分清良莠，把海外中国学的积极成果与我国意识形态倡导的核心价值观联系起来，着力宣传海外中国学研究

---

[1] 朱政惠：《近 30 年来中国学者的海外中国学研究：收获和思考》，《江西社会科学》2010 年第 4 期。

的积极成果和正能量。以《毛泽东思想和中国特色社会主义理论体系概论》为例，这门课的教学目的是帮学生认识马克思主义中国化的理论成果，坚定在党的领导下走中国特色社会主义道路的理想信念。要做到这一点，离不开对党的路线方针政策的解读，也离不开对中国革命和建设实践的总结回顾，但仅有这些是不够的，还需要有甄别地把当前国内外学者的评价介绍给学生，让他们接触到学术层面上的最新研究成果，清除他们头脑中的错误观念。所谓不破不立，只有去掉学生头脑中的错误认识，才能为社会主义意识形态的入驻奠定基础。例如，环境问题已成为中国人普遍关心的重点问题，如何看待中国的环境问题，如何评价中国政府采取的各种措施？学生中有持积极看法的，但也有不少人以抱怨为主，甚至对改革开放以来的建设提出质疑，这明显与海外中国学的某些论调是一致的。以《世界又热又平又挤》和《第三次工业革命》为代表，它们把中国放在世界大舞台上批评中国的生态环境，抱怨中国对环境的破坏，认为中国应该对世界环境负责。托马斯·弗里德曼（Thomas L. Friedman）说："中国这辆高速巴士一旦爆炸，无论在经济上还是环境上，对地球人而言都将是一场灭顶之灾。"[1] 对这样的言论视而不见是不行的，要达到政治理论课的教学目的，就不能回避这类问题。所以，政治理论课教学要留意海外中国学中与教材相关的内容，使教学具有前沿性和针对性，在帮学生辨别真伪的过程中进行社会主义意识形态的宣传教育。既做到正本清源，又要对海外中国学的一些错误言论和不实观点进行必要的批判和驳斥。

（三）大众传媒要承担起客观评析海外中国学、正确引导民众的使命

当前，面对全球化和信息化浪潮，在思想文化领域实行简单的思想控制和信息封锁已经是根本不可能的事了。在这种情况下，海外中国学必然会越来越多地在民众中传播，影响也会越来越大。所以，大众传媒要承担起引导民众的责任，对海外中国学的研究成果进行正确评价。"不识庐山真面目，只缘身在此山中。"中国人对自己国家的研究和了解，经常会因为身处其中而带有一定局限性。借助海外中国学，我们可以更清楚地审视自己，看到以前不曾留意的若干侧面和维度。但是，海外中国学不可避免地带有研究者的个人偏好，我们需要判断、鉴别其真伪。大众传媒应该在此问题上有所作为，一方面有选择地向群众介绍海外中

---

[1] ［美］托马斯·弗里德曼：《世界又热又平又挤》，湖南科技出版社2009年版，第350页。

国学的研究成果，传播科学合理的内容，培养群众的国际化视野，使他们能在全球化体系下正确认识中国；另一方面要对海外中国学中的错误观点及时做出回应，指出其不足，提高群众的鉴别能力，避免引起思想混乱。国际文化出版公司2013年出版的《邓小平传》就有意识地做了这样一件工作。《邓小平传》是英国前驻华大使理查德·伊文思（Richard Evans）的著作，作者站在独特的立场，将他30多年来对中国共产党的了解，尤其是对邓小平的了解展现出来，被誉为最客观公正的纪念碑式传记作品之一。国际文化公司在翻译出版时对书中的错误一一指出，并用注解的形式解释更正。例如，书中谈到1959年中印边界冲突时说："在西段边界，发生冲突的原因是中国在印度已宣布为己有并在不时有印度的巡逻队出没的领土上修建了一条公路"。[1] 对这一结论，书中加了很长的一个注释予以更正，指出中印边界冲突的实际情况是，1959年印度总理尼赫鲁向中国提出领土要求，同年8月25日，印度武装部队向我边防军开火，挑起武装冲突，并不断升级。3年后，挑起全面冲突，中国政府对印度的无理要求和军事进犯进行了有理有节的斗争，1962年10月22日被迫进行自卫还击。11月22日主动停火、后撤。这样的处理方式应该是翻译海外中国学著作必须坚持的，既忠于原著，又进行客观评价，能够避免普通读者接受错误信息，起到很好的引导作用。

（四）意识形态宣传要变革革命话语体系，增加宣传的学术厚度和人文关怀

当前，西方国家对中国的意识形态攻势变得更加隐秘和柔性化，他们借助学术著作、文艺作品、电影电视，甚至音乐广告等宣传自己的价值取向，进行意识形态渗透。相比较之下，中国的意识形态宣传教育依然保持明显的革命话语体系，在全球化和信息化时代显得力不从心，宣传效果不尽如人意。其中一些说教式的表达方式不容易为读者所接受，影响到宣传教育的效果。马克思说："理论只要说服人，就能掌握群众；而理论只要彻底，就能说服人。所谓彻底，就是抓住事物的根本。"[2] 要增强社会主义意识形态宣传教育的有效性，就必须转化宣传的话语体系，注重宣传的学术深度，在人文关怀方面多下工夫，提高人们的接受度。在这方面，海外中国学可以给我们很多启示，它注重材料的支撑，强调实证研究，关注现实问题，追踪理论前沿，并且大多语言平实，很少罗列晦涩难懂的专业术语，这些都是提高意识形态宣传效果必须注意的重要方面。意识形态是

[1] ［英］理查德·伊文思：《邓小平传》，国际文化出版公司2013年版，第190页。

[2] 马克思恩格斯选集（第1卷），人民出版社1995年版，第9页。

统治阶级意志的集中体现，是整合社会思潮、凝聚社会共识的最重要理论导向。属于上层建筑的意识形态是抽象的，但它的宣传教育应该是鲜活的，能够反映现实生活和时代特征。在新的历史条件下，沿用以前的革命话语体系无法承担起宣传中国特色社会主义的使命，我们必须立足于当前改革开放的实践，建立起一套具有学术厚度、充满人文关怀的宣传教育体系，增强社会主义意识形态的亲和力、吸引力和凝聚力。

总之，社会主义意识形态的宣传教育是关系国家安全的大事，绝对不能掉以轻心。为此，我们要关注海外中国学研究，正确对待海外中国学的研究成果，或者吸纳借鉴，或者批判驳斥，增强社会主义意识形态的包容性和灵活性，使社会主义意识形态的宣传教育能与时俱进，牢牢掌握意识形态的领导权，进一步增强道路自信、理论自信、制度自信。

作者简介：张泽一，男，北京联合大学商务学院教授；郭云，女，北京联合大学商务学院副教授。

俄罗斯的当代中国研究：一位俄罗斯学者的视角

周文华（北京联合大学海外中国学研究中心，北京 100101）

［摘要］安德烈·达维多夫先生是俄罗斯科学院远东研究所高级研究员，《远东问题》杂志副主编。2013 年夏，他应邀赴中央编译局、中国社会科学院、北京联合大学等单位做学术讲座。关于俄罗斯的当代中国研究，他就总体情况和某些问题的具体情况分别进行了介绍。

［关键词］俄罗斯；当代中国研究；安德烈·达维多夫

安德烈·达维多夫先生是俄罗斯科学院远东研究所高级研究员，《远东问题》杂志副主编。2013 年夏，他应邀赴中央编译局、中国社会科学院、北京联合大学等单位做学术讲座。关于俄罗斯的当代中国研究，他就总体情况和某些问题的具体情况分别进行了介绍。

一、俄罗斯对当代中国的总体研究情况

安德烈·达维多夫认为，目前俄罗斯研究当代中国的机构和人数在增加，研究范围也更广，但最具实力的研究机构仍然是俄罗斯科学院。

安德烈·达维多夫首先将俄罗斯对当代中国的研究情况与苏联时期进行了对比。他认为，虽然苏联对中国进行研究和教学的机构和个人数量并不多，但质量很高，学术水平也很高。现在俄罗斯很多院校都开设汉语和研究中国国情的课程，但质量在下降。苏联时期，研究中国问题的主要力量在莫斯科、彼得堡以及其他一些远东地区。现在俄罗斯几乎各个地区都有对汉语和中国国情进行教学和研究的机构，比较著名的是莫斯科大学、俄罗斯人文大学、国际关系学院等，另外，俄罗斯还有些中国研究是受特殊机构的邀请或受别人委托而进行的。

俄罗斯也有一些政府部门进行当代中国研究，如外交部和商务部等。一些经济部门也很需要熟知中国问题的专家，如一些大银行以及石油、电力等行业的大公司，中俄联合企业由于与中国有比较多的直接联系更需要加强对中国的研究。

安德烈·达维多夫认为，尽管俄罗斯的汉语教学和中国研究机构很多，但整体水平却需要提升，目前最具实力的机构仍然是俄罗斯科学院。近年来，俄罗斯科学院远东研究所编写了一套关于中国的百科全书，共16卷。这套书由著名院士季塔连柯主导，他与一些其他院士因成就卓著而获得俄罗斯国家勋章。

安德烈·达维多夫认为，在当代中国研究方面，目前俄罗斯没有可以替代上一代大家的新生力量。那些大家有的已故去，如在中国工作10余年的俄罗斯前驻华大使罗高寿；有的院士已达90岁高龄，季塔连柯也已近80岁。目前，众多研究机构中唯一能与俄罗斯科学院的远东研究所相抗衡的是高等经济学院，它有比较强的政府背景。前段时间，它甚至想取代俄罗斯科学院，就连现任俄罗斯教育部长也这样认为。安德烈·达维多夫认为，这显然是错误的，它的研究水平与俄罗斯科学院还是有很大差距的。比如说，其中一位有名的院士在研究中国问题，但他几乎研究中国的所有问题。很显然，他做不到这一点。事实上，该研究机构虽已成立很多年，但并没有什么特别有名的研究成果，没有为俄罗斯研究中国作出什么突出贡献。不过，俄罗斯的中国研究热仍在持续，也有足够多的后备力量。俄罗斯人对中国文化、气功、太极拳、中医针灸、风水研究也很感兴趣，对中国美食也很向往。总体上看，俄罗斯的当代中国研究前景还是比较乐观的。

二、俄罗斯对当代中国一些具体问题的研究

安德烈·达维多夫认为，随着中国的快速发展，中国在国际舞台上的作用受到越来越多的关注，而中国的政治经济状况以及在国际舞台上的地位和作用尤其值得关注。

（一）中国共产党值得俄罗斯学习

安德烈·达维多夫认为，中国共产党作为执政党，在很多方面都值得俄罗斯学习。

首先，中国共产党值得俄罗斯执政党——统一俄罗斯党学习。就反腐败来说，中国共产党表现出极大的决心和力度，而统一俄罗斯党作为俄罗斯的执政党却丑闻不断，民众对其信任度不断下降。统一俄罗斯党的很多国家高级官员都卷

入高层腐败案，民众对很多高级官员的评价都比较低。尽管俄罗斯当局也采取一些防范措施，但这种高层腐败还是愈演愈烈，并呈现自上而下的趋势，目前已达到惊人的地步。此外，还不时有一些暗杀活动出现。而中国人口是俄罗斯的10倍还多，但类似案件却少很多。而且，中国共产党近年来逐步加大反腐力度，并正在取得一定成效。

其次，中国共产党值得俄罗斯共产党学习。在俄罗斯在野党中，俄罗斯共产党得到很多人的拥护，尤其得到中老年人的拥护。俄罗斯共产党有些纲领很吸引人，例如，免费教育、免费医疗、振兴文化、发展经济等。但俄罗斯共产党最大的不足却在于其主要领导人在几十年里没有更换过。这一点，俄罗斯共产党应该学习中国共产党的经验，适时地更换领导，比如说每10年更换一次。而且，俄罗斯共产党也需要一些新的理念来吸引大众。

当然，在有些方面，中国共产党与统一俄罗斯党及俄罗斯共产党都应该继续努力。如，缩小收入差距，增进社会公平方面，就都还有很多工作要做。目前，中国的贫富差距在不断拉大，俄罗斯也是如此。俄罗斯高层官员与普通民众的收入差距大约在10倍，很多俄罗斯高级官员都有海外账户和海外不动产，30万—40万俄罗斯人长期居住在伦敦，其中包括100多名寡头和大富豪。中国共产党在极力解决贫富差距拉大问题，俄罗斯宪法也明确规定要建立一个以社会为导向的国家，这也写在了俄罗斯共产党的纲领里面。普京总统也正通过禁止议员直接经商等措施进行反腐，以挽回执政党的形象。

（二）中俄、中美应在进一步对话中加强合作

安德烈·达维多夫对中俄、中美关系的现状及发展态势进行了分析，并提出建议。

首先，中俄应进一步加强对话与合作。安德烈·达维多夫认为，中俄是战略型的伙伴关系，中俄的政治关系相对较强，而经济关系相对滞后一些。但总体上，中俄关系正处于历史上最好的一个阶段。尽管与以往相比，中俄贸易额已经达到非常高的程度，但与中美贸易额相比还有10倍以上的差距。另外，中俄双方都应进一步加强在亚太地区的影响力。俄罗斯目前在亚太地区，特别是在东北亚地区，扮演着不太积极的角色，政治影响力尤其没有大的提升。中俄专家都认为，俄罗斯除了在亚太地区加强双边的经济合作外，也应该与中国一道在朝核等问题上发挥更大作用。

其次，中美战略关系具有重大意义和影响。安德烈·达维多夫认为中美关系

长期以来一直存在着悖论的因素。总体上看，中美关系非常好，在两国共同的政治、经济利益诉求的推动下经常会出现中美关系发展的高潮。当然，也会由于地区或全局性的利益问题而出现冲突，而且有些是经常性，比如，在亚太地区的争夺，台湾问题，朝核问题，钓鱼岛问题，对全球资源的争夺问题等。不过，为了避免当年美苏冷战局面的出现，中共领导人提出的中国不试图破坏现有世界格局，在中美关系中不争霸权、不当霸主的思路是正确的。

安德烈·达维多夫认为，中美两国要尽量避免大的冲突，才能维护亚太地区的稳定。中美都要对彼此的立场有明确的认识，都要遏制各自国内不友好的力量，避免发生争端，引起争吵。目前来看，中美可能会面临一些挑唆，但双方都能保持一种比较温和的态度，这在朝鲜发射导弹问题上也有所体现。可以看出，中美之间是相容的，竞争中有合作，合作中有竞争。两国可以开展长期的、经常性的战略对话。

当然，中美之间也存在很多问题，最突出的表现是中国的迅速发展与美国的重返亚太战略之间的冲突。中国的强大当然会受到一些国家欢迎，也会受到一些国家的抵制。美国希望自己永远都是世界的领导者，不希望放弃世界头号大国地位，仍然希望保持世界的单极局面。因此，它不希望强大的中国挑战自己的权威。安德烈·达维多夫认为，二者的冲突应该通过政治对话来解决；中国目前要继续让世界了解自己，同时也应积极了解世界，了解世界的变化，尤其是周围环境的变化。

本文系国家社科基金项目“中国特色社会主义道路的世界意义研究”（项目编号：14BKS070）的阶段性研究成果。

作者简介：周文华，女，北京联合大学海外中国学研究中心副教授。

美国记忆中的“乒乓外交”

常 然（北京联合大学应用文理学院，北京 100101）

[摘要] 20世纪60年代中后期，由于中美两国都陷于严重的国内危机，原本水火不相容的尼克松和毛泽东决定走到一起，中美关系开始走向缓和。“穿运动衣的外交家”的乒乓球运动员起到了“外交先行官”的作用，中美两国以此为信号，传递表明己方的善意和期望缓和双边关系的意愿。“乒乓外交”为中美两国的政治和外交活动牵线搭桥，两国的体育交往因其灵活性而发挥独特的作用。

[关键词]“乒乓外交”；美国；运动员

20世纪60年代中后期，世界形势开始发生剧烈变化。旷日持久的越南战争使得美国国内要求停战的呼声此起彼伏，美国迎来了第二次世界大战后最严重的经济困难，元气大伤，社会矛盾日益尖锐。美国国内的政治共识因为日益激烈的反越战运动而走向破裂❶。由于美国综合国力的下降，美苏争霸的形势发生了戏剧性地转变，苏联逐步赢得了对美的战略优势。面对苏联领导人勃列日涅夫上台以来咄咄逼人的霸权主义态势，美国必须依据此消彼长的现实情况对外交政策作出重大的调整。

1966年，中国正处于“文化大革命”的风暴之中，严重的内乱使中国的国力不断衰颓，与此同时，中苏两国关系进一步恶化。1968年初，苏军入侵乌苏里江中国一侧的七里沁岛，制造了严重的流血事件。1969年，珍宝岛事件发生后，苏联加紧了在边境上对中国的骚扰，在中国新疆边境上挑起更为严重的流血事件，打死打伤多名中国边防战士。当年夏天，部署在中国边境上的苏联部队增加到了42个师，达100多万人，中国处于十分危险的境地，一场大战爆发的可能性已变得现实而紧迫。

---

❶ [美] 亨利·基辛格：《论中国》，中信出版社2012年版，第195页。

由于中美两国都陷于严重的国内危机，原本水火不相容的尼克松和毛泽东决定走到一起❶，中美关系开始走向缓和。正如基辛格所言："中美能走到一起是时代的必然——不管两国领导人是谁，这是早晚都会发生的……因为这一关系符合各方自身的利益。"❷

一、美国记忆中"乒乓外交"的序幕

尼克松基于美国社会的价值观，援用了威尔逊总统的原则，建议请中国回到国际大家庭中。他在《外交季刊》杂志 1967 年 10 月期的一篇文章《越南之后的亚洲》（Asian After Vietnam）中第一次提出美国要与中国和解的观点："我们不能让中国永远在国际大家庭之外作非分之想，老是怒气冲天。在这个小小的星球上，我们没有足够的空间让近 10 亿最具潜力的人民愤怒地生活在孤立之中。"❸

1968 年 8 月，尼克松在其总统竞选演说中提及，无论谁是今后 4 年或 8 年的美国总统，"都必须从这样一个假设出发：到头来必须同下一个超级大国共产党中国的领导人谈判"。美国已决定从亚洲收缩力量，"尽早并尽可能体面地从越南撤军"。而要实现这一点，就必须同大力支持越南抗美救国斗争的主要国家——中国打交道。基辛格曾说："向中国开门可能帮助我们结束那场战争。"

1969 年，尼克松当选总统后，他在给国家安全事务助理基辛格的备忘录中指示说："我认为我们应该对本政府寻求与中共改善关系的态度，多予鼓励。"同年 3 月 1 日尼克松访问法国时又对戴高乐总统表示："寻求与中共改善关系是美国政府的主要课题之一。"从 1969 年末至 1971 年初这一年多的时间中美双方之间围绕华沙大使级会谈、美国入侵柬埔寨和有关中美高级会晤的协商积极寻求进展。华沙渠道的进展并不像美国政府期望的那样顺利，但基本上完成了预期的任务，表达了美国改善对华关系的愿望，并阐明了不会同苏联合作主宰东亚事务的立场。随后发生的柬埔寨事件对中美和解产生了恶性影响，但这也使美国政府开始重新审视中美和解进程。在摸清了中国的战略意图后，美国政府从试探性地发出和解信号转变为求同存异的沟通交流，并用新的眼光审视并珍惜中美两国在地缘政治上的战略利益。于是，此后的中美之间的沟通也从公开的华沙会谈转为

❶ ［美］亨利·基辛格：《论中国》，中信出版社 2012 年版，第 195 页。
❷ ［美］亨利·基辛格：《论中国》，中信出版社 2012 年版，第 208 页。
❸ Richard M. Nixon："Asia after Vietnam"，Foreign Affairs，Vol. 46，No. 1，October 1967，pp. 89.

秘密联络，以此来讨论有关举行高级会晤的事宜。在此期间，1970 年 10 月，美国政府更是通过巴基斯坦总统叶海亚·汗向中国政府抛出了美国准备改善两国之间关系的橄榄枝❶，“乒乓外交”也就由此拉开序幕。

二、美国记忆中“乒乓外交”的实现

1971 年 3 月至 4 月，在日本名古屋召开的第 31 届世界乒乓球锦标赛中，“文革”以来第一次赴国外参赛的中国运动员成为中国的“外交先行官”。据基辛格回忆称：“中国领导人曾就中美乒乓球队相遇后怎么办一事进行了激烈的辩论。中国外交部起初建议不参加比赛，或至少对美国队员不予理睬。周恩来请示毛泽东，毛泽东想了整整两天。两天后，毛泽东夜里又犯了失眠，服了安眠药后，迷迷糊糊地‘伏案’而睡。突然，他发话说叫人给外交部打电话：‘请美国队访问中国。’”❷

美国乒乓球队“出乎意料”的被邀请访问北京，尼克松马上批准了美国乒乓球队接受邀请，他心里清楚，这一信号意味着另一个重大的外交转折将会很快出现。白宫发言人在新闻发布会上表示：美国政府对中国这一邀请表示欢迎，同时指出尼克松 2 月在国会的对外政策报告中清楚地表明，他欢迎中美两国人民之间的接触。基辛格也认为这是中国希望美国改善关系的一个认真的信号❸。基辛格的助手霍尔德里奇在提交给基辛格的“中国邀请美国乒乓球队访华的含义”中分析认为：中国此举是对 3 月 15 日美国国务院宣布取消用美国护照往来中国的限制这一信号的一种回应；这也是中国在向国际社会表明它将以开放的姿态处理对外关系，回归国际大家庭❹。

基辛格认为“乒乓外交”是周恩来外交的经典代表作之一，这象征着中国已承担了和美国改善关系的义务；这在向美国人民说明那些被邀请的美国人踏上的是友好国家的土地，这一事实的印证要比通过任何渠道发出的外交信息都更有

❶ 参见卢丛丛：《新中国社会主义建设严重受挫时期的对外体育交往（1966—1976）》，中国硕士学位论文全文数据库，2013 年 3 月，第 14 页。

❷ ［美］亨利·基辛格：《论中国》，中信出版社 2012 年版，第 225 页。

❸ ［美］亨利·基辛格：《基辛格回忆录　白宫岁月（节译本）》，世界知识出版社 1980 年版，第 35 页。

❹ Memorandum From John H. Holdridge of the National Security Council Staff to the President's Assistant for National Security Affairs: “Possible Significance of PRC Invitation to U. S. Table Tennis Team to Visit China”, April 9, 1971. FRUS Vol. 17, pp. 289.

分量；与此同时，这也是在向白宫发出的一个信号，表示中国已注意到美国的主动行动。在中国的领导人看来，由于这些选手不可能代表某一种政治倾向，这一做法更加具有吸引力。这样中国就可以在根本不可能刺激美国评论界的情况下表明其改善中美关系的意愿。这表明周恩来也懂得怎样做才不会遭到拒绝。在中国内部，这有助于使党政干部适应在中国外交方针上即将到来的重大变化[1]。

4月8日，美国《纽约时报》在其头版醒目位置用大标题报道："美国乒乓球队下周将访华"[2]，这一报道令世界为之震惊。10日至17日，美国乒乓球队带着他们国家的礼品——圆珠笔，开始进行对中国北京、上海、广州为期1周的访问。《纽约时报》继续对"乒乓外交"进行跟踪式的报道，在10日《纽约时报》头版标题为《由15人组成的美国乒乓球代表团途经香港进入中国》的文章中说："美国代表团昨晚抵达香港，并在机场受到来自中国共产党新闻媒体新华社和中国旅行社一名代表的友好欢迎，由这名代表负责安排美国人去中国的具体事宜。""当美国代表团进入中国共产党领土后，他们受到了中国官员的热诚欢迎，这些官员一一同他们握手，现场还演奏优美音乐以示欢迎。"[3]

4月14日在人民大会堂美国乒乓球运动员受到了周恩来总理的接见。周恩来总理说："你们在中美两国人民的关系上翻开了一个新篇章。我相信，我们友谊的这一新开端必将受到我们两国多数人民的支持。"运动员们听到自己居然被推入了高层外交轨道，惊得张目结舌。周恩来打破沉寂说："不是吗?"他这句话引起了一阵掌声[4]。次日，《纽约时报》的一篇《平易近人且健谈的周》谈论道："周总理在人民大会堂与到访的美国乒乓球代表团成员一一握手并合影，与他们亲切交谈，相互提问问题和开玩笑……这是特别的两个小时，周先生谈话主题包括中美关系、西方报道、中国食物、他高超的乒乓球艺、他的旅行、气候和嬉皮士运动。"[5] 当日《纽约时报》头版同时刊登的《周说开启了'新的一页'》文章说："周恩来会见代表团并告诉他们，他们访问共产党中国已经在中美两国人民之间'开启了新的一页'。""总理要求这个近20年来首个来华的美国代表

---

[1] ［美］亨利·基辛格：《基辛格回忆录　白宫岁月（节译本）》，世界知识出版社1980年版，第37—38页。

[2] "U. S. Table Tennis Team to Visit China for Week", The New York Times, April 8, 1971, pp. 1.

[3] "15 - Man U. S. Table Tennis Team Crosses Into China from Hong Kong", The New York Times, April 10, 1971, pp. 1.

[4] ［美］亨利·基辛格：《论中国》，中信出版社2012年版，第226页。

[5] Norman Webester: "Chou Relaxed and Jovial", The New York Times, Apr 15, 1971, pp. 17.

团要扩展中美两国人民之间的联系。”❶ 16 日，《纽约时报》刊登了以《美国代表团在上海受到欢迎：观光和比赛》为题的文章，文章引用一名中国官员的话说：“美国代表团的到来是我们开启同美国人民深厚友谊的标志。”“上海体育协会主席杨盛亚在午宴上用熏鸭和上海名酒为他们接风洗尘。”“斯廷霍文感谢杨先生并说：‘我们在这里受到了温暖而友好的款待。’”“在首都最后一晚，他们观看了中国京剧《智取威虎山》，今晚他们将要和中国乒乓球队进行第二场表演赛，到时中国人会为美国人加油，让他们感觉在自己国家一样。”❷ 基辛格的回忆，特别是《纽约时报》的报道一改对中国领导人的刻板印象的描述，为美国民众展现了中国领导人的风采和人格魅力。

在这种情况下，尼克松积极顺应国内舆论，发出了一些积极信号表明美国政府的立场，并期望以此扭转自己在中期选举后在国内的劣势地位。就在周恩来接见美国乒乓球队的同一天，尼克松通过白宫新闻秘书宣布了同中国实现缓和的“五个步骤”：一是为到美国访问的中华人民共和国个人和团体发放签证；二是放宽对美元的限制，允许中国使用美元；三是逐步取消对来往中国船只和飞机供应燃料的限制；四是允许美国船只和飞机运送中国物资；五是允许向中国出口指定的非战略物资，并授权从中国进口相关物资❸。

4 月 16 日，尼克松在美国新闻编辑年会上答记者问时再次提到了他在 1967 年为《外交季刊》写的那篇文章，并指出本届政府以及下届不管由谁来主政的政府的两项长期目标：一是实现美国与中华人民共和国政府的关系正常化；二是结束中国孤立于国际社会之外的现状。尼克松提到自己两个将在 6 月结婚的女儿，他向女儿推荐理想的蜜月地是中国，他希望自己的两个女儿到中国去，“去参观那里伟大的城市、伟大的人民”❹。4 月 21 日，尼克松在白宫接见刚从中国回来的美国乒乓球队领队格雷姆·斯蒂霍文（Graham B. Steenhoven）时表示他将全力支持美国乒协邀请中国乒乓球队访美一事。

---

❶ John Roderick："Chou Says 'New Page' has opened", The New York Times, Apr 15, 1971, pp. 1.

❷ John Roderick："U. S. Team Is Welcomed in Shanghai: Sees the Sights, Plays Another Match", The New York Times, April 16, 1971, pp. 10.

❸ National Security Decision Memorandum 105："Steps Towards Augmentation of Travel and Trade Between the People's Republic of China and the United States", April 13, 1971 FRUS Vol. 17, pp. 291 – 298.

❹ Statement by Nixon to American Society of Newspaper Editors, 16 April 1971.

三、美国记忆中“乒乓外交”的影响

至此，由乒乓球引起的外交旋风已超出了预期的效果，中美关系以此为契机，开始走到了一个新的关节点上[1]。克莱因认为，相对于北京长期拒绝接受美国访问者的政策来说，此举是一次大的政策转变，也是柬埔寨危机后中国政策向较为灵活的方向的一次转变。就时机而言，这一转变旨在影响美国和其他国家的舆论，迫使美国政府作出对北京有利的政策调整。但是他又认为，北京这种“更加灵活的”措施将会提高其对形成中的美、苏、日、中四强之间关系的操纵能力。一方面旨在离间美国与苏、日的关系，通过挫伤台湾的士气促使国民党政府垮台；另一方面又旨在提高北京在美国眼中的形象，谋求最终改变美国的对华政策，这个目的将会通过审慎地把特定群体作为邀请对象而反映出来，其邀请的重点可能放在“代表美国公共舆论中间立场的群体”，通过这类人，北京期望既获得宣传上的好处，又避免政府间谈判和美国高层人士访问无法回避及那些难以妥协的实质性问题……北京可能会有选择地邀请更为显赫的美国人，并且非常可能包括国会议员在内。而允许像乒乓球队这样的中国人访美，将是中国保持这种势头的另一种方式[2]。

“乒乓外交”在美国社会掀起巨大波澜的同时，也令美国政府中的右翼势力深感不安。4 月 19 日，副总统斯皮罗·阿格纽（Spiro T. Agnew）在弗吉尼亚的威廉斯堡，邀请记者到他房间长谈了 3 个小时，表示不赞成美国与中国的任何解冻，厌恶美国媒体为共产党的“乒乓外交”做宣传。阿格纽既要利用媒体发表与总统不一致的意见，又要避免承担相关的责任，因此要求记者们对这次访谈保密，不许他们做记录。然而第二天，他的话就出现在了美国主要报纸的头版上。尼克松当然不能允许阿格纽以这种方式破坏他和中国人之间的沟通，立即指示白宫新闻发言人罗纳德·齐格勒（Ronald Ziegler）发布一个声明，称副总统完全支持美国政府与中华人民共和国改善关系的倡议。为防止阿格纽再兴波澜，尼克松要求齐格勒提醒阿格纽：副总统的工作就是支持总统。这样总算把政府内部的分

---

[1] 宫力：《跨越鸿沟——1969—1979 年中美关系的演变》，中国博士学位论文全文数据库，1991 年 7 月，第 73 页。

[2] Ray Cline to Acting Secretary Irwin, intelligence Brief: “Communist-China/US: Peking's People's Deplomaey: A ‘New Page’ in Sino-American Relations”, 14 April 1971.

歧掩盖了下去❶。

在“乒乓外交”之后，中美双方通过私下的和公开的外交途径继续努力，以便为成功地实现中美领导人之间的高级会晤铺平道路。在中国，中共中央最高决策层经过慎重缜密地讨论，确立起新的对美政策，并通过“巴基斯坦渠道”向美国发出了具有决定意义的口信；在美国，尼克松和基辛格精心策划了代号为“波罗”的秘密行动计划，“为了给双方首脑会晤做好筹备工作，总统提出我们应以他的国家安全事务助理身份，代表他先与周恩来进行一次初步密谈”❷。并对中国传递的信息作出了积极的反应，尼克松总统还发表了他那著名的关于“五极世界”的讲话。这一系列相互协调的、私下的和公开的措施，为中美两国拟定中的基辛格特使访问中国作出了安排，并且创造了良好气氛。3 个月后，美国总统特使基辛格秘密访华，中美关系由此取得重大进展，双方达成了美国总统尼克松于 1972 年 5 月以前访问中国的协议。这一戏剧性的行动，在全世界引起巨大的震动，并在国际关系方面掀起了新的潮流。

此后，1972 年 4 月 12 日，中国乒乓球代表团到达美国底特律，参观了克莱斯勒汽车公司，与工人们一起晚餐，并举行了友好赛。中国乒乓球队又于 4 月 18 日受到美国总统尼克松在华盛顿白宫的亲自接见。

“乒乓外交”结束了中美两国 20 多年来人员交往隔绝的局面，使中美和解随即取得历史性突破。正如基辛格所言：“一年之内，中美外交从不可调和的冲突状态进入了总统使节去北京为总统访华筹备的阶段，其间双方避开了 20 年来的敌对宣传，聚焦于最重大的战略目标，即开展地缘政治对话，重塑冷战时期的国际秩序……至今美国人还常常把对华开放看成是建立永恒不变的友谊。”❸“乒乓外交”重新打开了中美交往的大门，为中美关系的发展奠定了良好的开端，这对于开拓国际关系新局面具有深远影响。

作者简介：常然，男，北京联合大学应用文理学院硕士研究生。

---

❶ ［美］理查德·里夫斯：《孤独的白宫岁月：近距离看到的尼克松》，经济日报出版社 2004 年版，第 43 页。

❷ ［美］亨利·基辛格：《论中国》，中信出版社 2012 年版，第 227 页。

❸ ［美］亨利·基辛格：《论中国》，中信出版社 2012 年版，第 228—229 页。

海外中国学研究与思想政治理论课教学

关于“纲要”课教学中运用国外中国学研究成果的几点思考

韦 磊（中共北京市委党校 党史党建教研部，北京 100044）

［摘要］近年来，随着国内学界对国外中国研究成果的关注，国外中国学研究开始日益引起国内学者的关注，正在逐步成为一门“显学”。综观国内学界对于国外中国学研究的意义的认定，绝大多数学者均强调其借鉴意义。在实际中真正发挥国外中国学研究作用的做法尚处于探索阶段。我们认为，在高校的“中国近现代史纲要”课（以下简称“纲要”课）中运用国外中国学研究成果是发挥国外中国学研究意义的一项有效途径。

［关键词］“纲要”课教学；国外中国学研究；应用研究

近年来，随着国内学界对国外中国研究成果的关注，国外中国学研究开始日益引起国内学者的关注，正在逐步成为一门“显学”。综观国内学界对于国外中国学研究的意义的认定，绝大多数学者均强调其借鉴意义。在实际中真正发挥国外中国学研究作用的做法尚处于探索阶段。我们认为，在高校的“中国近现代史纲要”课（以下简称“纲要”课）中运用国外中国学研究成果是发挥国外中国学研究意义的一项有效途径。

一、提升“纲要”课教学实效性的需要

（一）“纲要”课中应用国外中国学研究成果的研究不足

2006年后，各本科院校普遍开设了“纲要”课。由此，关于“纲要”课的教学研究也成为教学一线教师研究的热点问题。截至目前，教学一线教师的研究主要集中于以下问题：第一，课程的基础理论研究。这方面包括：课程的性质和开设该课程的必要性；“纲要”课的教学目的和要求；“纲要”课与其他相关课程的关系。

第二，关于教材研究。这方面包括：关于教材编写和修订情况；关于教材的优点及不足；教辅教材。第三，教学内容研究。这方面包括：将相关的思想理论和道德品质教育融合进教学内容之中；将特色历史文化资源整合进“纲要”课教学内容之中；“纲要”课具体教学内容的研究。第四，教学模式和教学方法研究。这方面探讨的主要有：专题式教学模式；实践教学模式；案例教学模式，以及其他教学模式和教学方法[1]。目前，“纲要”课教研界尚未充分意识到国外中国学研究在教学中的价值，也未进行如何在“纲要”课中应用国外中国学成果的研究。

（二）“纲要”课中应用国外中国学研究成果，可以有效丰富教学内容

目前，在“纲要”课教学实践中，教师主要集中于具体教学方法的改进，而对于教学内容的思考不够。我们认为，改进教学方法是提高教学实效性的外因，而如何从教学内容方面增强吸引力、增强实效性则是内因。将国外中国学研究成果运用于教学之中，则是有效丰富教学内容的重要渠道。之所以能够取得这一效果，主要是因为：首先，国外中国学的主要研究对象与“纲要”课教学内容有共同之处。国外中国学就是国外知识界对中国的研究，特别是对近现代中国的研究。国外中国学研究就是对国外中国学进行的研究。“纲要”课教学内容从时间段上看，就是鸦片战争以来近现代中国的发展历程及其规律。其次，国外中国学中的有关观点有助于论证“纲要”课中的观点。在国外中国研究界，事实上存在着诸多较为客观、正确的认识，这类研究的观点及其资料，是可以用来论证“纲要”课教学中的观点的。如，关于历史为何选择了中国共产党这一问题。20 世纪 40 年代费正清的相关认识就可以作为论证材料[2]。关于邓小平与改革开放等问题，傅高义的《邓小平时代》则比较有代表性。

二、推进国外中国学研究的需要

（一）进行“‘纲要’课中应用国外中国学研究成果”的研究，有助于拓展国外中国学研究领域

国内学界对于国外中国学的关注始于民国时期。20 世纪 80 年代以后大陆学界开始关注这一领域。20 世纪 70 年代末、80 年代初，中国开始实行改革开放政

---

[1] 李松林、韦磊：《“中国近现代史基本问题研究”学科研究报告》，《思想理论教育导刊》2013 年第 4 期。

[2] 韦磊：《1940 年代费正清对中国共产党的认识》，《重庆社会科学》2006 年第 6 期。

策，中国与世界的交流得以恢复。在此社会大背景之下，国内对于国外中国学的研究随之兴起。当然，这一时期，国内学界的研究基本上处于了解情况的阶段，真正意义上的研究并不多见。90 年代以后，国内学界开始了真正意义上的国外中国学研究。近年来，随着中国的迅速发展，国际社会更是开展其大规模的中国研究。这一状况也得到了国内学界和相关政府部门的高度重视。90 年代以后，学界首先掀起了国外中国学研究的热潮。近年来，政府有关部门也开始重视和推进国外中国学研究。2011 年，教育部出台的“高等学校哲学社会科学繁荣计划（2011—2020 年）”“高等学校哲学社会科学‘走出去’计划（2010—2020 年）”等文件中，都明确提出了要“积极推动海外中国学研究”。90 年代以来，国内学界的研究主要集中于以下领域：其一，出版、编译了一批国外中国学成果资料。近年来，这方面的代表性丛书是刘东主编、江苏人民出版社出版的国外中国研究系列。其二，理论研究。这方面学界主要探讨的是国外中国学研究的基本概念等。其三，初步开展了美国、苏－俄、日本、英、法、德、澳、加等国的中国学的宏观研究。其四，开始开展专题研究。这方面主要包括国外关于近现代中国人物的研究、中国研究机构、中国研究期刊面、国外中共历史研究等。目前，学界尚未思考和探讨如何在高校教学中运用国外中国学研究成果这一问题。

（二）发挥国外中国学研究实践意义的需要

任何一种研究，其存在的一个重要原因就是其研究对于解决现实问题的作用。目前，国内学界对于国外中国学研究意义的认识主要集中于其借鉴意义方面，“‘海外中国学’的研究可以为解决我国存在的现实问题提供某些有益的参考和借鉴，并为后者提供一些在理论上可深入研究的课题。……它可以作为解决中国社会存在问题的理论支持”[1]。还有不少学者强调其对于中华文化走向世界的意义，还有学者强调其资政的意义等[2]。但是，学界对于国外中国学研究的“育人”意义则认识不够。所谓育人方面的意义，一方面是国外中国学研究成果直接为教育、教学所用。如，在“纲要”课教学中直接运用可以论证教学内容的国外中国学研究成果。另一方面，教育、教学也要担负消除国外中国研究错误观点对当代大学生影响的任务。不可否认，由于研究者的立场、方法、价值观、理论等方面的原因，不少国外中国研究成果的观点存在严重曲解中国现实的问题；同时，随着世界范围内信息交流的迅捷，国外的这类错误观点开始对国内民众，特别是大学生产生消极影响。改革开放以来，国内出现历史虚无主义、民众

---

[1] 汤一介：《研究“海外中国学”的意义》，《国家图书馆学刊》2010 年第 1 期。

[2] 崔玉军：《国外中国学的性质及意义略论》，《社会科学管理与评论》2008 年第 4 期。

虚无主义、文化虚无主义等错误思潮的一个主要原因就是国外中国研究界的错误思想观点造成的影响。因此，“育人”作为国外中国学研究的一个重要的实践意义，应该首先在“纲要”课教学中体现出来。

三、国外中国学研究成果运用于“纲要”课教学的实现

（一）需要广大教师的认可

实现国外中国学研究成果运用于“纲要”课教学之中，首先需要广大教师的认可。目前，不少“纲要”课教师对于国外中国学及其研究成果的运用还存在一定的问题。这体现在：其一，没有意识到运用国外中国学研究成果的必要性和可能性，因而无法有意识地运用国外中国学研究成果；其二，对于国外近现代中国研究的认识存在偏差，有部分教师甚至存在盲目接受国外观点的现象，从而导致部分教师在教学中出现了立场、观点的错误；也有部分教师盲目排斥国外中国研究的成果，从而限制了自己的视野，因而从主观上就否认了运用的可能；其三，大部分教师对国外中国学了解、认识不够，从而不能够有效解答和引导大学生所接受的国外观点，进而不能够正确地对大学生进行教育和引导。因此，提升“纲要”课教学的实效性就要求教师能够运用国外中国学研究成果。这就需要“纲要”课教师能够认识到其必要性。

（二）“纲要”课教师需要有意识地补充国外中国学方面的知识

就实际来看，国内学界对国外中国学、国外中国学研究的认识还是不充分的。具体到高校，“纲要”课教师对这一领域的认识也是不充分的。高校“纲要”课教师补充这方面的知识可以从以下方面着手。其一，阅读国外中国学研究领域相关论著。如，国外中共党史研究领域有梁怡的《国外中共党史研究评析》、美国中国学研究领域有侯且岸的《当代美国的“显学”——美国现代中国学研究》等。其二，研读国外中国学方面较有代表性的论著。如，费正清的《美国与中国》、傅高义的《邓小平时代》、李侃如的《治理中国》等。其三，实现国外中国学研究成果与“纲要”课教学内容的结合。我们认为，实现这一目标主要可以从两个方面着手。一方面，整理美国、日本等国关于近现代中国研究中与《纲要》课教学内容、观点相一致的研究成果，将其作为教学使用的证明材料，丰富教学内容，补充教学材料。另一方面，整理与《纲要》课教学内容、观点相冲突的国外研究成果，对这类研究成果进行深度分析、批判。目前，需要注意分析并批判的有“西方中心观”“历史循环论”“权力斗争”“‘冷战’思

维”、历史虚无主义等观点、范式、思潮的内涵、来源、错误等。此外，在丰富“纲要”课教学内容方面，以下方面可以实现这一目标：上编综述部分可以补充早期汉学家（中国学家）对古代中国的认知，从而通过早期汉学家（中国学家）构建的古代中国形象，揭示古代中国所创造的灿烂的文明；分析“西方中心观”，从而帮助教师和学生更深刻地认识帝国主义与近代中国发展的辩证关系；近代资本——帝国主义对中国的文化渗透方面，可以运用伯希和、斯坦因等对敦煌文物的劫掠；以周锡瑞的《义和团运动的起源》等著作为个案，说明近代外国列强对于中国的军事、政治、经济侵略；通过《西行漫记》等，分析 20 世纪 30 年代中国共产党的国际形象；通过解读第二次世界大战前日本的中共研究，说明中共是抗战的中流砥柱；从 20 世纪 40 年代费正清对中国共产党的认知看国共两党的命运走向；通过批判“历史循环论”，正确认识新中国诞生的伟大意义并实现正确认识毛泽东；通过分析、批判“权力斗争”思维模式，正确认识社会主义建设时期和“文革”时期历史；从国际社会关于改革开放和“中国崛起”讨论看改革开放以来的历史与成就，等等。

四、深化国外中国学研究，推动“纲要”课教学实效性

“纲要”课教师要想充分利用国外中国学研究成果，提升教学实效性，还需要自己深化对国外中国学的学术思考。我们认为，进行国外中国学研究需要注意以下几个方面。

（一）对国外中国学研究进行学术史角度的梳理

目前，国外中国学研究是一门正在兴起的“显学”，不少研究者对其表现出了浓厚的兴趣。这为这门研究的发展提供了便利条件和繁荣的可能。但是，在大量人员、机构涌入这一领域的同时，不少研究者仅仅是为了在这一研究中占有一席之地，未能进行必要的学术积累。这就造成不少研究者“炒冷饭”，不少研究成果属于低层次、重复研究。究其原因，主要研究者在涉足国外中国学研究之初，未进行学术史方面的训练。这方面训练的缺失，就导致研究者对这一领域研究的发展历程、代表性著作、基本观点、主要研究内容、发展趋势等学术前沿缺乏认识。因此，要深化国外中国学研究，首先就需要加强对国外中国学研究史的研究。实际上，对国外中国学研究史进行研究本身也将成为一个研究领域。据笔者掌握的情况，目前，国内学界这方面的研究是比较薄弱的。如关于民国时期学界对于国外中国学研究情况的研究成果非常少。

（二）注重对一手资料的收集、整理

目前，不少国外中国学研究学者满足于利用已经翻译的二手资料进行研究，这就容易造成研究成果出现诸多问题。已经翻译的国外中国学成果是大多数入门学者开始国外中国学研究的基本资料。同样，利用这类资料也可以使研究者节省大量的时间和精力。但是，如果研究者缺乏直接收集、整理、使用一手资料的能力，那么其研究就会出现诸多问题。其一，研究者无法掌握研究对象的全貌。因为，翻译者在翻译某部论著时，不一定会考虑国外中国学研究者的需要。这样，翻译者所选取的论著往往不一定能代表国外对中国的某一问题的研究基本情况。如果仅依据这类资料开展研究，研究结论往往就会出现片面化的问题；其二，造成研究结果长期滞后于国外的研究实际。因为，国外的某些研究成果出版、发表后，经过国内译者翻译必然要经历相应的时间过程。而国外中国学研究者在开展研究时，长期依赖于翻译资料，那么无法及时把握国外的研究动态，造成研究的时效性下降；其三，有可能会误读研究对象。众所周知，译者在翻译某些作品时，往往会将自己的有关理解注入译著之中，而依据这样的译著再进行研究时，有可能就会误读原来的论著。因此，国外中国学研究者亲自收集、整理一手资料是确保这一研究科学性的前提。

综观国内的国外中国学研究，这一研究领域主要存在以下几种取向：其一，资料译介取向，即及时地将国外中国研究的最新成果翻译介绍到国内。这类取向有助于国内掌握相关信息，把握相关动态，但是研究性不够；其二，学术研究型取向。这类取向主要将国外中国学严格地界定在学术领域，以学术角度进行研究。笔者认为，进行国外中国学研究一方面要立足于学术基础之上，即研究一定要有科学性；在此基础之上，这方面的研究者要思考如何将研究成果服务于现实问题的解决，并积极探索发挥国外中国学研究实践意义的途径。将国外中国学研究成果运用于“纲要”课教学之中，就是在学术研究的基础之上，将学术研究成果的实践价值发挥出来的尝试。这既需要实际教学部门的广大教师的认可和努力，也需要国外中国学研究领域的专家、学者的积极投入。

本文系2014年度首都大学生思想政治教育一线专项课题：“《纲要》课教学中运用国外中国学成果研究”（项目编号：2－7－2014－06）的成果。

作者简介：韦磊，男，中共北京市委党校党史党建教研部副教授。

MOOC 中的海外中国学课程及启示

周文华（北京联合大学海外中国学研究中心，北京 100101）

［**摘要**］目前，在 MOOC 中，海内外高校正逐步推出自己的优质课程，其中一些有关中国的课程已经陆续上线，我们可以把它们统称为“中国学课程”。这些课程对中国的介绍与分析直接影响到课程参与者的中国观，对中国的内政外交和国际国内形象产生深远影响。这对国内相应课程的发展既是挑战也是机遇，对于蕴含更多价值观内容的思想政治理论课来说，尤其如此。

［**关键词**］MOOC；海外中国学；课程及启示

MOOC（massive open online course，即大规模开放式网络课程）已在全球范围内迅速兴起，它与前几年流行的网络公开课相比，最大的特点是更强的互动性和个性化，同时它可以为选课者提供成绩和学分，因此也更接近真实的课堂。MOOC 将给传统的高校教学带来革命性变革，并被称为“数字海啸”。目前，在 MOOC 中，海内外高校正逐步推出自己的优质课程，其中一些有关中国的课程已经陆续上线，我们可以把它们统称为“中国学课程”。这些课程对中国的介绍与分析直接影响到课程参与者的中国观，对中国的内政外交和国际国内形象产生深远影响。这对国内相应课程的发展既是挑战也是机遇，对于蕴含更多价值观内容的思想政治理论课来说尤其如此。

一、MOOC 中的海外中国学课程

随着中国国际影响的逐渐增强，海外中国学研究迎来一个新的高潮。中国研究的机构、队伍在不断发展壮大，中国研究的书籍、文章大量涌现，海外不少高校普遍开设中国研究课程，海外大学生对中国的了解逐渐增多。但是，在传统教育方式下，由于受选课人数的限制，海外中国学课程的影响面相对较小。但是，在 MOOC 平台上线的中国学课程却是辐射全世界的。由于可以不受选课人数的限制，来自世界各地的高校学生以及其他对中国感兴趣的人均可选课。因此，课程的影响力不容低估。教育部科技发展中心主任李志民曾说，MOOC 将会使传统意义上的大学职能发生颠覆性变化，教育会超出现有教育范畴，成为国家文化和软实力输出的重要载体❶。

（一）国外在 MOOC 中开设的中国学课程

2012 年被视为 MOOC 元年，此后 MOOC 获得飞速发展。目前，不少海外高校已陆续在 MOOC 中推出中国学课程，并且由在中国研究领域具有国际影响的人物担任主讲人。如哈佛大学于 2013 年 10 月 31 日在 eDX（MOOC 平台之一）上线由 Peter K. Bol 和 William C. Kirby 主讲的“中国”。该课程认为：“当代中国具有双重形象：一方面希望通过发展经济和基础性投资确立全球领导地位；另一方面它又是世界上最大最古老的官僚国家，在文化、经济和政治生活中都有多方面的传统。中国的现代社会和政府将背负着不可磨灭的历史印记，包括它的哲学、宗教、社会和政治的运行逻辑与方式。要理解 21 世纪的中国就不能不理解作为世界文明古国的中国。”❷ William C. Kirby（中文名：柯伟林）是哈佛大学费正清中国研究中心主任，在世界中国学领域具有很大影响，而且是国共两党都常与往来的中国研究专家。他曾任哈佛大学文理学院院长，并任西方国家多所知名大学的客座教授。Peter K. Bol（中文名包弼德）曾任哈佛大学东亚语言文明系主任及东亚国家资源中心主任，现任哈佛大学地理分析中心主任，以及国际中国历史地理信息系统管理委员会主任、国际历史人物数据库项目主任。他们在海外中国学研究领域的巨大影响力必然会吸引大批来自世界各地的选课者。欧洲一些国家和地区的高校也在积极推出中国学课程，或在有关亚洲的课程中对中国进行较多讲解。

（二）中国香港、中国台湾在 MOOC 中开设的中国学课程

中国香港比较早就启动了在 MOOC 上的中国学课程。2013 年 5 月香港科技大学的 Naubahar Sharif（中文名：努巴哈尔·沙里夫）在 Coursera（MOOC 平台之一）上推出“科学、技术与社会在中国”，这是亚洲第一个大规模网络公开课程。该课程自 2013 年 4 月 4 日在网上接受报名起，短短一个月的时间就有 17000 多名学生报名。报名者中，有 60% 来自美国、英国、加拿大等发达国家，其他报名者来自墨西哥、巴西、南非以及一些亚洲的中等收入国家❸。

---

❶ 王左利：《李志民：MOOC 加速高等教育国际化》，《高等教育网络》2013 年第 5 期。

❷ https：//www. edx. org/course/harvard – university/sw12x/china/920.

❸ http：//www. guokr. com/article/437033.

2013 年 7 月 22 日香港科技大学在 Coursera 上线的由 Byung Ho Lee 和 James Lee（中文名李中清）主讲的“中国新历史：1700—2000（新数据与新方法）”。该课程“意在对当代中国和当代中国史的异同进行学术探讨。当前人们对人类历史和社会理论的理解建立在西方经验或者透过西方视角的非西方经验的基础上。本课程提供一个不同的视角，即中国在过去的 3 个世纪的实际经历”[1]。该课程同时也是香港科技大学的一个研究项目，收集了近百万人的资料，包括家庭结构、教育、工作等内容，建立了名为 CMGPD（China Multi-Generational Panel Dataset）的数据库。项目研究人员通过大量普通人的数据来分析人类社会的活动规律。李中清是美籍华裔历史学家、社会学家，诺贝尔物理学奖得主李政道之子，他以对人口学的研究而知名。2003—2008 年任密歇根大学历史及社会学系教授、密歇根大学中国研究中心主任。2009 年起出任香港科技大学人文社会科学学院院长。同时兼任中国内地多所知名高校的教授。香港中文大学于 2013 年在 coursea 上线的课程主要有白先勇和华玮主讲的“昆曲之美”、李欧梵主讲的“中国人文经典：大师导读”等。李欧梵于 20 世纪 70 年代初起，先后执教于芝加哥大学、加州大学洛杉矶分校、印第安纳大学、普林斯顿大学及香港中文大学。现任香港中文大学文化及宗教研究系教授、哈佛大学东亚语言文化系中国文学教授。香港中文大学还开设了“中国货币在世界上的角色”以及介绍中国烹饪的“美食科学”等。以上专家学者的中国研究在世界范围内均有较大影响，他们在 MOOC 上开设的中国学课程也必将吸引大批学习者。

台湾的大学也在 MOOC 上积极推出有关中国历史等方面的课程。如，台湾大学于 2013 年 8 月 31 日上线一批华语 MOOC，主要包括在 coursea 上线的台湾大学的吕世浩开设的“中国古代历史与人物”等。另外，目前在台湾开放式课程联盟上线的台湾政治大学的李丰林开设的“华人宗教历史与主题”，台湾大学的佐藤将之开设的“中国古代哲学导论”、由一系列大师开设的“21 世纪人文关怀”以及金嘉锡的“庄子”等课程都具备在 MOOC 上线的便利条件。

总体上看，尽管目前 MOOC 中的海外中国学课程还不是很多，但随着中国国际影响的日渐增强，以及海外中国研究的蓬勃发展和海外高校对 MOOC 的敏锐感受力，大批海外中国学课程的上线应该为时不远。这必将极大地影响世人对中国的了解与认知。而那些有国际影响力的中国研究专家的课程一旦上线必然会吸引大批来自世界各地的学习者，并对他们中国观的形成产生较大影响。

---

[1] https://www.coursera.org/course/newchinahistory1.

二、对我国大陆高校思想政治理论课教学的启示

海外中国学范围非常广泛。MOOC 中的海外中国学课程也包括海外教师开设的所有有关中国的课程，不过，总体上看，这又主要集中在哲学社会科学领域，尤其是历史、政治和哲学等领域。海外对中国的研究及相关课堂教学可以为我们观察与分析中国社会的发展状况及存在的问题提供借鉴，但也可能会由于意识形态等方面的原因而存在一定程度的误解。又鉴于 MOOC 课程的巨大影响力，我国大陆高校的思想政治理论课教学不得不为应对 MOOC 中的海外中国学课程提前做好准备。

（一）加强对 MOOC 中的海外中国学课程的跟踪研究

近年来，国内对海外中国学的研究力度正在加大，这在国家社科基金、教育部人文社科项目等申报指南中都有所反映。目前，我们对海外中国研究的机构、人员、刊物、著作以及特点、影响和趋势等问题比较重视，出现了梁怡的《国外中共党史研究述评》、何培忠的《当代国外中国学研究》、成龙的《海外马克思主义中国化理论研究》和《海外邓小平研究新论》、中央编译局出版的《海外邓小平理论和中国改革开放研究丛书》等一批著作和大量研究论文，各级科研立项也不断增多。中国人民大学、华东师范大学、中国社会科学院、上海社会科学院等单位的海外中国学研究队伍也在不断发展壮大。这既有利于借鉴海外中国学的研究视角、思路和范式，丰富和深化中国特色社会主义理论体系研究，也有助于在国际范围内掌握中国特色社会主义理论体系研究的国际话语权。

但是，目前为止我国大陆还几乎没有对 MOOC 中的海外中国学课程的研究。这一方面由于 MOOC 还是一个新事物，没有引起足够的关注，另一方面由于 MOOC 中的海外中国学课程的广泛而深入的影响还未显现出来。但是，鉴于 MOOC 海啸般的爆发之势及其即将产生的广泛持久而深远的影响，我们必须未雨绸缪，否则将在向国际社会展示中国方面处于被动地位。

为此，我们必须加强对 MOOC 中的海外中国学课程的跟踪研究，并将其作为海外中国学研究的新领域。我们要了解都有哪些机构和个人在开设哪些中国学课程，重点关注哲学、历史、政治等领域的课程。要了解这些课程的内容、方式、特点、影响及趋势是什么；着重分析这些课程中有哪些值得我们学习的优点，又有哪些需要我们给以恰当回应的偏见与误解；尤其要重点研究产生较大国际影响的课程。值得注意的是，有些课程可能会为了吸引更多的学生而刻意制造一些对中国不利的噱头，对于在营利性平台上线的课程来说尤其如此。目前，MOOC 课

程质量标准以及系统化课程质量评估工作才刚刚起步，对此，我们不仅要有全面充分地了解，也要积极参与，并提出自己的观点和主张。

（二）主动在 MOOC 中推出自己的思想政治理论类课程

MOOC 平台是高等教育的“新大陆”，既为各高校提供了一个走向世界、提升国际地位的良好机会，也带来一些严峻挑战。在 MOOC 背景下，我们的思想政治理论课不仅要禁得起大学生和社会各界的评判和检验，而且要有与海外相关课程对话的勇气和能力。

近年来，中国大陆高校在 MOOC 上线的中国学课程还不多，目前主要有清华大学王贵祥等老师于 2013 年 10 月 17 日在 eDX 上线的“中国建筑史”等课程。对于承载更多价值观内容的中国哲学、政治、经济、文化、外交等课程，目前还没有在 MOOC 上出现。的确，这些课程的内容复杂敏感，但这并非采取回避态度的理由。通过在 MOOC 中主动开设自己的思想政治理论类课程，有助于参与选课的国内外大学生以及其他选课人员更加客观、真实、全面地了解中国，既了解中国的历史，更了解当代中国的政治、经济、文化与社会。

我国大陆高校思想政治理论课的教学和科研人员必须有足够的勇气和担当，增强自身的责任感和危机感，努力推出在国际领域禁得起检验和批判的课程，增强在 MOOC 中的国际话语权和影响力。这对教师的教学能力和技巧也提出较高的要求。一方面要以事实说话，增强课程的说服力；另一方面要注意理论表达方式的可接受性。既要充分关注选课人员普遍关心的问题，又要注意中西思维方式的差异，以避免不必要的误解。同时，还要大力加强中国学课程的团队建设，为来自世界各地的选课人员提供足够的线上答疑、辅导和作业批阅人员。

近年来，中国学研究领域的海内外学者不断加强交流与互动。有些海外学者的研究带有明显的偏见和误解，但也有不少客观、公正、中肯的研究，他们的研究方法和视角也可以为我们提供一定的参考。在 MOOC 中的中国学课程中，可以加强海内外的交流与合作，在合作开设部分课程的过程中增进彼此间沟通、了解与信任，共同推动中国学研究的进展。

本文系教育部课题“美国的中国特色社会主义理论体系研究述评”（项目编号：13YJC710073）的阶段性成果。

作者简介：周文华，女，北京联合大学海外中国学研究中心副教授。

美国学校价值观教育对高校教师的启示

赵 婷（北京联合大学人文社科部，北京，100101）

［摘要］中美两国社会构成因素存在的差异是有目共睹的，当教师面对价值观的冲突时，他是选择否定的态度，还是选择积极疏导的态度将决定着学校价值观教育的成败，教师在学校价值观教育中的作用是显而易见的，他们是价值观的灯塔和大学生的指路人。

［关键词］美国学校；价值观教育；高校教师

中美两国社会构成因素存在的差异是有目共睹的，我们需要用理性和批判的眼光进行分析与比较。美国学校价值观教育是建立在资产阶级个人主义思想之上的教育活动，而我国高校价值观教育是建立在无产阶级集体主义思想之上的教育活动，这可谓最大差异之所在。教育指导思想上的差异，导致了相关教育因素的差别，在高校价值观教育当中，教师的角色至关重要，其本人对价值观的理解以及应对价值观冲突时的策略与能力将对学校价值观教育的效果起到关键作用。因此，了解教师的价值理解动向以及培养教师的教学技巧将是我国高校价值观教育的重点。当教师面对价值观的冲突时，他是选择否定的态度，还是选择积极疏导的态度将决定着学校价值观教育的成败，教师在学校价值观教育中的作用是显而易见的，他们是价值观的灯塔和大学生的指路人。

一、教师应该善于捕捉大学生价值观中的冲突

接受价值观冲突的存在是进行价值观教育的前提条件之一，如果教师对于价值观冲突的态度意味着全盘否认或随声附和，那就无异于无视价值观冲突的存在，会导致冲突愈演愈烈而使大学生产生价值倾向模糊和价值判断混乱的后果。此外，捕捉价值观冲突的具体表现形式是教师实施教学活动的必备技能。现在的90后大学生个性突出，价值观容易受到外界的影响，高校教师更应该及时捕捉

冲突并加以合理引导。

二、教师应以“自由”和“民主”的态度接受价值观冲突

自由和民主是当今世界提倡的两大公认的价值观，不仅是社会发展所追求的伟大理想，也是个人成长依赖的基石。美国学校价值观教育特别重视“自由”和“民主”在教育中的作用和地位，正如它们在美国建国历史上所起到的推进民族解放的重要作用一样。课堂上，教师接受来自学生的各种价值观冲突，允许他们各抒己见，聆听他们的所思所想是课堂教学民主的重要标志。价值观冲突下的大学生们是主动思考的，是将自我思维意识勇于展现给他人的能动性表现形式，教师的干预会影响到大学生价值观的走向。如果教师尽力树立权威形象，不容冒犯，对价值观冲突妄下结论，学生的民主意识和话语自由就会被剥夺，变成唯命是从的“傀儡”；如果教师采用“自由”和“民主”倾向的教育方式对持有价值观冲突的大学生进行合理的疏导，则利于将这两个重要的价值观念内化于他们头脑的当中，形成稳定的价值取向。因此，教师要“从价值的传递者转变为价值的诠释者，从思想的维护者转变为思想的批判者，从观念的权威转变为观念的对话者”，创造良好的学校民主教育环境，激发学生的主动意识。同时，教师要改变以往对价值观冲突的恐惧感，认为只要是冲突就是对社会核心价值观的挑战和偏差，无视价值观冲突的根源、合理性与教育意义，并灌输给学生自己的思想，这种一棒子打死的做法压制了“自由”、“民主”思想在大学生价值观中的形成，容易引发学生的逆反心理和不配合的学习心态。因此，教师要看到“自由”与“民主”是人类内心自发、自觉产生的价值倾向。

三、教师应采用合理的解决方式和手段转化价值观冲突为教育素材

解决矛盾和冲突的方式多种多样，而大学生价值观冲突非同于一般的暴力冲突或思想冲突，它需要“在一种民主、自由、和谐、健康的环境下达到人际间心灵的沟通和思想的碰撞才能合理而有效地解决冲突”。在学校价值观教育中，解决冲突的另一个特点是要积极地把价值观冲突转变为有意义的教育素材和影响平台。这是受到柯尔伯格的“道德推理”方法的启发得到的。“道德推理”方法的

重点是，在价值观教育的过程中创设一些假定的或实际的价值观与道德方面的两难情境，两难情境由“是”与“非”构成，或者处于事件的两个极端引发属于大学生自己的立场和观念，简而言之，即是道德冲突和价值观冲突。推理的过程包括：首先，呈现一个价值或道德两难问题；其次，检验推理；最后，反思个人的见解。其精髓“不在于最终是否能够达到一个统一的结论，而在于用开放的方法求得学生思考各自的见解……具体内容包括：调查两难故事的事实真相；提出适当的可供选择的行动方向；考虑不同决策可能产生的短期和长期后果；让学生判断哪一种可供选择的决策最好”。因此，教师如果掌握好“是”与“非”两难情境的创设，便能够为大学生价值观教育创设了良好的素材和平台，为敞开心灵的窗口，实现思想的飞跃提供了可能。

四、师生与生生间的话语是激发冲突的直接途径，也是处理价值观冲突的有效途径

我们注意到，思维的复杂性和价值观念的不一致性必须通过对话来呈现，而对话是学校教育，乃至日常人际交往必不可少的表达自己观点和思想的重要环节。话语的建立是需要条件的，首先要求对话者具备语言功能和思维意识，并在思维意识的指导下使思想观念转变为口头语言；其次，确立对话者的关系和地位，不同关系和地位的对话者在对话过程中会给出不同的语气、用语、音量、态度和技巧，这些细节正是对话者地位的象征。在价值观冲突中，处于劣势地位的对话者或随声附和处于强势地位的对话者以表达赞同，或保持缄默以表达反对，这两种对话方式均不可取，它们是建立在不同的话语权之上的。在我国传统的教学过程中，学生往往处于劣势地位，对教师言行必从，这不利于价值观冲突的解决，相反会造成大学生失去独立思考的习惯。而合理的对话方式是体现“民主”与“自由”理念的平等的对话，是借以由价值观冲突引发的争辩、反驳、否定与认可等对话内容，达到帮助学生思考、选择、判断、决定并形成新的认知为目的的价值观教育，因此，具备灵活掌握对话内容、善用对话技巧的教师对学生的价值观影响是有积极意义的。对话间的思想碰撞是提高学生对教师信任度的一个有效方法。人类社会的生活不是“独白”的，而是传播交流的；不是封闭的，而是开放对话的。对话就是要把自我显露给他人，并通过与他人之间的交流，使得其果。在对教师产生足够的信任时，学生才可能将真实的想法以对话的方式进行交流，作为聆听者和教化者的教师需要用宽容的心态和疏导方式对学生进行解

答，这样才能化解价值观冲突，产生新的思想火花，建立独特的价值观念。

五、教师要善于对价值观冲突进行分析与评价

对价值观冲突进行有效的分析与人类的精神文明得以传承，为开发物质文明启动了精神动力。价值观共性的另一个特征是促进了人类文明的共同繁荣，这一方面是不言而喻的，因为人类的价值观中蕴含着共性，这些共性既包括价值观中向善的一面也包含向恶的一面，但是各国的学校价值观教育只能提倡向善一面和抵制向恶一面。因此，价值观的共性是对“善知”、“善思”、“善行”的理解与推崇，它使学校价值观教育承担着传承人类精神文明的重任。各国学校价值观教育不断地传播着人类思想的精华，在价值观共性的影响下，学校价值观教育也在教导学生去认识各国、各民族特有的价值观念，教学生用批判的眼光看待它们，去伪存真地接受它们，同时自觉与不自觉地运用求同存异式的态度实施着价值观教育，这是时代赋予学校价值观教育的重要使命。例如，美国的“个人主义”是社会价值观赖以生存的基础，美国学校价值观教育正是对个人主义价值观的发展与传播，这与西方“个人主义”内涵的广泛有密切关系，他们认为的“个人主义”是在不触犯法律的范围内追求个人合理的、合法的个人利益，法律明确规定要保护个人的私有财产。而我国长期认为“个人主义”内涵狭隘，限制于一种自私自利、损公利私的潜台词，在价值观教育中曾被全盘否定，然而，新时期思想上的与时俱进要求教育对大学生进行正确的疏导，对不同价值观念进行合理的解读，以提高认识水平和判断能力，这样才能达到预期的教育目标和效果。

总之，美国学校价值观教育研究中一些值得肯定的观点及创新性的观念正是我国学校价值观教育研究中所缺乏或忽视的。因此，以史为鉴，他山之石可以攻玉，对此我们应该充满信心。

作者简介：赵婷，女，北京联合大学人文社科部讲师。

海外书评

西方人眼中的中国形象
——兼介澳大利亚学者马克林的《我看中国》

周文华、梁怡（北京联合大学海外中国学研究中心，北京 100101）

[摘要] 马克林是中国人民的老朋友，他亲眼见证了中国天翻地覆的变化，很愿意把真实的中国介绍给西方。在《我看中国》一书中，他从政治、经济、文化、外交、宗教等多方面展示了当代中国及其形象的变化，并就西方眼中的中国形象做了具体分析。他的研究对于增进中国与西方的相互了解具有重要的参考价值。

[关键词] 中国形象；马克林；《我看中国》

科林·马克林教授（Colin Patrick Mackerras）是澳大利亚格里菲斯大学国际经济与亚洲研究学院的荣休教授，澳大利亚联邦人文学院院士。他长期从事中国学研究，侧重中国戏剧、文学、少数民族等领域，发表过100多篇有关中国的论文，撰写出版过10多本有关中国的专著。代表作有《京剧的兴起：1770—1870》《变化中的中国》《中国少数民族与全球化》《1900—1949年中国的变化》等。2013年5月，他的著作《我看中国》中文版由中国人民大学出版社出版。此书的英文版于1989年由牛津大学出版社出版发行，这次的中文版做了较大补充和修改。该书展现了一位长期致力于中国学研究的海外学者眼中的中国形象，同时分析了部分其他西方学者的研究。

随着中国的综合国力和国际影响力的不断提升，尤其是中国经济的持续快速增长，外界对中国的关注越来越多。他们通过尽可能多的渠道观察与了解中国，并逐渐勾勒出自己心目中的中国形象。他们的立意是什么？勾勒中国形象的依据是什么？效果怎样？这都是非常值得关注的问题。在对中国形象进行研究的当代西方学者中，马克林教授可谓较为执著的一位。他的持续性专题研究及其成果对于增进中国与西方的相互了解具有重要的参考价值。

一、研究概况

马克林是中国人民的老朋友，早在 1964 年从剑桥大学硕士毕业时，他就对中国产生了浓厚的兴趣，并于同年到北京外国语大学（当时的北京外国语学院）担任教职。从 1964 年第一次来华，至今他已访问中国 60 余次。改革开放以来，他几乎每年都会访问中国，通常是一年多次。如他所言，半个世纪以来，他亲眼见证了中国天翻地覆的变化，也对中国与西方相互之间存在的一定偏见与误解深有体会，因此很愿意把真实的中国介绍给西方，特别是对中国有各种误解的人们。

1989 年版《西方人眼中的中国形象》是一部以介绍中国传统文化为主的著作，而改革开放以来中国取得的巨大成就使作者感到，有必要把新时期的中国形象以更丰富的姿态展示给西方世界。因此，他在进一步研究的基础上于近年写成同名著作（中译本名为《我看中国：1949 年以来中国在西方的形象》），从政治、经济、文化、外交、宗教等多方面展示了当代中国及其形象的变化，并就西方人对中国形象的肯定与否定的理解分别做了具体分析。其中，21 世纪以来西方人眼中的中国形象占据全书内容的一半以上。该书不仅有利于西方人认识与了解当代中国，而且有助于中国人了解自己在西方人眼中的形象。对于“西方”和“中国”的概念，马克林认为，西方主要是文化意义上的，而不是语言或地理意义上的。尽管马克林始终承认港、澳、台是中国领土，但由于这些地方有着与大陆不同的政治体制，而且这些地区和大陆在西方社会中的形象有所不同，因此，书中主要限于对中国大陆的研究。

《我看中国》不仅仅是马克林个人对中国观察与分析的结果，他还在书中分析了其他西方学者对中国形象的研究。主要有杜赫德的《中国通史》、卫三畏的《中国总论》、明恩溥的《中国人的性格》、赛珍珠的《大地》、埃德加·斯诺的《西行漫记》和《大洋彼岸》、格里高利·克拉克的《恐惧中国》、雷蒙·道森的《中国变色龙：对于欧洲中国文明观的分析》、史景迁的《大汉之国：西方眼中的中国》、罗德尼·吉伯特的《中国之失》、雷穆森的《中国之得》、毛姆的《面纱》、安德烈·马尔罗的《人的命运》和韩素音的《瑰宝》和伯纳德·纽曼的

《蓝蚁》等。以上研究既有对中国的客观公正的介绍与评价，也有不实与歪曲之处。

二、影响西方人正确认识中国的主要因素

（一）西方的国家利益

马克林认为，西方如何看待中国往往并不取决于中国本身的实际情况，在很大程度上是出于本国政治和军事的考虑，并受本国学术文化和意识形态的影响。就个体来说，主要影响因素有研究者的文化背景、成长经历、思想形态、脾气秉性和主观偏见等。就社会和国家来说，主要影响因素有西方社会内部以及中西双方之间的权力关系等。马克林认同美国学者萨义德的“东方主义”理论，即西方学者对其他文明进行定义和构建，目的在于彰显自我的理性、权力和价值，并以此实现强权政治，强调自我主体的优越地位并期望能保持下去。

如20世纪上半叶西方人眼中的中国形象总体不错，尤其是1941至1945年间美国对蒋介石政府的印象比较正面，这主要是由于当时的中国符合美国国家利益的需求。受美国影响，中国在澳大利亚的形象在这一时期也迅速提升，由“东亚病夫”变成“自由之国”。而当时中国的实际情况并没有发生大的改善，反而是灾难频发、饥荒瘟疫盛行。这一时期中国形象的形成主要是由于西方的政治策略而非中国的现实形势，其中，中美共同抗击日本更是一个重要因素。

1949年中华人民共和国的成立对西方人眼中的中国形象带来迅猛而剧烈的冲击，这次是由正面转为负面，根本原因是中国共产党的政策违背了美欧利益。尽管1949年至20世纪六七十年代，中国在政治、经济、社会和文化等方面都有较大发展，但美苏冷战、朝鲜战争、越南战争以及当时媒体的宣传使西方人眼中的中国形象急转直下，“中国威胁论”风靡一时。当时的西方人士如果对中国做出正面评价，可能会被本国人认为幼稚，甚至被视为叛徒。“文革”时期的混乱局面进一步强化了西方人对中国的负面印象。总体上看，这一时期西方对中国的形象以负面为主，尽管与中国当时的实际情况有关，但主要原因在于中国利益背离了西方利益。

1971年、1972年的基辛格、尼克松访华使中国在美国的形象突然出现好转，

并影响到大批西方国家。当时美国的报纸和电视上出现大量关于中国的报道，“中国威胁论”迅速降温。1966 年盖洛普调查显示，美国人认为中国人勤奋、无知、好战、狡猾、奸诈，而尼克松访华一个月后所进行的盖洛普调查则表明，美国人认为中国人勤奋、智慧、上进、诚实且具有艺术性。而实际上，当时中国国内并没有发生重大变化。改革开放以来，西方对中国领导人邓小平及中国给予了不少积极评价，这与邓小平的丰功伟绩直接相关，但更重要的因素是一些西方人误以为邓小平的中国特色社会主义就是西方所推崇的资本主义，符合西方的国家利益。

1996 年前后，西方人眼中的中国形象再次转向负面，这与美国当时的国内政治状况有着微妙的联系。当时美国正值大选，共和党借此抨击民主党的一些政治主张和对华政策。事实上，很多反华的愤怒情绪都是由政客挑起的，每逢大选，他们往往利用这一话题来获取政治资本。所幸的是，美国对澳大利亚等一些西方国家的中国形象的影响在逐渐减弱。霍华德时期总体上将中国视为发展机遇而非威胁，中澳关系发展迅猛。

马克林还特别提到了英国学者雷蒙·道森的钟摆理论，即西方对中国的印象不断由一边转向另一边，由积极到消极，再由消极到积极，周而复始，循环往复，而其中起关键作用的是西方的国家利益。

（二）媒体和其他方面的因素

除了政治和军事因素外，马克林认为西方的新闻记者、智库学者、留学生和游客、影视等都对西方人眼中的中国形象产生了较大影响，而互联网的作用更是不容忽视。他认为，很多西方国家的民众对政府不是特别信任，官方对中国的报道和统计报表不是他们认识中国的最重要的渠道。于是，新闻报刊和记者的影响有时甚至会超过政府。因此，如何使西方国家的新闻记者真实、客观地了解中国、介绍中国就变得非常重要。

马克林认为，21 世纪以来西方人眼中的中国形象比 20 世纪 90 年代有较大改观，总体上是一种积极正面的看法，但也有不同意见，特别是一些反华人士往往就环境保护、计划生育、城乡差距以及中国在非洲等地区日渐增强的影响来歪曲与否定中国的形象。马克林认为，造成这种情况的主要原因是他们没有从中国的国情和客观现实出发，过分放大了中国社会存在的问题，从而弱化甚至抹杀中国发展所取得的成就。当然，中国的发展也存在很多问题，即使中国人自身也在不断地批评自己的国家，而客观公正的批评是有益的。但是西方却倾向于夸大中国的不足而忽略中国的成就。中国人口众多、疆域广阔，其发展进程中蕴含着多方面的内容，西方学者不应只是取己所需，片面僵化，而应做全面辩证的观察与思考。

就大众传媒来说，马克林重点分析了《时代》周刊、《纽约时报》《华盛顿邮报》等有影响的报纸杂志尤其是美国有线电视新闻网（CNN）的作用。当然，普通门户网站的作用也不可小觑，因为每个人都可以在上面发表自己的观点并得到广泛传播。鉴于某些传媒有失客观公正，他身体力行，向澳大利亚广播公司提议拍摄一部20集的有关中国语言和文化的电视教学节目，并得到联邦政府下属亚洲研究会的批准和澳大利亚广播公司的拨款。该节目在录制完毕后的几十年里反复播出，起到较好的效果。他还分析了一些西方国家所拍摄的影视作品的作用，如《尼克松在中国》《红色角落》《功夫小子》《中国人来了》等。

此外，西方传教士也有一定的影响。一些传教士认为，只有他们的宗教是合理的，而其他国家和地区的宗教是落后的，中国传统的儒家文化和宗教信仰应由西方的宗教取而代之，这种观点直到今天在西方一些国家仍有市场。由于这种观点符合西方国家海外扩张的政治、经济和军事等方面的国家利益，因此得到西方政府的支持。也有一些西方左翼团体、亲华传教士、友好协会等机构和个人在对中国形象进行正面塑造。

三、对提升西方人眼中的中国形象的思考

马克林认为，要提升西方人眼中的中国形象，关键在西方而不在于中国，因为中国人没法控制西方人的思维。西方人长期以来所形成的文化优越感使他们无法平等地看待中国。比如说，美国目前就很难接受中国的发展现实和对其世界第一位置的撼动，即使中国并无此意。

尽管如此，中国仍然可以也应该为改善西方人眼中的中国形象做出努力。例如，孔子学院的建立就收到了较好成效。随着中国在世界贸易体系中地位的提高，现在很多西方国家的首脑都认为应该加强对中国的了解，对于以中国为最大贸易伙伴的国家来说尤其如此。澳大利亚就非常重视对中国的研究，无论是前任总理陆克文，还是现任总理吉拉德均是如此。马克林本人还曾是格里菲斯大学旅

游孔子学院的院长，对孔子学院的积极作用有着更深的体会。他认为孔子学院是重要的文化交流机构，而不是一些西方人指责的中国政府安插在西方大学的宣传工具。即使把它理解为宣传工具也无可厚非，因为许多西方国家也都投入不少财力建立海外机构以宣传自身的语言和文化，包括法国的法语联盟、德国的哥德学院等。

学者的研究成果也很重要，他们不仅影响西方民众对中国形象的认知，也是影响西方政府制定对华政策的重要智囊。改革开放以来，越来越多的西方学者到中国进行实地考察，这对于提升其研究结果的客观性有很大帮助。他建议西方学者多关注一下中国自己的理论，如和平崛起与和谐社会。他还特别提到，有关中国的负面形象有时来自于一些定居在西方的华人以及在西方国家的大学和研究机构工作的中国学者。如何减弱他们的消极作用并增强他们的积极作用，也是一个亟需破解的难题。

马克林还特别强调要重视留学生和游客在宣传中国形象方面的作用，因为双向的民间交流可以在塑造中国形象方面起到桥梁和纽带的作用。据世界旅游组织预测，2020 年中国将成为世界最大的旅游目的地，会吸引大批来自世界各地的游客，同时赴西方国家旅游的中国游客也在大幅增加。近年来，留学生数量也在急遽增加。

至于“中国梦”可能会给西方人眼中的中国形象带来什么影响，马克林认为，在这个问题上存在不同的情况。有些西方人认为中国不是一个富于侵略性的国家，中国梦的追求和实现将成为世界和平与发展的重要推动力量；而有些西方人可能会对此心存疑虑，对那些一直宣扬和鼓吹“中国威胁论”的人来说尤其如此。马克林认为，中国应进一步明确中国梦的具体内涵，并以正确的方式对世界进行解释，这有助于塑造积极的中国形象。对新一届中国政府及领导人，马克林认为他们富于活力、非常自信，有想法、有作为。可以预见，他们会很好地推动中国的发展，并给西方人眼中的中国形象带来积极影响。

马克林是一位对华友好人士，在海外的当代中国研究领域具有相当的影响。他一直力图客观、公正地向世人展示西方人眼中的中国形象，事实上他做的也相当不错。但他本人作为一名西方学者，中西文化的差异不可避免地对他的研究产生一定影响，认识问题的角度和范式与我们也有所不同。因此我们在阅读他的作品时也要保持客观、科学的态度，只有这样才能对他的作品及其影响予以客观公正的评价。

本文系2014年国家社科基金项目“中国特色社会主义的世界意义研究”（项目编号：14BKS070）的阶段性研究成果。

作者简介：周文华，女，北京联合大学海外中国学研究中心副教授；梁怡，女，北京联合大学海外中国学研究中心首席专家，教授。

苏联远东红旗军第 88 独立步兵旅老战士 B. 伊万诺夫及其著作《战斗在敌后》

梁 怡（北京联合大学海外中国学研究中心，北京 100101）

［**摘要**］B. 伊万诺夫（1921—2014），1937 年加入苏联红军，第二次世界大战期间参与了苏军对德、对日的反法西斯作战，特别是参加了 1945 年苏联对日宣战后的远东战役。参战前，他被派往苏联远东红旗军第 88 独立步兵旅任部长助理，其间结识了东北抗联及 88 旅的许多中国、朝鲜的军事指挥员周保中、李兆麟、金日成等人。1957 年起，从事军事外交工作，曾在中国的大使馆武官处任武官。退休后投入到俄中友好协会、俄罗斯老兵协会和莫斯科老兵协会的社会活动中。作为教官，他将自己几十年间收集整理的关于 88 国际旅的宝贵资料写成著作《战斗在敌后》，以中俄文两种文字出版，对 88 旅的建立、建制、训练内容、队伍特点和历史作用，多角度作了分析和介绍，是一本难得的当事人的珍贵资料集。

［**关键词**］B. 伊万诺夫；第 88 独立步兵旅；资料和研究

2012 年是苏联远东红旗军第 88 独立步兵旅（以下简称 88 旅）建立 70 周年。2012 年 9 月 12 日，北京迎来了一位特殊的俄罗斯客人——俄罗斯目前唯一健在的 88 旅教官 B. 伊万诺夫。B. 伊万诺夫生于 1921 年，1937 年加入苏联红军，在第二次世界大战中参与了苏军对德、对日的反法西斯作战。曾经在伏龙芝军事学校等两所军校学习，参加了 1945 年苏联对日宣战后的远东战役。参战前，他被派往 88 旅参谋部做教官，任部长助理，其间结识了东北抗联及 88 旅的许多中国、苏联、朝鲜的军事将领，如周保中、李兆麟、金日成等人。1957 年起，从事军事外交工作。先后在苏联驻缅甸、埃塞俄比亚和中国的大使馆武官处任武官。1993 年退休后，投入到俄中友好协会、俄罗斯老兵协会和莫斯科老兵协会的社会活动中。生前任俄中友好协会副主席和两个老兵协会附属的苏联对日作战老兵团队队长。2014 年 9 月病逝。

B. 伊万诺夫老人，他对中国人民怀有深厚的感情。在 1971—1974 年他任苏联驻华武官期间，做了两件特别的事情：亲自整理记录了中国第一位布尔什维克、苏联中国红军团团长任辅臣的事迹；着手搜集中国、苏联、朝鲜三国有关 88 国际旅的文献档案。在此过程中，他与中国人民结下了深厚的友谊，或者说，他是一位有着深厚中国情结的老人。他常在家中接待中国朋友和客人，并亲自下厨房为客人做饭。我就是在 2008 年春节到他家访问的。他的家中有一台等离子电视，那是 2005 年 5 月 8 日胡锦涛总书记访问俄罗斯期间接见了包括他在内的第二次世界大战老战士并送给他们的。伊万诺夫把印有“赠曾经参加反法西斯战争的俄罗斯老战士，中华人民共和国主席胡锦涛赠”金色字样的电视机盒面切下来，放在电视的前面展示给客人看。2010 年，胡锦涛主席在北京为包括伊万诺夫在内的 10 位俄罗斯老战士授以勋章，伊万诺夫视之为他的骄傲。每年的 12 月 26 日他都会在家中为毛泽东庆祝生日，从不间断。他与任辅臣一家保持多年的友谊和联系，这次他以 91 岁高龄带队来华，特意要见一下任辅臣 99 岁的儿媳妇宋女士。为参加纪念 88 旅的活动，带来了他历经 5 年写成的书《战斗在敌后》（该书的中文版为内部发行）。当接到这样一本书的时候，我很受感动，迫切地想把这本书介绍给关心世界反法西斯战争历史的人们。

《战斗在敌后》中文版于 2012 年 8 月 1 日出版。全书共 5 章，约 27 万字，配以丰富的历史图片，是一本了解 88 旅的文献资料集，具有以下的看点。

一、以亲历者的身份详细介绍了成立 88 旅的历史背景、发展过程及其主要活动

《战斗在敌后》使俄、中、朝共同为打败日本帝国主义而英勇斗争的历史得以展示和补充。

苏联远东红旗军第 88 独立步兵旅是在世界反法西斯战争中建立的一支由苏联红军与原中国和朝鲜抗日军队共同组成的战斗部队。当时，中国和朝鲜抗联队伍的生存条件极为恶劣，据《俄罗斯军事侦察百科全书》（莫斯科，2004 年，第 76 页），日本关东军共派出了 1850 个围剿队，14 万以上的兵力以及 8 万伪军与东北抗日武装作战，使得抗日力量遭受了重大损失，其中包括抗日联军总司令杨靖宇，副总司令曹亚范，第一路军指挥、第二军政委魏拯民，第四军军长李延平及其副手王光宇，第六军军长夏云杰，第七军军长陈荣久和李学福，第十军军长

汪亚臣及其副手张忠喜，第九军政治部主任魏长魁，第十一军政治部主任金正国在内的指挥官先后阵亡。为了避免与力量上占优势的日军发生恶战，抗联不得不转移到东北人迹罕至的地区，通常是山地和林区。“在这样的条件下，为了挽救游击队员，抗日联军指挥部和苏联远东方面军指挥部根据协议作出了一项重要决定：将游击队伍转移至苏联的远东地区，在那里对其进行重组、培训，对在战斗中遭受损失的部队补充人员和武器配备，随后使他们返回满洲，继续与侵略者进行战斗。”❶ 以使他们得到休息和治疗，并为他们返回东北前线做军事准备。苏联远东方面军司令部在20世纪30年代为他们提供一些场所，以后变成野战训练营。地点就位于哈巴罗夫斯克边疆的北野营（A营）和位于滨海边疆区的南野营（B营）。1942年，根据苏联远东方面军司令部请求，经中国游击队军官的同意，在北野营的基础上组建了一支直属远东方面军军事委员会的秘密部队，番号为88旅。部队“被部署在哈巴罗夫斯克以北的维亚茨科耶附近的一个后方军事小镇上，该地区远离边界以及边疆地区一些重要的交通要道”❷。苏德战事爆发后，一些远东方面的部队被调到前线，88旅成为补充苏联远东方面部队的重要力量。伊万诺夫认为“该旅的意义在于：该旅补充的人员在思想方面，在很大程度上已经做好了与日本及其关东军进行战斗的准备。日本关东军占领了第88旅绝大部分游击队员的故乡，为了与日本关东军继续斗争，他们需要加强战斗准备，补充武器装备。”❸ 从1942年9月起，88旅接受了军事和政治两方面的训练，直到1945年底这支部队离开苏联转移到满洲和朝鲜北部。

二、深刻分析了建立第88旅在世界反法西斯战争及中国人民抗日战争中所发挥的特殊历史作用

作者对88旅在苏联出兵东北、结束中国东北的战事所作出的特殊贡献作了充分的肯定。88旅组建后，设立旅指挥部、参谋部、政治部、后勤部，下辖4个营，每个营3—4个连，还有迫击炮连和反坦克连两个独立连级建制。4个营中，第一营是原东北抗联第一路军中金日成率领的朝鲜游击队员组成。第二、第三、第四营由原东北抗联的中国军队组成。88旅的官兵，接受了严格的政治、

❶ ［俄］B. 伊万诺夫：《战斗在敌后》，第117—118页。
❷ ［俄］B. 伊万诺夫：《战斗在敌后》，序言，第6页。
❸ ［俄］B. 伊万诺夫：《战斗在敌后》，序言，第6页。

武装、战术全方位的训练，队伍总计800余人。其中中国人400名，朝鲜人103名，苏联人309名。配备了与苏联红军同样的武器装备和军装、军需品。书中特别提到，经过远东方面军严格训练的88旅官兵，是抗击日本侵略军的一支高素质的战斗部队。他们被指派到远东地区进行军事侦察，为苏军结束远东地区对日作战提供了准确的情报，大大减少了苏军的伤亡，受到苏军远东司令A. 华西列夫斯基元帅的高度赞扬。

三、总结了苏军和中国东北抗联等抗日部队艰苦的斗争环境和战斗特点

其中，有以下几点很值得重视。

（一）88旅的建立，有着深厚的国际反法西斯战争的历史大背景

苏联、中国、朝鲜三国战士并肩作战抗击日本法西斯势力，共同赢得反法西斯战争的胜利，88旅不仅有着特别的历史贡献，也为战后社会主义阵营的壮大和发展奠定了很好的基础。

（二）88旅是中国境内多民族联合抗日的范例

88旅的抗日战争充分体现了同仇敌忾、团结御辱的民族精神。“他们中的光辉榜样是汉族人杨靖宇，满族人李兆麟和冯仲云，朝鲜人金日成，来自云南的布依族人周保中以及其他许多人。他们中的一些人被推选为抗日联军一些团、师、军的指挥官和政委，无论他们的籍贯在哪里，党派属性如何。”[1] 在当地广大民众的强烈的爱国抗日热情鼓舞下，88旅年轻的战士们得到了民众从物质生活保障到获得敌人情报的多方面的援助，又熟悉作战地区的地形，这使得他们能够成功地对敌人发动突袭并以最少的损失结束战斗；在与敌人的战斗中出现了大批革命英雄人物和为了夺取胜利自我牺牲的事迹。

（三）88旅为战后东北的建设和发展保存了大批的骨干力量

1945年苏军出兵对日作战时，88旅还有429人，其中中国人351名，朝鲜人78名。为了保存这些革命的火种，没有安排88旅加入最后的战斗，而是直到9月初才将他们送回东北。回国后的88旅官兵，“帮助苏联军队恢复和维持当地秩序，参与消灭日伪领导的破坏小组和小队，以及铲除国民党相关机构派出的破

[1] ［俄］B. 伊万诺夫：《战斗在敌后》，第116页。

坏分子。战士们为建立新的军队和行政管理机构开展了大量工作，并在这些新建部队和机构中担任要职。用周保中的话来说，他们给处在中国内陆的八路军和新四军‘铺平了通往东北的道路’，并且为实现党制定的‘向北发展，向南防御’的战略方针作出了巨大的贡献”❶。1949 年新中国成立后，周保中、冯仲云等一批将领，成为东北乃至国家各个部门的领导骨干。

四、书中附录的文献对研究 88 旅的历史有很高的文献收藏和利用价值

该书有文件 22 份，图片 320 幅，地图、序列表 27 幅。其中，附录的文献包括：附录 1. 中共中央“八一宣言”与抗日游击运动指挥部在 1935 年 8 月 1 日的声明；附录 2. 1932—1945 年满洲抗日游击运动（抗日联军）总指挥；附录 3. 抗日联军各军和各师组织结构图；附录 4. 在满洲日军后方的游队队员照片；附录 5. 远东方面军第 88 独立步兵旅结构；附录 6. 第 88 旅指挥官名单（1942 年 9 月 1 日）；附录 7. 第 88 旅人员总数（根据 88 旅参谋部的登记数据）；附录 8. 第 88 旅干部名单和照片，拍摄于 1943 年 10 月 5 日，维亚茨科耶镇；附录 9. 第 88 旅中国军人在返回满洲前在各城市的分派计划；附录 10. 返回满洲的第 88 旅军人；附录 11. 1945 年 9 月返回满洲的第 88 旅中国军人（其中大部分人于 1945 年 9 月加入了东北民主联军）；附录 12. 周保中手稿；附录 13. 苏联对抗日游击运动和中国人民抗日战争的援助；附录 14. 苏军在满洲军事行动的准备和开展的一些特点；附录 15. 第二次世界大战时期关于远东问题的一些文件资料摘录；附录 16. 中朝抗日游击队的抗日斗争对战胜盘距在满洲的日本关东军所作出的贡献；附录 17. 在抗日战争中牺牲的中国抗日游击队高级指挥官（根据中方资料）；附录 18. 缅怀 1931—1945 年在东北进行英勇抗日斗争的英雄的纪念碑纪念馆公园及其他纪念设施；附录 19. 抗战胜利 60 周年北京提交的第 88 旅中国老战士名单；附录 20. 满洲抗日游击运动总指挥部领导人生平材料；附录 21. 对在俄罗斯一些媒体出版物和互联网上发表关于远东红旗军第 88 旅的一些文章的作者的回应；附录 22. 参考文献❷。

应该特别提到是，《战斗在敌后》的中文版翻译团队。尤其是总策划、责任

---

❶ 周保中：《东北抗口游击日记》，人民出版社 1991 年版。

❷ ［俄］B. 伊万诺夫：《战斗在敌后》，第 124—255 页。

编辑、校对李多力先生，他是第二次世界大战期间苏联伊万诺夫国际儿童院年龄最小的学生之一，他亲历战争，是 88 旅骨干李范五之子。他的俄文非常好，由他精心策划的中文译本，在翻译的过程中，核对了书中的许多原始的中文档案，保证这本书的史料价值。

五、对 88 旅的历史文献记录作了较为深入的挖掘和梳理

这些工作，对研究 88 旅的历史以及研究中国抗战史、世界反法西斯战争史，都具有积极的学术价值。

（一）研究基础

这本书“研究的基础是中国正式发表的出版物，关于 1932—1945 年在满洲的游击队战斗和活动的俄罗斯档案材料，以及关于 1946—1949 年原游击队与那些企图再次占据中国东北、再次驻扎在苏蒙边界的美蒋军队进行斗争的俄罗斯档案材料”。“一些关于苏联及其特别机构在 20 世纪 30—40 年代向中国人民与在苏联远东和蒙古人民共和国边界附近的日本占领军进行斗争提供援助的档案材料，这些援助当时对东方战线的整个局势都产生了影响。这些档案材料在俄罗斯和中国都是鲜为人知的”❶。

（二）口述史料

以访谈和历史记录的方式，对参加过 88 旅的当事人做了口述史记录。包括作者本人在 1945 年 3—5 月多次拜访过的第 88 旅老战士，并与 88 旅战士和指挥官们进行过会谈。

（三）个人捐献

伊万诺夫本人和部分 88 旅老战士以及他们的后代提供了丰富的照片和原始文献资料。2008 年春节季我到伊万诺夫家访问时，曾见过这些资料，伊万诺夫将这些访谈记录做了精心的整理。

（四）学者加入

俄中两国的历史学者加入了该书的审稿工作，如俄罗斯“历史学博士 B. 西蒙宁教授和俄罗斯联邦国防部战争史研究所的研究人员，他们阅读了初稿，提出

❶ ［俄］B. 伊万诺夫：《战斗在敌后》，作者的话，第 2 页。

了一些建议和修改意见，使本书对这段有75年历史的事件的描述更加准确”。中国人民抗日战争纪念馆、东北抗联的后代都在这本书的翻译过程中，做了大量核对中俄文史料的工作，使得这本书资料的准确性得以保证。

（五）学术分析

伊万诺夫说，该书“还对俄罗斯的出版物中的一些问题作了答复[1]。或者是由于作者无知，或者是因为作者有意，这些出版物歪曲了一些关于中朝游击队和第88旅抗日斗争的事实。同时，本项研究也对苏联以及其他国家对战胜日本和第二次世界大战的结束作出的贡献进行了评价”。

六、《战斗在敌后》的中文版相对于俄文版作了补充

伊万诺夫说：“在俄罗斯的出版物中，只有在那些曾亲身参与过相关事件的人们——30—40年代在中国的苏联志愿兵、军事顾问和专家们的回忆录中，以及在一些苏联和俄罗斯汉学家——学者、外交官、俄罗斯科学院远东研究所和东方学研究所以及俄罗斯国防部战争史研究所的一些科研人员的著作中，在一些当年曾到过中国的苏联报纸杂志记者撰写的相关材料中，才提到过这些斗争。”而“在中国的出版物中，对中国人民在东北地区开展的抗日斗争的整个历史过程有着非常全面而详细的描述”。这本书侧重“研究的问题是：关于满洲的游击运动问题以及后来原远东方面军第88旅军人们的活动问题。我认为，在俄罗斯科学院出版物、军事历史出版物和其他公开的出版物中，都还没有对这些问题进行充分而可靠的研究”[2]。

作者简介：梁怡，女，北京联合大学海外中国学研究中心教授。

---

[1] ［俄］B. 伊万诺夫：《战斗在敌后》，作者的话，第2页。
[2] ［俄］B. 伊万诺夫：《战斗在敌后》，作者的话，第1页。

附录

北京联合大学海外中国学研究中心大事记

（2012 年 6 月至 2014 年 9 月）

张静整理

2012 年 6 月 21 日，北京联合大学海外中国学研究中心正式获批为校级科研机构。中心主任：韩强教授；首席专家：梁怡教授；中心副主任：张宝秀教授、刘文忠研究员、顾军教授、杨积堂研究员、许峰教授。

2012 年 9 月 28 日，北京联合大学海外中国学研究中心成立大会暨学术研讨会在北京会议中心隆重举行。《人民日报》《中国社会科学报》《中共党史研究》等报刊以及中国共产党新闻网、中央文献研究室网站、人民网、中国社会科学在线、求是理论网等多家媒体和网站做了专门报道。

2012 年 9 月，韩强教授在《马克思主义研究》2012 年第 9 期发表题为《国外对中国共产党建设的研究述评》的文章，对近年来国外对中国共产党建设研究的基本情况和基本观点进行了介绍和评析。

2012 年 11 月 3—4 日，海外中国学研究中心韩强主任、首席专家梁怡教授应邀出席由中国人民大学与国家汉办共同举办的第三届世界汉学大会。

2012 年 11 月 15—20 日，海外中国学研究中心主任韩强教授等一行 5 人赴美国伊利诺伊·卫斯理大学、芝加哥大学进行学术访问。与卫斯理大学常务副校长格林教授、芝加哥大学东亚研究所艾凯教授就有关中国研究的问题进行交流，并同卫斯理大学签订合作备忘录。美国伊利诺伊州《布卢明顿日报》报道了我部赴美学术访问团的消息。

2012 年 11 月 23 日，中心主任韩强教授入选北京市“长城学者”培养计划。该项目名称为：“海外中国学与完善党的建设学科体系研究”（编号：DHT20130321）。

2012 年 12 月 24 日，中共中央组织部原部长、全国党建研究会会长张全景为海外中国学研究中心题词。

2013 年 1 月 1 日，《北京联合大学学报》（哲学社会科学版）开辟“海外中国学研究”专栏，首期发表了3篇文章。

2013年1月15日，中心首席专家梁怡教授在北京市党史办主任会议上作《国外中共党史研究情况分析》的专题报告。

2013年10月30日，梁怡教授被增补为中国中共党史学会常务理事。

2013年3月7日，美国圣塔菲学院（Santa Fe College）Eugenio Zaldivar教授应邀来海外中国学研究中心进行学术交流活动。

2013年3月8日，海外中国学研究方向召开团队建设工作会议，共同研讨2013年工作安排。

2013年3月14日，校领导及海外中国学研究中心成员与俄罗斯总统国民经济与国家行政学院开展合作洽谈，该学院国际项目中心主任、外事负责人、校长顾问阿巴斯金·亚历山大·瓦列耶维奇先生，俄中文化教育发展基金会会长崔珊女士，俄中文化教育发展基金会首席顾问任公伟先生参加了洽谈。

2013年3月22日，海外中国学研究中心首席专家梁怡教授应邀在中共一大会址，为上海党史系统工作人员作《国外中共党史研究动态及分析》的学术讲座。

2013年3月23—24日，海外中国学研究中心首席专家梁怡教授应邀出席第五届世界中国学论坛。

2013年5月3日，海外中国学研究中心邀请俄罗斯科学院远东研究所专家、东北亚和上合组织战略问题研究中心主任安德烈·达维多夫研究员来我中心作关于《新时代条件下中国与俄美的关系》的学术报告。

2013年5月8日，澳大利亚格里菲斯大学孔子学院名誉院长马克林教授应邀来海外中国学研究中心作《西方人眼中的中国形象》专题报告。

2013年5月29日，美国圣达菲学院（Santa Fe College）副院长博纳修博士应邀来海外中国学研究中心进行学术交流。

2013年6月3—7日，美国伊利诺伊·卫斯理大学Vadim Mazo教授来海外中国学研究中心进行学术交流活动。

2013年7月4日，海外中国学研究中心邀请俄罗斯科学院远东研究所斯米尔诺夫研究员作《俄罗斯有关中国特色社会主义研究情况》的专题报告。

2013年9月27日，应海外中国学研究中心韩强教授的邀请，印度新德里尼赫鲁大学社会科学学院政治研究中心教授哈桑（Hasan，Zoya）来我中心进行学术交流。

2013 年 11 月，海外中国学研究中心首席专家梁怡教授的《关于国外中国特色社会主义研究情况的评析》一文入选《国外中共党史研究信息》创刊号。

2013 年 11 月 8 日，海外中国学研究中心梁怡、刘晓云、巩华老师出席“国际视野下的中国发展道路”国际学术讨论会。

2013 年 11 月 27—28 日，我校海外中国学研究中心梁怡教授和刘晓云副教授应邀赴湘潭大学出席“毛泽东遗产：思想·道路·制度”国际学术研讨会，梁怡教授作了题为“新世纪以来的国外毛泽东思想研究评析”的发言。

2013 年 11 月至 2014 年 5 月，海外中国学研究中心周文华副教授在美国密歇根大学中国研究中心访学。

2013 年 12 月，海外中国学研究中心主编的《海外中国学研究》（第一辑）由知识产权出版社出版。

2014 年 1 月 18—19 日，海外中国学研究中心韩强主任应邀参加第一届当代世界与社会主义研讨会，研讨会由中共中央编译局、中国浦东干部学院和上海市中国特色社会主义理论体系研究中心联合举办，韩强教授围绕提高党和国家治理能力问题作了大会交流发言。

2014 年 2 月，海外中国学研究中心聘请美国伊利诺伊·卫斯理大学东亚研究中心、历史系主任罗其韬教授、莫斯科中俄文化交流中心主席李宗伦、北京师范大学马克思主义学院张静如教授、北京大学历史系张注洪教授、德国海德堡约翰·拉贝纪念馆交流中心主任托马斯·拉贝为我校客座教授。

2014 的 2 月 15 日，中共党史研究室科研管理部编（内刊）《国外中共党史研究信息》第 9 期（总第 12 期）刊登刘晓云、梁怡的文章《新世纪以来国外邓小平研究》主要内容和特点。

2014 年 2 月 24 日，梁怡出席全国党史研究室主任暨中国中共党史学会、七届四次常务理事会、党史人物研究会四届五次常务理事会联席会议。

2014 年 3 月 14 日，海外中国学研究中心邀请俄罗斯莫斯科中俄文化交流中心主席、我校特聘教授李宗伦先生作了《中俄关系解读：从俄罗斯的民族性格看普京的执政理念》的专场报告，并接受学校特聘教授聘书。

2014 年 3 月 28 日，海外中国学研究方向召开了团队会议，会议对 2013 年海外中国学方向的工作情况作了总结，并对 2014 年的工作进行了研讨。

2014年4月15日，海外中国学研究中心副主任张宝秀、首席专家梁怡、副教授刘晓云在新文化纪念馆参观100年前由美国社会学家甘博拍摄、收藏于杜克大学的北京社会图片展，并与杜克大学图书馆、此项目的负责人周路女士约谈合作事宜。

2014年4月8日，韩强与梁怡教授应邀参加中国延安干部学院在京召开的“海外学者看延安岁月”系列丛书选题论证会。

2014年5月7日，海外中国学研究中心邀请圣塔菲学院（Santa Fe College）教授Jay O'Leary来我中心进行学术交流。

2014年5月17日，应海外中国学研究中心主任韩强教授的邀请，美国密歇根大学李侃如-罗睿弛中国研究中心主任Mary Gallagher（中文名高敏）女士一行来我校海外中国学研究中心进行学术交流。

2014年5月19日，海外中国学研究中心被评为2013年度北京联合大学优秀科研机构。

2014年5月24日，海外中国学研究中心首席专家梁怡教授应邀到温州大学出席毛泽东哲学思想研究会主办的“毛泽东、邓小平与中国道路”全国学术研讨会，并作《海外邓小平研究评析》重点发言。

2014年5月27—30日，梁怡教授赴延安大学进行学术交流，为延安大学政法学院、马列学院、中共党史研究院及历史文化学院的研究生、本科生和教师作了两场关于海外中共党史研究的学术讲座，并与中国延安干部学院进行学术交流，就中国近现代史纲要课的教学与研究情况进行座谈。

2014年6月4日，海外中国学研究中心许峰教授申报的“中国特色社会主义道路的世界意义研究”获批2014年度国家社科基金项目。

2014年6月9日，梁怡访问国际友人研究会，与舒漳、甄建国、顾品鄂副会长座谈交流。

2014年6月21日，海外中国学研究中心首席专家梁怡教授应邀出席“庆祝马克林教授北外任教50周年暨西方的中国研究”论坛。

2014年6月28日，海外中国学研究中心举办了首次“海外中国共产党研究”学术研讨会，俄罗斯地缘政治问题研究院通讯院士、北京大学高等人文研究院访问学者、博士生导师尼古拉·米古诺夫教授，中央编译局海外理论信息研究中心执行主任赖海榕研究员，中央党史研究室科研部综合处处长乔君，中央党史研究室科研部编译处处长翟亚柳，中央编译局信息室研究处副处长张利军副研究员，中国人民大学马克思主义学院路克利副教授，北京外国语大学中国海外汉学研究中心管永前副教授以及中共山东省委党校《理论学刊》主编宋协娜教授出席研讨会并作重点发言。《中国社会科学报》7 月 4 日发布了研讨会的消息，国家社会科学规划办公室网站、中央文献研究室网站、中国社会科学在线、中国社会科学院近代史研究网站、四川省社会科学院、吉林省社会科学界联合会等网站也进行了转载。

2014 年 6 月，海外中国学研究中心梁怡教授主编的国家社科基金后期资助项目研究成果《国外马克思主义中国化研究评析》一书由学习出版社出版，中心成员马小芳、许峰、周文华、刘晓云等作为主要成员参加了课题研究。

2014 年 7 月 24 日，海外中国学研究中心首席专家梁怡教授应邀出席澳大利亚驻华大使馆举办的马克林教授来华 50 年庆祝晚宴。

2014 年 8 月 20 日，海外中国学研究中心首席专家梁怡教授应北京市对外友协、国际友人研究会之邀出席“杰出的国际友人林迈可纪念会”。

2014 年 8 月 20 日，梁怡教授在《中国社会科学报》发表《为什么关注国外邓小平研究》一文，该文受到学术界和上级有关部门的高度评价。

2014 年 8 月 23—24 日，海外中国学研究中心主任韩强教授在《China Daily》第 5 版发表了题为《Deng’s Legacy Goes a Long Way》的英文文章。

2014 年 8 月 24 日，德国“海德堡约翰·拉贝交流中心”主席托马斯·拉贝在京接受海外中国学研究中心客座教授聘书。

2014 年 9 月 17 日，由海外中国学研究中心和北京东北抗联后代联谊会共同主办的“苏联红军老战士 B. 伊万诺夫与东北抗战”座谈会在北京联合大学举行。与会代表深情缅怀伊万老人为中国与苏联、中国与俄罗斯友好事业所作的重要贡献。

2014 年 9 月 26 日，海外中国学研究中心召开“纪念邓小平诞辰 110 周年：海外邓小平研究”学术研讨会。中央编译局魏海生副局长、北京大学马克思主义学院仝华教授和来自中国社会科学院、北京大学、中国人民大学、邓小平故居管理局、北京市社会科学规划办、北京市委党校、北京外国语大学、中国地质大学等单位的专家学者以及我校部分教师共 30 多人参加了会议。与会学者就海外邓小平研究的主要议题、观点等问题进行了交流，探讨了新的时代条件下海外邓小平研究的特点与趋势。会议恰逢海外中国学研究中心成立两周年，与会专家学者对中心两年来取得的丰硕研究成果表示赞赏，对中心未来发展提出了期望，同时也为中心的发展提供了一些很好的建议。中国社会科学网等媒体对该会议进行了报道。

后 记

转眼之间，北京联合大学海外中国学研究中心已经成立2周年了。两年来，在校领导及有关部门的支持下，在中心各位同仁的努力下，中心在科研立项、论文发表、专著出版、队伍建设以及国内外的学术合作交流等方面都取得了新的进展，其中，这本专辑的出版也是一个具有代表性的标志。

根据我们的计划，该辑刊拟每年出版一本。鉴于前言中所述海外中国共产党研究的重要意义，我们把辑刊的主题相对集中于海外中国共产党研究，这在去年的《海外中国学研究》（第一辑）也有所体现。为了使这本《海外中国学研究》（第二辑）内容更丰富更充实、更能代表国内学者对海外中国共产党研究的最新研究成果和水平，中心于2014年6月和9月共主办了两次重要的学术会议，一次是“海外中国共产党研究”学术研讨会，一次是“纪念邓小平诞辰110周年：海外邓小平研究”学术研讨会。在两次研讨会上，北京联合大学海外中国学研究中心的学者与来自中国社会科学院、中共中央编译局、中共中央党史研究室、中国人民大学、北京外国语大学、中共北京市委党校、中国地质大学等单位的专家学者就相关问题进行了广泛的交流和研讨，同时也形成了一批高质量的成果，从而为本专辑的出版打下了良好的基础。

在专辑的编辑过程中，中心的周文华副教授作为本期的执行主编确定研究主题，积极开展约稿工作，并进行了初步加工，使本专辑能够如期出版；中心的行政秘书张静也承担了大量外联工作；各位作者及时提交高质量的研究成果，是本书得以出版的重要保障。在本书即将出版之际，我们对各位给予帮助支持的领导和同仁表示衷心感谢。

我们衷心希望《海外中国学研究》能够成为同仁发表真知灼见的渠道，进行学术交流的平台，开展社会服务的中介，使我们的研究水平不断提高，更好地服务社会，从而不断扩大海外中国共产党研究的学术影响。

北京联合大学海外中国学研究中心

2014年10月16日